설문조사, 인터뷰에 잠재된 50가지 함정과 그에 대한 대책

사용자의
숨겨진 마음을 읽는
리서치 기술

USER NO "KOKORO NO KOE" WO KIKU GIJUTSU -User chosa ni hisomu 50 no otoshiana to
sono taisaku by Naoko Okuizumi
Copyright © 2021 Naoko Okuizumi
All rights reserved.
Original Japanese edition published by Gijutsu-Hyoron Co., Ltd., Tokyo
This Korean language edition published by arrangement with Gijutsu-Hyoron Co., Ltd., Tokyo in care of Tuttle-Mori Agency,
Inc., Tokyo, through Danny Hong Agency, Seoul.

이 책의 한국어판 저작권은 대니홍 에이전시를 통한 저작권사와의 독점 계약으로 (주)비제이퍼블릭에 있습니다. 저작권법에 의해 한
국내에서 보호를 받는 저작물이므로 무단전재와 복제를 금합니다.

들어가는 말

'사용자 조사'라는 말을 들으면 어떤 조사가 떠오르시나요? 길거리에서 말을 걸어 즉흥적으로 작성하는 앙케트, 신상품을 시식하고 맛을 평가하는 좌담회, 개편된 웹 사이트를 요청받은 대로 사용해보고 사용성을 평가하는 사용자 테스트 등이 생각나시나요? 넓은 의미에서는 모든 것이 사용자 조사에 포함됩니다. 하지만 사용자 조사는 가끔 상품이나 서비스와 같이 눈에 보이는 형체로 존재하지 않거나 구체적인 대상조차 없는 상태에서 실시하기도 합니다.

그러나 이 책에서 말하는 사용자 조사는 사회생활을 하는 사람들이 환경이나 상황에 따라 어떤 문제를 가졌는지 밝혀내고, 문제에 맞는 최선의 해결책 제공을 목표로 프로젝트의 첫 단계에 실시합니다.

이 말을 들으면 '뭘 만들어야 할지도 모르겠는데 사용자를 어떻게 조사한다는 거야?'하는 생각이 들 수 있습니다. 그렇다면 다음과 같은 표현은 어떤가요?

조사 결과를 분석하고 해석하여 나온 아이디어로 만들 서비스를 미래에 쓸 '사용자'가 지금 어떤 문제가 해결되기를 원하는지 알아보는 조사

'사용자 조사'라는 말에는 여러 내용이 생략됐습니다. 그 사실을 잊고 사용자라는 말을 글자 그대로 인식해 자사의 상품이나 서비스를 이용하는 고객의 범위 내에서만 생각합니다. 그래서 기존 상품이나 서비스의 어디를 어떻게 개선해야 고객 만족도가 올라갈지, 예상 고객을 유인하려면 어떤 마케팅이 필요한지 등의 주제에만 집중하게 됩니다. 그러면 새로운 무언가를 떠올릴 실마리를 찾지 못하고 끝나버립니다.

자타가 공인하는 경쟁사는 물론 전문 분야가 전혀 다른 업계의 고객도 넓은 의미에서 사용자로 인식하여, "그들은 무엇을 원하는가?"라는 물음을 마주해야 시장을 선점하고 사람들에게 사랑받는 상품이나 서비스를 만들 방향성을 찾을 수 있습니다.

그저 만들기만 하면 팔리는 시대는 지났습니다. 사용자 자신조차 자각하지 못한 문제를 해결하고 욕구를 충족시켜서 사용자를 놀라게 하고 감탄할 정도의 감동을 구현하기 위해

들어가는 말

사람들의 생활을 깊이 조사하는 것이 바로 사용자 조사입니다.

그렇다고 해도, 유감스럽지만 사용자 조사는 마법의 지팡이가 아닙니다. 한번에 사용자조차 자각하지 못한 문제나 요구사항을 척척 밝히기는 어렵고 실패하기도 합니다. 하지만 꼼꼼히 계획하고 철저히 준비한 후 조사를 실시해 얻은 데이터를 자세히 분석하고 해석하여 다음 단계를 결정하고 계속 이어간다면 조사는 성공했다고 볼 수 있습니다. 여기까지 순조롭다면 그 이후의 프로세스는 마치 마법이 걸린 듯 술술 진행될 것입니다.

물론 그렇게 간단하지는 않습니다. 함정이 여기저기 숨어 있기 때문입니다. 그중에서도 빠지기 쉬운 함정 몇 가지를 알아봅시다.

사용자가 모이지 않아 목적이 빗나간다

"스마트폰을 사용하는 고령자가 주변에 많은데 왜 모이지 않는가?"

조건에 맞는 사람들의 얼굴이 떠올라 모집이 그다지 어렵지 않을 줄 알았는데, 막상 생각처럼 모이지 않아서 초조해집니다.

그래서 일정을 연기하고 정비한 다음 다시 하면 좋겠지만, 시작한 프로젝트를 도중에 중단하긴 어렵습니다. 가능하면 잘 해내고 싶고, 계속하다 보면 어떻게든 되지 않을까 하는 생각이 들게 됩니다.

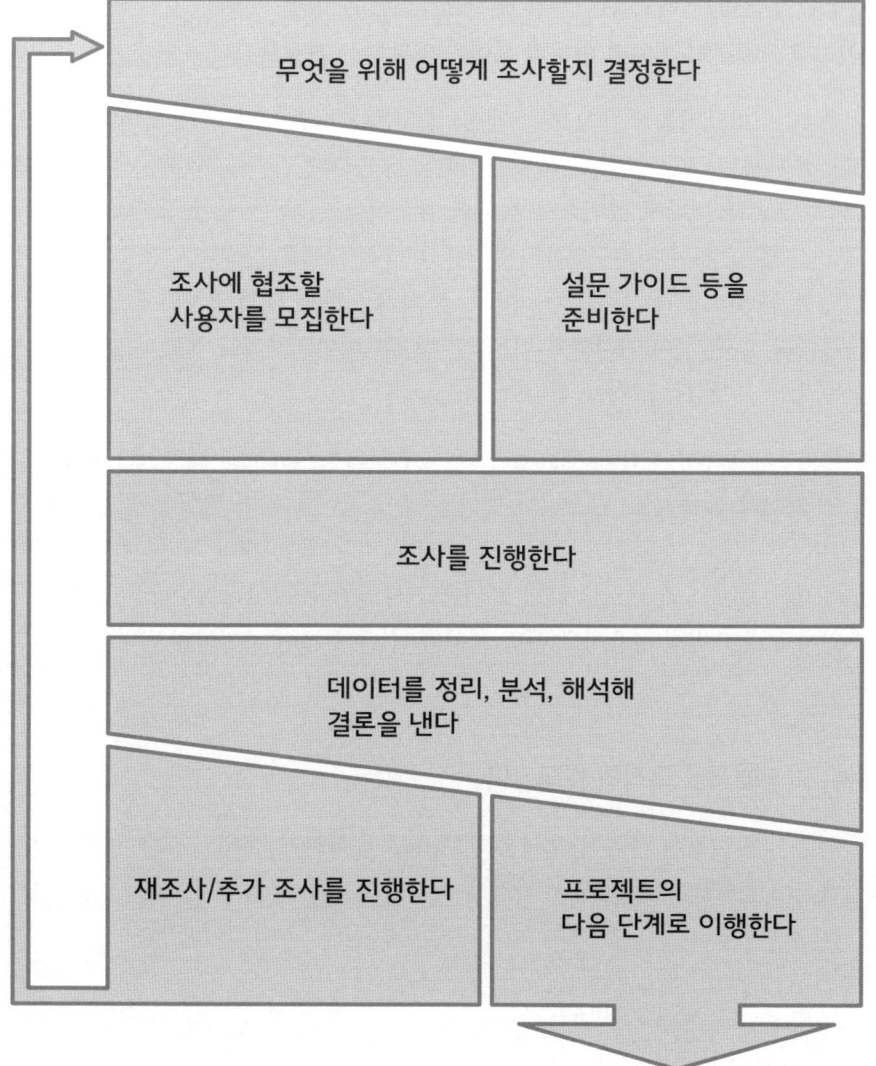

그림1 사용자 조사의 흐름

> **들어가는 말**

"이 조건을 어디까지 낮춰야 모일까?"

이렇게 생각하기 쉽습니다. 예를 들어, 고령자가 스마트폰을 사용하려는 동기와 실제로 사용하기 시작할 때의 어려움을 밝힐 목적으로 '스마트폰을 사용한 지 3개월 이내 70세 이상 남녀'를 모집하려 했지만 좀처럼 모이지 않았다고 가정합시다.

우선 기준 중 스마트폰을 사용한 지 '3개월 이내'를 '6개월 이내'로 늘립니다. 그래도 모이지 않으면 1년으로 연장합니다. 하지만 ==1년 전 일을 떠올리기 힘들다는 생각이 들지 않나요?== "스마트폰을 어디서 샀어요?" 정도의 질문이라면 "저는 항상 요도바시 카메라[1]에서 사요"라든가 "근처에 도코모 숍[2]이 있거든요"라는 답변을 들으며 순조롭게 진행될 수 있지만, 구매 동기나 해당 기종을 선택한 이유, 처음 사용할 때의 고생담 등을 떠올리기는 쉽지 않습니다. 그래서 더 기억하기 쉬운 일에 대해 이야기하거나 적당히 얼버무리지 않아도 되는 최근 고생담을 말하게 됩니다.

범위를 '최근 사용하기 시작한 앱으로 좁혀도 괜찮을까? 하지만 특정 앱으로 제한하면 사람이 또 모이지 않을 수도 있으니까 앱의 종류에 제한을 두지 말아야 할지' 고민이 됩니다. 그러는 사이에 '고령자가 스마트폰을 사용하기 시작할 때의 어려움을 알아낸다'는 애초의 목적은 '앱을 다운로드할 때의 고생담을 확인한다'로 달라집니다. 어느새 조사 목적은 도외시되고, 모집할 사용자로 어떤 조사를 할 수 있을지 고민하게 됩니다.

준비하는 과정에서도 목적이 빗나간다

관련자 전원이 한결같이 사용자 조사를 발판으로 충실하게 다음 단계를 진행하고자 하는 생각을 갖고 있더라도 준비하는 과정에서 각자의 생각에 차이가 있다는 사실을 알게

---

1. 역주: 일본의 대형 전자 제품 및 가전 대형 판매 업체
2. 역주: 일본 최대 이동통신사인 도코모에서 운영하는 매장

됩니다.

"이 가설이 틀리지 않다는 게 증명되면 이후 이야기를 진행하기 쉽겠군"

"사용자가 이 방안을 박살 낼 한마디를 해주면 좋겠어"

"다섯 명밖에 안 돼서 이야기를 들어도 어차피 아무것도 결정할 수 없을 거야. 뭐라도 나오면 행운이겠지"

준비하는 도중에 목적이 빗나가고 있다는 것을 깨닫고 수정할 수 있으면 아직 괜찮지만, 이를 방치하면 준비하는 동안 더욱 빗나가고 맙니다. "저걸 들어보자", "그렇다면 이것도 듣고 싶다", "모처럼의 조사니까 이 정도는 확인하자", "차라리 사용자 요구사항을 직접 듣자"는 식으로 우왕좌왕하다가 당일에야 관계자가 "엇? 이 조사의 목적이 뭐였지?" 같은 질문을 하면 최악의 사태로 전개됩니다.

결국 담당자는 움츠러들게 됩니다. 목적이 빗나간 채로는 파헤치려는 사람과 굳건히 방어하려는 사람 모두가 만족할 만한 결과를 내기 어렵습니다. 일단 예정대로 조사하려 해도 맞지 않는 목적을 의식하다가는 표면적인 결과를 얻을 뿐입니다. 이런 식인 거죠.

"모든 가설이 사용자에게 호평을 얻었습니다"

"가설 중 이런 부분을 싫어하는 사용자가 있었습니다. 이유는…"

"다섯 명 중 세 명은 찬성했지만 두 명은 반대했습니다"

"가설과 직접적인 관계는 없지만 이런 의견도 있었습니다"

받아들이는 쪽에서는 "그래서요?"라고 반문할 것입니다. "이 사용자 조사에 의미가 있었나요?"라는 평가를 받아도 이상하지 않습니다.

그저 순서대로 모든 질문의 답변을 듣는 것이 목표가 된다

드디어 실전에서 간간이 조사 목적을 확인하면서 사용자와 대화하며 준비한 질문을 쏟아

> **들어가는 말**

내지만, 동시에 시간도 신경 써야 하니 힘듭니다. 60분을 약속한 사용자에게 "죄송합니다. 120분이 걸렸어요"라고 할 수는 없으니까요.

'이 흐름에서 그 이야기도 들어두면 좋겠다'

이런 생각이 들어도 예정된 계획을 바꾸는 바람에 무심코 중요한 질문을 놓치는 실수를 할까 봐 두렵습니다. 시간을 관리하기도 어려우니 준비한 대로 순서에 맞춰 물어보는 것이 무난하고 확실한 방책이라 생각하기 십상입니다.

'재미있게 전개될 것 같으니 예정에 없던 질문을 끼워볼까?'

좋은 질문이 떠올라도 이야기 흐름을 벗어나 준비한 질문을 다 하지 못할까 봐 선뜻 질문하지 못합니다. 긁어 부스럼을 만들지 말고 예정된 계획대로 진행하는 편이 안정적이라는 소극적인 생각이 들면, 어느새 준비한 질문을 계획에 맞춰 순서대로 묻고 그 대답을 시간 내에 전부 듣는 것이 목표가 됩니다. 그러면 대화가 낳는 열매가 자라지 않고, 사용자를 직접 만났지만 설문만으로도 충분했을 것 같다는 평가를 받으며 유감스러운 결과로 끝이 나고 맙니다.

모처럼의 사용자 조사를 이와 같은 실패로 끝내지 않으려면 어떻게 해야 할까요? 이 책은 사용자 조사에서 실수하는 원인을 밝히고 대처하는 방법이나 사고방식을 정리했습니다.

필자는 다양한 업종과 업계의 사용자 조사를 돕는 일을 해온 지 곧 20년이 됩니다. 수행한 프로젝트가 200건이 넘고 직접 만나 이야기를 들은 사용자는 총 1,400명에 이릅니다. 물론 성공한 프로젝트가 대부분이지만, 실패한 경우도 많습니다. 하지만 확실히 실패에서 얻은 성찰과 교훈은 성공의 밑거름이 됩니다.

조사를 의뢰하는 사람, 조사를 실시하는 사람, 조사 결과를 받아 다음 행동을 수행하는 사람, 여러 가지 균형을 고려해 중요한 의사 결정을 내리는 사람 등, 사용자 조사에는 다양한 사람들 다수가 관여합니다. 하지만 입장이나 역할이 어떻든 사용자가 의식하지 못하거나 말로 표현하지 않는 '마음의 소리'에 귀를 기울이는 자세는 한결같이 중요합니다.

그리고 그 '마음의 소리'를 바로 들으려면 사용자 조사의 다양한 시각에서 사람의 인지 구조나 왜곡을 알아차리고 의식해야 하며, 인지 왜곡을 수정하거나 상대에 맞춰 조정하는 것이 중요합니다. 이 책은 이렇게 궤도를 수정하면서 사용자 조사의 질을 높여 업무에 반영하려는 사람 모두에게 사용자 조사의 지침이 될 기본서가 되길 바랍니다.

이 책으로 사용자 조사의 가치를 높여 프로젝트에 공헌하고, 그 결과 사용자인 여러분이 접하게 될 상품이나 서비스가 질적으로 개선되고, 나아가 우리 생활이 더욱 풍요로워지길 필자로서, 그리고 사용자의 한 사람으로서 바랍니다.

저자 프로필

오쿠이즈미 나오코

제작 프로세스 첫 단계에서 사람들의 요구사항을 찾는 사용자 조사 전문가로 활동하고 있는 경력 17년 차 프리랜서. 일본 국내외를 불문하고 다양한 상품 및 서비스를 개발하고 개선하기 위해 다양한 프로젝트를 수행한다. 인간의 인지 특성에 기반한 조사의 의의와 그 노하우를 알려주는 강의나 세미나를 개최하여 후배 양성 및 지도에도 적극적으로 힘쓰고 있다.

【상표, 등록 상표에 대해】
이 책에 기재된 제품과 제품명은 일반적으로 각 관계사의 상표 또는 등록 상표입니다. tm, r 등의 마크는 생략합니다.

역자 소개

최가인

다양한 국내 및 글로벌 프로젝트를 거쳐서 지금은 네이버 웹툰에 둥지를 틀고 여전히 개발과 번역을 하며 지내고 있다. 개발 자체가 가장 재미있지만 이해관계자들과의 협업을 통해 이뤄지는 업무 대부분을 즐기며, 효과적으로 일할 수 있게 도와주는 요소들에도 관심이 많다. 흥미로운 기술 원서들을 이해하기 쉽게 번역하는 데서 매력을 느낀다. 역서로는 『애자일 UX 디자인』(에이콘출판사, 2013), 『시스템 설계의 수수께끼를 풀다』(비제이퍼블릭, 2014), 『그림으로 배우는 네트워크 구』(비제이퍼블릭, 2017), 『데이터 드리븐 분석 비법』(비제이퍼블릭, 2022) 등이 있다.

역자의 말

서비스나 상품의 종류는 업계에 따라 천차만별일 수 있지만, 결국 현대 시대는 최종 사용자가 필요로 하며 원하는 바를 구현하고 변하는 요구사항을 기반으로 끊임없이 개선해야 살아남습니다. 자신을 포함해 주변에 있는 많은 사람이 사용자라고 생각할 수 있지만, 필요한 사용자 조건을 설정하면 난도가 높아지기 시작합니다. 처음으로 사용자 필수 조건을 정하고 모집한 후 이야기를 나누면서 중요한 정보를 수집해야 하는 사용자 조사를 계획하게 되었다면 여러 가지 고민이 생길 수밖에 없습니다.

이 책은 저자의 다양한 경험을 바탕으로, 사용자 조사의 계획 수립부터 회고까지 진행 과정 전체를 단계별로 다룹니다. 그뿐만 아니라 각 과정 사이에 생길 수 있는 변수나 고민거리, 그리고 그에 대한 대응 방안 등을 자세히 제시해 마치 이 책을 읽는 독자가 사용자 조사를 직접 준비하고 실시하는 사람이 된 것만 같은 기분이 들기까지 합니다.

사용자 리서치를 처음 준비하거나 실패한 경험이 있어서 꺼리는 분께 이 책이 도움이 된다면 무척이나 기쁠 겁니다. 간혹 저자가 후배나 동료에게 가볍게 체험담을 들려주듯 농담하거나 친근한 말투의 대화체로 쓴 부분도 있으나, 최대한 의미는 그대로 유지하되 우리나라 정서에 맞게 번역하고자 노력하였으니 참고 부탁드립니다. 감사합니다.

목차

들어가는 말	3
저자 프로필	10
역자 소개	11
역자의 말	12

01 계획 짜기 – 목적 설정과 방법 선정의 함정

1. 그저 '예산 소진'이 목적이면 안 되는 걸까? (목적 설정 첫 번째)	18
2. '하고 싶다'라는 의지만으로는 진행할 수 없다 (목적 설정 두 번째)	22
3. 조력자를 찾는 데 시간이 걸린다 (동료 찾기 첫 번째)	27
4. 조사팀 업무는 어디까지? (동료 찾기 두 번째)	30
5. 방법을 선정하면서 실랑이를 벌인다 (방법 찾기 첫 번째)	33
6. 현장에 들어갈 수 없어서 결국 행동 관찰을 포기한다 (방법 찾기 두 번째)	36
7. '목표'가 흔들리는, 그야말로 암담한 그룹 인터뷰가 되다 (방법 찾기 세 번째)	41
8. 장소가 없어서 인터뷰마저 포기한다 (장소 선정 첫 번째)	44
9. 관찰실이 찜통이다 (장소 선정 두 번째)	47

02 사용자 모집하기 – 모집 함정

10. 사용자 모집에만 2주가 걸린다고? (절차 첫 번째)	50
11. '아무튼 다섯 명'이라고요? (절차 두 번째)	55
12. 사례비가 많은 게 수상하여 신청하지 않는다 (절차 세 번째)	58
13. '어딘가 다르다'고 느껴지는 사람 (사전 조사 첫 번째)	61
14. '당연한' 예상이 어긋나서 당황하게 된다 (사전 조사 두 번째)	70
15. 쉽게 만나기 어려운 사용자를 찾으려면… (인연의 법칙)	72
16. '짝퉁을 구입한 사용자'가 포함되는 것을 막으려면… (사전 조사 세 번째)	76
17. 조사에 익숙한 사용자를 제외하려면 (사전 조사 네 번째)	78
18. 사용자가 모이지 않는다니, 어떡하지? (궤도 수정)	80

목차

03 실전에 대비하기 - 어설픈 준비 끝의 함정

19. '가르쳐달라'고 하면 화를 낸다 (예습) — 84
20. 사전에 가이드를 공유받지 못해 사색이 된다 (조사 가이드 만들기 첫 번째) — 87
21. 너무 일찍 무거운 질문을 해서 분위기가 흐트러진다 (조사 가이드 만들기 두 번째) — 89
22. "무엇을 원하시나요?"라고 물어도 성실하게 답하지 않는다
    (조사 가이드 만들기 세 번째) — 105
23. 시간표가 함정투성이 (배후의 준비 첫 번째) — 107
24. 사용자를 알아보지 못해서 관찰실의 존재를 들켰다 (배후의 준비 두 번째) — 111
25. 참관자가 방해한다 (배후의 준비 세 번째) — 115
26. 높은 분 때문에 일을 그르칠 뻔하다 (배후의 준비 네 번째) — 118
27. 동의서 서명을 받지 못해 설명하는 데 시간을 낭비한다 (배후의 준비 다섯 번째) — 121

04 사용자와 마주하기 - 자, 실전이다! 세션 내 함정

28. 말을 빠르게 하다 결국 시간을 더 소비한다 (마음가짐 첫 번째) — 126
29. 높은 분이 관찰하러 많이 와서 긴장이 최고조 (마음가짐 두 번째) — 128
30. 사용자가 긴장을 전혀 풀지 않는다 (상호 신뢰 관계 형성 첫 번째) — 130
31. 자리에 앉자마자 불평하는 분노한 사용자 (상호 신뢰 관계 형성 두 번째) — 133
32. '잘 듣고 있는지' 의심하면 끝장 (상호 신뢰 관계 형성 세 번째) — 135
33. 그룹 인터뷰에서 사용자끼리 일촉즉발 (상호 신뢰 관계 형성 네 번째) — 138
34. 샛길로 벗어난 사용자를 제 길로 되돌리려면 (인터뷰 첫 번째) — 141
35. 무심코 유도하지 않기 위해 (인터뷰 두 번째) — 144
36. "이유는 스스로 생각해라!"라고 말하자 살얼음판이 된 분위기 (인터뷰 세 번째) — 147
37. 어디까지 파고들어야 할지 모르겠다 (인터뷰 네 번째) — 150
38. 사용자가 갖은 수단을 다해 정답을 찾는다 (인터뷰 다섯 번째) — 154

39. 닫힌 질문을 해야 할 때도 있다 (인터뷰 여섯 번째)   **158**
40. 말하지 않는 사용자가 가장 난처하다 (인터뷰 일곱 번째)   **160**
41. 5분 남았을 때 효율적으로 사용하기 위한 대책 (참관자와의 소통)   **162**
42. 시점을 구분하여 동선만 충실하게 기록한다 (행동 관찰 첫 번째)   **166**
43. 행동을 설명하게 하는 바람에 행동이 왜곡된다 (행동 관찰 두 번째)   **169**
44. 듣고도 생각나지 않아 초조해진다 (당일 마감)   **171**

05 데이터를 잘 읽고 이해하기 – 분석과 해석의 함정

45. 원천 데이터를 확인하느라 지옥을 경험한다 (데이터의 정리 첫 번째)   **174**
46. 인상적인 데이터가 머리에서 떠나지 않는다 (데이터의 정리 두 번째)   **180**
47. '외부화'가 부족해 분석으로 끝난다 (분석 첫 번째)   **191**
48. '혼자 척척 완벽하게 분석할 수 있다'라는 환상에 도취된다 (분석 두 번째)   **201**
49. '모두 좋다'고 하는 것을 생각 없이 무조건 받아들인다 (해석)   **204**
50. '조사한 의미가 없었다'로 끝나버린다 (회고)   **207**

후기   212
찾아보기   214

1장

계획 짜기
목적 설정과 방법 선정의 함정

> 목적 설정 첫 번째

1. 그저 '예산 소진'이 목적이면 안 되는 걸까?

조사를 의뢰받고 첫 회의에 참석했습니다. 아무렇지 않게 '조사 목적'을 물었습니다.

"예산을 전부 소진하는 것입니다"

이런 대답을 듣고 뒷걸음질 친 적이 종종 있습니다. 최근에는 이런 경우가 줄었지만 경험상 아예 없어지기는 어려워 보입니다. 따라서 많은 회사에서 매년 3월이면 바쁜 일정을 소화합니다. 역대 최고(혹은 최악)로 3월에만 조사를 여섯 건이나 수행했습니다. 총 68시간 30분 동안 53인의 사용자와 인터뷰했는데 너무 힘들어서 쓰러질 뻔했습니다.

예산 소진을 목적으로 하는 사용자 조사를 부정하는 것은 아닙니다. 그러한 목적의 사용자 조사에도 가치를 느끼고 흥미가 생긴다면 진행해야 합니다. 하지만 비록 예산을 소진하기 위해 시작했다 해도 마냥 '해보니 즐거웠다'로 끝낼 수 없는 것이 현실입니다.

나름대로 확실히 해야 하지만 어떻게 해야 할지 막막할 때, 첫걸음은 어떻게 떼야 할까요?

❶ 조사의 '초점'을 명확하게 맞춘다

사람은 문제를 해결하거나 요구를 충족하기 위해 행동합니다. 반대로 말하면, 어떤 행동을 어떻게 할지 '이용 현황(또는 이용 맥락(context of use)이라고 함)'에 대한 관찰 및 대화를 통해 자료를 수집하고 차분히 분석하면 사용자가 의식하지 못하는 잠재된 문제나 요구사항을 밝혀낼 수 있을 것이라고 기대합니다. 이것이 바로 사용자 조사의 근간입니다.

즉, '어떤 사람(who)이 언제(when) 어떤 환경(where)에서 어떤 이유나 의도(why)로 무엇(what)을 사용해 어떤 행동(how)을 할지' 꼼꼼히 살펴보는 것이 사용자 조사의 공통 목표가 됩니다. 흔히 5W1H라고 합니다. 이렇게 요약하면 간단하지만 5W1H를 조합하면 끝이 없을 수도 있으며, 표적을 좁히지 않고 무한한 가능성을 찾으려 하다가 길을 잃기도 합니다.

그래서 먼저 조사에서 초점을 맞출 대상(what)을 정합니다. 손에 들고 사용할 수 있는 물리적 상품이나 사용자 인터페이스(UI)를 조작해 이용하는 앱이나 서비스는 물론이고, 이들의 특정 기능으로 범위를 좁히는 방안도 생각할 수 있습니다. 체험이나 행위, 서비스와 같이 실체가 없는 대상에 주목하기도 합니다.

예를 들어 학습 기회를 제공하는 스마트폰용 앱 개발을 위해 사용자 조사를 한다고 합시다. 우선 넓게 본다면 스마트폰용 앱의 전반적인 이용 현황을 조사하는 것부터 시작할 수 있고, 학습용 앱으로 한정해볼 수도 있습니다. 반대로 더 폭넓게 '배움'이라는 행위에 주목하는 방안도 있습니다. 조사 범위가 넓어지면 더 추상적이게 되므로 어렵지만, 현재 앱을 사용하지 않고 학습하는 사람에게 신규 앱을 소개할 수 있다는 의의가 있습니다.

따라서 사용자가 문제를 해결하거나 요구사항을 충족하기 위해 사용하는 '것' 중 어디에 주목해 '이용 현황'을 조사할지를 먼저 명확히 정해야 합니다.

❷ 조사하지 않아도 아는 내용을 확인한다

문제나 요구사항, 해결책 등에 대해 근거 있는 가설을 세우고 검증하는 조사를 '가설 검증형', 그 가설을 세우기 위해 실시하는 조사를 '기회 탐색형'이라고 하지만, 구체적으로 조사 계획을 세우기 전에 우선 어느 쪽으로 도전할지 고민해야 합니다.

한 번 이상 기회 탐색형 조사를 거쳐 데이터를 꼼꼼히 분석하고 해석한 결과로 얻은 가설이 있다면, 가설 검증형 조사 계획을 제대로 세우고 시작하는 편이 좋습니다.

하지만 다른 과정으로 얻은 가설을 검증할 때는 그 출처나 근거를 확인하는 '가설 검증 조사'를 실시해야 합니다. 사내 데이터나 자료, 예전에 실시한 조사 보고서, 웹이나 책 등에서 얻을 수 있는 정보와 비교해 왜곡된 데이터에 근거한 생각은 아닌지 확인해야 합니다. 만약 의심이 들면 기회 탐색형으로 목표를 변경합니다.

마찬가지로 기회 탐색형 조사를 할 때도 자료를 뒤지고 살펴봅니다. 기회 탐색형 조사의 목적은 조사를 하지 않아도 아는 내용과 조사를 통해 밝히고자 하는 바를 명확하게 구분해 정리하는 것입니다. 이 절차를 건너뛴다면 "그런 것쯤은 조사하지 않아도 아는 거 아닌가요?"라는 지적을 받고 식은땀을 흘리는 사태가 일어날 수 있습니다.

❸ 조사 후에 이어질 행동과 함께 목적을 정리한다

사용자 조사가 지향하는 목표는 사용자 조사라는 수단을 통해 사용자가 안고 있는 문제나 욕구를 밝히고 그 내용을 기반으로 해결해줄 수 있는 상품과 서비스를 제공하는 것입니다. 즉 문제나 욕구를 밝히는 것만으로는 끝나지 않습니다. 다음 프로세스인 제작에 결과가 반영돼야 비로소 조사가 성과를 냈다고 할 수 있습니다. 이 대전제를 잊지 않기 위해 조사 목적을 작성할 때는 항상 그다음에 이어질 행동도 포함하여 작성해야 합니다.

표1

조사 목적 작성 예	
기회 탐색형 조사	가설 검증형 조사
사용자가 ○○을 한 컨텍스트(맥락)를 파악하고 사용자가 갖고 있는 문제나 요구사항을 도출해서 대책이 될 수 있는 상품이나 서비스 검토로 이어가는 것이 이 조사의 목적이다.	사용자가 안고 있는 문제 □□에 대한 해결책으로 검토 중인 A, B, C를 각각 검증하고 그 시비(是非)와 우선순위를 정해 프로토타입 설계 여부의 판단 근거로 삼는 것이 이 조사의 목적이다.

[표1]처럼 기회 탐색형이라면 '요구사항을 있는 대로 찾은 후 어떻게 할지', 가설 검증형이라면 '가설의 시비를 확실히 가리려면 어떻게 할지'와 같이 작성하며, 수단이 목적으로 변해버리는 유감스러운 사태로 이어지지 않도록 합니다. 특히 예산 소진을 목적으로 시작할 때는 조사를 마친 후 결과가 허무하게 없어지지 않도록 항상 인지하고 다음 행동으로 이어지게 해야 합니다.

> **칼럼: 기회 탐색이라고 하지만 사실 이미 가설이 존재하는 경우도 있다**

회사 상관을 설득할 자신이 없거나 사용자 조사로 명확하게 규명된 요구사항에 기반해 제안하는 편이 더 쉽게 통할 거라는 생각에서 기회 탐색형으로 가장하지만, 실은 가설을 기반으로 한 조사를 수행하는 경우가 있습니다.

그런 속셈을 알아차리지 못하면 모르고 지나가는 일이 많습니다. 물론 저의 경우라면 단지 외부인에게 말하기가 어렵기 때문일 수도 있지만, 사용자와 직접 접하는 조사자('중재자(moderator)'라고도 함)의 '확증 편향(confirmation bias)'을 우려하기 때문일 수도 있습니다.

확증 편향이란, 자신이 가진 가설이 옳은지 확인할 때 그 가설에 유리한 데이터를 먼저 찾으려는 인간의 인지 습관을 말합니다. 예를 들어 'A보다 B가 사용자의 요구사항에 적절하다'는 결론이 나오길 내심 바란다고 합시다. 이때 사용자에게 'B 이용 현황'을 집요하게 묻는 반면에 'A 이용 현황'은 언급하지 않고 끝낸다면 중재자는 확증 편향에 굴복한 것입니다. A와 B 이용 현황을 양쪽 다 공평하게 조사한 후 'B가 좋다'고 결론을 내려야 공정합니다.

가설에 대한 집착이 심할수록 무의식 중에 확증 편향은 더 강해집니다. 이런 인간의 인지 특성을 이해하는 의뢰인은 중재자를 외부에 위탁하고, 조사 후에 이어질 설계나 제작에 직접 관여하는 사람에게 그 역할을 맡기지 않습니다. 중재자에게 가설을 말하지 않는 것도 확증 편향이 생기지 않도록 방지하는 방법의 하나입니다.

하지만 그런 걱정은 하지 않으셔도 됩니다. 중재자는 확증 편향의 위험을 이해하고 방심하면 그런 인지 습관이 나온다는 사실을 충분히 고려하여 현장 조사에 임합니다. 그리고 그렇게 해야 합니다. "확증 편향이 무엇인가요?"라고 묻는 사람은 안타깝지만 중재자로서 자격이 없습니다. 중재자를 신뢰하고, 가설이 있다면 공유하세요.

1장 계획 짜기 목적 설정과 방법 선정의 함정

목적 설정 두 번째

2. '하고 싶다'라는 의지만으로는 진행할 수 없다

"사용자 조사를 하고 싶습니다. 어림잡아도 상관없으니 먼저 견적을 내주세요"

이러한 의뢰 메일을 적지 않게 받습니다. '사용자 조사'의 내용은 목적에 따라 다양합니다. 따라서 필요한 시간과 비용도 꽤 들기 때문에 의뢰인이 대략 계산하는 것이 좋다고 해도 그런 식으로는 예산을 산정할 수 없습니다.

직접 조사 계획을 수립할 때도 마찬가지입니다. 사내 직원이라도 무한하게 투입할 수는 없습니다. 조사에 필요한 시간이나 비용의 기준을 정하기 위해서는 다음 세 가지를 결정해야 합니다.

❶ 어떤 사용자에게 초점을 맞출지 정한다

조사에 협조할 사용자를 모으는 것을 '모집(recruiting)'이라 합니다. 이를 비롯해 어떤 사용자의 컨텍스트(맥락)를 고려해야 요구사항 탐색이나 가설 검증으로 이어질지도 살펴보아야 합니다.

예를 들어 도서 판매를 촉진할 새 대책을 검토하기 위해 사람이 '독서'할 때의 컨텍스트를 파악하는 조사를 진행한다고 합시다. 이 경우, 먼저 독서에 대해 원활하게 이야기할 만한 사람은 어떻게 생활하고 어떻게 책을 읽고 어떤 가치관을 가졌을지를 상상해 봅니다. 여기서 주의해야 할 점은, 연령이나 성별이 아니라 행동이나 가치관에 주목해야 한다는 점입니다.

중·노년층이 더 오래 살아온 만큼 책을 더 많이 읽을 가능성이 있지만, 고령자 중에도 독서를 싫어하는 사람은 있습니다. 이와 반대로, 젊어도 밥보다 독서를 더 좋아하는 사람이라면 책에 대해 더 많이 이야기를 나눌 수 있습니다. 따라서 나이가 아닌, 독서량과 독서 습관의 유무를 모집 조건으로 설정해야 합니다.

또한 책은 도서관 등에서 빌려 읽을 수도 있는데, 그렇다면 도서관에서 책을 대출하여 읽는 독자들의 이야기를 들어야 할까요? 아니면 책을 구입해 읽는 사람으로 대상을 좁혀야 할까요? 아니면 양쪽을 구분해 이야기를 다 듣고 각각의 맥락을 파악해야 할까요? 게다가 전자책의 등장으로 독서 방법이 바뀐 사람도 있을 것입니다. 이 점을 고려하여 종이책과 전자책을 같이 보는 사람을 모집해서 양쪽 다 살피는 전략으로 진행해야 할까요? 아니면 한쪽에 집중해야 할까요?

표1
사용자의 모집 조건과 그 판단 기준

'독서' 행위에 영향을 주는 요인	대상자 모집 조건	판단 기준
독서량	독서량이 많은 사람	일본인 평균 연간 독서량(12~13권) 이상
독서 습관 유무	독서 습관이 있는 사람	거의 매일 책을 읽는다
도서관 이용 유무	도서관에서 대여하기보다 구매해서 읽는 사람	매달 책을 한 권 이상 구입한다 (전자책이든 종이책이든 상관없다)
전자책 활용 여부	전자책과 종이책을 같이 보는 사람	전자책을 읽기 위해 전용 기기나 앱을 이용한다(전용 기기를 보유한 사람을 우대한다)

이처럼 '독서'라는 행위에 영향을 준다고 생각하는 요인을 도출하고, 조사 목적에 맞춰 사용자 모집 조건을 결정합니다. 그리고 [표1]처럼 이 조건의 충족 여부에 대한 판단 기준도 함께 검토해야 합니다.

조건이 늘어날수록 사용자 모집은 더욱 힘들어지므로 필수 조건은 세 가지 내외로 잡는 것이 이상적입니다. 필수 조건이 이보다 더 많을 때는 '우대 조건'을 정합니다. 「들어가는 말」에도 썼듯이, 사용자가 원하는 만큼 모집되지 않아서 불안해지면 조건을 완화하기 쉽습니다. 이때 '우대 조건'은 완화해도 괜찮지만 '필수 조건'은 하나라도 양보할 수 없다는 기준이 확고해야 망설임 없이 판단할 수 있습니다. 기준이 확고하다면 그저 인원수를 채우는 데만 급급하지 않는 대책이 될 수 있습니다.

표2
'독서에 관한 인터뷰 조사'를 위한 사용자 모집 조건

필수 조건
· 평균 월 1권, 연 12권 이상 책을 읽는 남녀 · 거의 매일 독서하는 사람(종이책/전자책 상관없음) · 최근 1개월 이내 1권 이상 책(전자책 포함)을 직접 구입한 사람 · 전자책을 읽기 위한 전용 기기나 앱을 보유한 사람

우대 조건
· 도서관도 이용하는 사람을 일부 포함하고 싶다. · 전자책 리더기(전자책을 읽기 위한 전용 단말기)를 보유한 사람을 우대한다.

제외 조건(다음 조건에 부합하는 사람은 제외한다)
· 독서를 싫어하는 사람 · 독서 취향이 만화, 잡지, 사진첩에 치우친 사람 · 시장 조사 등에 종사하는 사람 · 출판, 도서 중개업, 서점 운영 등 책과 직접적으로 관련된 일을 하는 사람

모집에서 실패하거나 재작업하지 않으려면 [표2]에 있는 '제외 조건'도 결정해야 합니다. 의뢰인이 생각하는 판촉 대상에 만화나 잡지가 포함되지 않는다면 자칭 '취미가 독서'인 사람이라도 조사에 적합하지 않습니다. 또한 서점 직원 등 도서 판매에 직접 관여하는 종사자의 독서 경향을 '일반적이라고 할 수 없다'라고 생각한다면 이 역시 대상에서 제외합니다. ==사용자의 조건 설정은 사용자 조사의 주된 요소의 하나==입니다. 이 지점에서 의견이 갈려 모집에 착수하지 못하고 시간만 지체하다가 조사 자체가 무산된 사례도 있으므로, 조사 목적과 아울러 조건을 확실히 결정해야 합니다.

❷ 언제까지 조사를 마쳐야 하는지 확인한다

다시 말씀드리지만 사용자 조사는 수단일 뿐입니다. 후속 활동에 바통을 넘기고 그 움직임을 지켜보는 것까지가 조사 담당자의 몫이며, 그 단계까지 이르러야 비로소 성과라고 할 수 있습니다. 그 성과를 공유할 형태는 「4. 조사팀 업무는 어디까지?」를 정할 때 작성합니다. 그런데 이보다 먼저 확인해야 하는 것은 일정, 즉 ==완료 시기==입니다.

조사 실시나 결과 공유 시기가 늦어지면 당연히 의사 결정이 지연되고, 따라서 그 이후의 활동을 시작하는 시점도 늦어집니다. 이래저래 모든 것이 늦어져 당황하는 사이에 결국 타사에서 유사한 상품이 출시된다면 "사용자 조사 따위에 의지하니까 그렇지!"하는 상사의 호통을 듣게 됩니다. 혹 시작 일시가 지연됐음에도 개발 일정을 원래 예정대로 맞추려 하면 "조사팀이 꾸물거렸기 때문이다"라는 개발팀의 원망을 듣게 됩니다.

이런 일이 한 번이라도 생기면, 제작 공정의 초기 단계에서 수행되는 '사용자 조사'라는 활동 그 자체만으로도 사내에서 강한 비난을 받게 됩니다.

이처럼 안타까운 상황으로 전개되지 않도록 하려면 마무리까지 확실히 확인해야 합니다. 특히나 잘못 인식하지 않도록 조사를 마쳐야 할 시점과 조사 결과를 공유할 시점 모두 다 확인하는 것이 중요합니다.

하지만 모집을 비롯해 준비에 걸리는 시간을 예상해 적절한 시점에 수행하거나 보고하기가 어려운 경우에는 대책을 마련해야 합니다. 조사 규모를 축소하거나 반대로 두 팀 체제로 전향해 조사 속도를 높이기 위한 목표도 고려합니다. 다만 조사 자체가 목적이 되면 본말전도(本末顚倒)되므로 항상 조사 목적을 염두에 두어야 하며, 경우에 따라서는 시의적절하게 다시 처음부터 시작하는 방식을 고려해야 하기도 합니다.

❸ 가설을 어떻게 사용자와 공유할지 정한다

가설 검증형 조사를 하는 경우 그 가설을 어떤 형태로 사용자에게 보여줄지 결정해야 합니다. 준비하는 데 시간이 걸리고 조사하는 장소에도 영향을 줄 수 있기 때문입니다. 가설 내용이나 성숙도에 따라 의견이 나뉘기도 하지만 선택지는 크게 세 가지입니다.

1. 작동하는 프로토타입을 만들어 실제로 만져보게 한다.
2. 페이퍼 프로토타입(화면이나 장면의 흐름을 종이에 그린 것)으로 '사용하는 셈'치고 상상해보게 한다.
3. 말로 설명하고 상상력을 극대화한다.

프로토타입이란, 사용자 행동에 상품이나 서비스가 어떻게 반응하는지 보여주는 시제품입니다. 예전에는 프로토타입을 만드는 데 상당한 시간과 예산이 소모되어 자연스럽게 3안을 선택했지만, 요즘에는 프로토타입 툴이나 3D 프린터가 발달한 덕분에 사용자 조사 단계에서 1안을 선택하기도 합니다.

하지만 1안의 '작동하는 프로토타입'이 '언제나' 최선의 방책인 것은 아닙니다. 구현된 실물을 보는 순간 사용자는 '좋다/나쁘다', '맘에 든다/맘에 안 든다'라는 식으로 단순하게 평가하려 하거나, 디자인(즉, 외형)의 어디를 어떻게 개선하라는 지적으로 일관하기 쉽기 때문입니다. 또 "여기까지 만들었다면 이걸로 괜찮지 않을까?"라며 최대한 긍정적으로 바라보거나, 눈앞에 있는 프로토타입과 전혀 다른 새로운 해결책이나 아이디어를 굳이 상상하려 하지 않을 수도 있습니다.

한편 말로 아이디어를 전달하는 3안은 사용자의 이해력과 상상력에 의존하게 되고 인지 능력이 다소 떨어지는 사용자에게는 가설이 제대로 전달되지 못할 위험이 생깁니다. 2안의 페이퍼 프로토타입은 이런 장단점을 보완할 목적으로 사용하는 절충안입니다. 들을 뿐만 아니라 볼 수도 있어서, 인지하는 데 큰 도움이 됩니다.

> 칼럼

〉 더미 데이터라도 '진짜처럼' 준비하자

프로토타입에서 사용할 데이터를 어차피 더미라고 생각하여 그 값을 대강 넣으면 사용자의 불신을 사거나 주의를 분산시키는 요인이 되어 좋지 않습니다.

파이낸셜 플래닝에 사용할 앱 프로토타입을 보였을 때의 일입니다. 어떤 잠재 고객이 더미 데이터를 활용하여 그래프에서 금융 자산 잔액을 예측한 수치가 막대한 적자인 것을 보고는 크게 당황하였습니다. 더미 데이터를 사용했다고 거듭 설명했지만, 그 수치가 머리에서 떠나지 않는 듯 몇 번이나 그 화면으로 돌아가서 이것저것을 확인했습니다.

또한 건강 관리용 스마트폰 앱의 페이퍼 프로토타입을 보였을 때는 '분당 맥박 23회'를 보고 "이 사람 정말 위독하네요"라고 꼬집거나, 최고 혈압과 최저 혈압이 같은 것을 보고 '이런 일이 있을 수 있을까?'라며 엉뚱한 생각에 잠기는 사용자가 속출하는 바람에, 발표 도중에 프로토타입을 수정해야 했습니다.

이러한 사례들은 처음부터 그럴듯한 수치였다면 피할 수 있었던 혼란입니다. 사용자가 이용 현황을 상상할 때 데이터가 방해물이 되어서는 안 됩니다. 따라서 프로토타입을 만들 때는 이러한 부분까지 세세하게 확인해야 합니다.

동료 찾기 첫 번째

3. 조력자를 찾는 데 시간이 걸린다

협의하러 다니며 많은 시간을 들여 계획서나 견적서를 제출했지만, 결국 이런 말을 듣고 중단된 적이 한두 번이 아닙니다.

"계약이 늦어져서 거래하던 업체로 부탁을 드리게 됐습니다"
"다음 기회에 꼭 잘 부탁드립니다"

그러면 이렇게 의연한 말로 대답하지만 나도 모르게 아쉬움이 가득해지며 시간과 노력을 쏟아부은 것이 후회되기도 합니다. 또 이런 일도 있습니다.

"이번에는 공부도 할 겸 사내 직원이 하기로 했어요. 경험이 있는 분이 도와주시기로 해서요"
"내부 리소스로 할 수 있다면 그보다 좋은 것은 없죠"

이때도 태연하게 대답하지만, 내심 "먼저 내부 리소스를 확인한 후에 외부에 견적을 의뢰하는 건 어떨까요?"라고 제안하고 싶어집니다.

사용자 조사를 처음 진행하면 도와줄 사람을 찾는 것도 하나의 절차입니다. 무작정 견적을 내 달라고 의뢰하는 것은 비즈니스 예의에 어긋나고, 본인의 시간과 노력을 낭비하는 일이기도 합니다. 지금부터 조력자를 찾는 요령에 대해 살펴봅시다.

❶ 사내에서 믿을 만한 경력자를 찾아 상담한다

본인이나 본인이 소속된 부서의 구성원들은 사용자 조사에 대해 잘 모르더라도, 회사를 둘러보면 그 안에서 사용자 조사 경험자를 찾을 수 있을지도 모릅니다. 사용자 목소리를 듣는 데 가치를 느끼고 행동하는 동료를 발견하고 "저희도 사용자 조사를 해보고 싶습니다"라고 이야기한다면 분명 귀 기울여 이야기를 들어줄 것입니다. 그 사람이 직접 조사를 진행하거나 사내의 조사팀에 연결해줄 수도 있습니다. 따라서 내부에서 리소스를 찾으면 외부에 견적을 의뢰하는 불필요한 시간과 노력을 줄이게 됩니다.

혹은 사내에 지원해줄 인력이 없더라도 이미 거래 중인 외부 조사 업체를 소개받을 수도 있습니다. 비단 사용자 조사에 국한하지 않더라도 새로운 거래처와 계약하거나 등록하는 사무 절차에는 시간이 걸립니다. '계약이 늦는다'라는 이유로 중단하려면 사무 절차가 불필요한, 즉 이미 협업 중인 거래처에 먼저 문의하는 것이 지름길입니다.

❷ 사외에서 의지할 협력자를 찾는다

사내에 의지할 만한 경험자가 없으면 웹에서 검색해 도와줄 만한 회사를 찾습니다. '사용자 조사'나 '정성 조사'로 검색하면 여러 회사가 나오는데, 이번에는 후보가 너무 많아서 어떻게 선택해야 할지 모르게 됩니다.

이때는 회사에서 서비스로 제공하는 조사 방법이 무엇인지를 확인해야 합니다. 웹 설문처럼 수집한 데이터를 수치화해 통계 분석하는 것을 전제로 하는 '정량 조사'를 강조한다면, 정성 조사와 정량 조사를 한번에 제공할 가능성이 있습니다. 하지만 우리가 실시하려는 사용자 조사는 사용자의 생생한 목소리나 행동 이면에 잠재된 욕구라는, 즉 수치화할 수 없는 데이터를 수집하는 '정성 조사'입니다.

정성 조사의 결과를 토대로 정량 조사를 해서 명확하게 양적인 면을 확인하거나, 반대로 조사 목표를 좁히기 위해 정량 조사를 한 후 차분히 정성 조사를 하는 조합도 의의가 있습니다. 하지만 유감스럽게도 그중에는 정량 조사를 주로 진행하지만 고객을 유치하고자 정성 조사도 할 수 있다고 하는 업체도 있습니다.

이를 구분하기 위해서는 '정성 조사'의 내용도 확인해야 합니다. '그룹 인터뷰'나 '사용성 테스트'를 강조해 추천한다면 잠깐 고민해야 한다는 신호로 받아들여야 합니다. 업체에서 사용자의 심층 심리에 파고들어 보이지 않는 요구를 파악하는 사용자 조사 중에서 그룹 인터뷰를 제안한다면, 그 외 조사 수법은 성과가 적을지도 모릅니다. 그런 회사에 의뢰한다면 그룹 인터뷰라는 방법으로 조사를 계획하기 쉽습니다.

또한 '사용성 테스트'는 사용자가 구입한 상품이나 서비스에 잠재된 문제점을 특정하는 '평가' 단계에 사용되는 기법입니다. 이 기법은 사용자가 안고 있는 문제나 요구사항을 밝혀내고자 하는 사용자 조사와는 다릅니다. 이 둘을 혼동하지 않고 설명한다면 그 업체는 믿을만하다고 할 수 있겠지만, 그렇지 않다면 기대에 맞지 않을 수 있습니다.

더욱 신중히 처리한다면 담당할 직원, 특히 중재자의 경력이나 특기를 확인해야 합니다. 사내 직원 전원이 정량 조사 전문이고, 정성 조사 중재자는 외부에 위탁하는 회사도 있습니다. 그렇다면 그 회사는 정성 조사를 그다지 잘하지 못할 가능성이 있습니다. 또 사용성 테스트 모델링 경험이 아무리 풍부하더라도 사용자 인터뷰를 해본 적이 없다면 깊이 없는 인터뷰로 끝날 수 있습니다. 명확하게 공유하지 않을 수도 있지만, 제대로 답하지 않는다면 주의해야 합니다.

중재자가 조사 설계 단계부터 팀에 합류하는지 아니면 조사 직전에 들어와서 중재만 맡는지도 확인해야 할 사항입니다. 회사에 따라 다양한 방법이 있고 의뢰자가 희망 사항을 말하면 그에 부응할 수 있으므로, 팀 체제도 문의해야 합니다.

동료 찾기 두 번째

4. 조사팀 업무는 어디까지?

조사 회사에서 중재만 해달라고 해서 그렇게 알고 일을 마친 다음, 2주 정도 지나 받은 메시지입니다.

"이제 와서 죄송한데 보고서를 좀 써주시겠습니까?"

조사 회사 쪽에서 진행하기로 했는데, 의뢰인에게 제출하기 어려운 상황이 된 듯했습니다. 그렇게 일이 되돌아온 것입니다. 처음에는 어차피 읽지 않으니 보고서가 필요 없다고 했다가, 나중에서야 검수해야 하니 써달라는 경우도 있습니다. 그 밖에 조사 마지막 날이 되자 빨리 달라고 요구하거나 보고서 제출과 동시에 발표가 예정되는 등 예상 밖의 상황이 다수 생깁니다.

사내외의 전문가나 팀에 조사를 의뢰할 때에는 이러한 일이 생기지 않도록 처음부터 어디까지 관여하고 무엇을 성과로 판단할지 결정한 후 시작하는 편이 좋습니다. 하청을 받는 측도 의뢰인이 명확하게 정리한 문서[SOW(Statement of Work)]³를 주지 않는다면 용기를 내어 요청해야 합니다.

❶ 의사 결정까지 수반한다

사용자 조사는 조사 결과를 끈질기게 후속 활동으로 이어가야 합니다. 다만 분석 결과를 해석해 어떤 의사 결정을 내릴 때는 조사 결과 이외의 일과 연관되는 경우도 많습니다. 의사 결정하려면 사용할 수 있는 자원이나 고려해야 할 제약을 파악하고 중장기 비즈니스 목표도 필요하기 때문입니다. 그 자리에는 조사에 직접 관여하지 않았던 기업의 이해관계자(stakeholder)도

---

3. 고객 요구사항 및 프로젝트 결과 등을 상세히 기술한 명세서로 작업 지시서. 작업 기술서라고도 한다

참석할 수 있습니다. 조사팀이 거기까지 관련되면 조직의 비전이나 제약 등 조사 결과 외의 인풋(input)도 필요합니다.

시간을 투자해서라도 조사를 멈추지 않고 의사 결정까지 진행하는 데 의의를 갖고 사내의 이해를 얻을 수 있다면, 거기까지 끈기 있게 함께할 조사자나 조사 회사를 찾아야 합니다.

❷ 의사 결정을 위한 토대까지 마련해달라고 의뢰한다

우리가 다루는 것은 사용자의 이야기나 행동 같이 수치화할 수 없는 정성 데이터입니다. 데이터를 다양한 시각에서 보고 분해한 다음, 또 다른 시각에서 보는 분석 작업을 꿈에 나올 정도로 되풀이하기 위해서는 상당한 지식과 경험, 그리고 끈기가 필요합니다. 데이터만 손에 넣으면 나머지는 어떻게 될 거라고 생각하는 것은 큰 오산입니다. 사내외의 경험자에게 의지하지 않고 방향도 모른 채 출발하여 데이터를 분석하고 해석하기까지 전문가가 이끌어주지 않으면 후속 활동으로 이어지기 어려울 수 있습니다.

다만 분석과 해석 작업을 통째로 맡기고 결론만 받는 체제에는 찬성할 수 없습니다. 의뢰인 측에서도 몇 사람은 작업에 참여하는 것이 이상적입니다. 보는 눈이 늘면 보는 방법이 달라지고 편향된 시각에 휩쓸릴 위험도 줄일 수 있습니다. 조직의 비전이나 제약을 알고 있는 사람이 참여하면 그에 근거한 견해가 추가되고, 이번 조사에서 알고자 한 범위를 뛰어넘는 깨달음을 얻을 수도 있습니다. 무엇보다 경험이 풍부한 조사자와 분석 작업을 함께함으로써 많은 것을 배우게 됩니다.

❸ 중재자 소견이나 소감을 정리해 전달한다

의뢰인 측에서 분석과 해석을 확실히 할 수 있다고 하거나, 누가 담당하든 꼼꼼히 분석할 시간(혹은 비용)적 여유가 없다면, 조사 결과가 후속 활동으로 이어지도록 하기 위한 절충안으로 중재자에게 보고서를 작성하게 하는 방법을 생각해봅시다.

중재자는 조사 목적이나 목표를 항상 염두에 두고 사용자와 마주합니다. 자신의 인지 습관을 자각하는 중재자는 가설에 현혹되지 않도록 세심한 주의를 기울이면서 머릿속으로는 가설 구축과 검증, 파기를 거듭하고, 마지막 세션이 끝날 무렵에는 '장담할 수는 없으나 어느 정도 말할 수 있을 수준'의 결론을 예측합니다.

사용자를 가까이해야 대화에서 나타난 인지적 저항이나 무의식적 행동으로 속마음을 알아차릴 수 있습니다. 대화록을 여러 번 읽어도 확실하지 않은 무언가를 근거로 중재자 나름의 조사 결론을 '보고서' 형태로 정리한다면, 분명 언젠가는 분석이나 해석에 유용할 때가 있습니다. 무엇보다 검수하는 데 활용할 수 있습니다.

다만 마지막 날에 "내일 주세요"라고 갑자기 말한다고 해서 그런 보고서를 바로 받을 수는 없습니다. 내용을 대강 머릿속으로만 어림짐작한다고 해도 근거를 제시하지 않고 주관적으로 하고 싶은 말만 늘어놓을 수는 없습니다. 메모를 되짚거나 기억을 더듬는 데 시간이 걸리므로 세션 수에 따라 시간이 필요합니다.

근거가 어찌 됐든 중재자의 주관적인 생각이라도 상관없으니 보고서를 내일 달라고 요구할 때는 '톱 라인 리포트(top line report)'나 '요약본(summary)' 같이 호칭을 바꿔 오해를 피할 수 있습니다. 이런 보고서도 바로 다음 날에 제출하려면 세션 중간중간에 정리해두는 등의 준비가 필요하므로(그 방법이나 내용은 「44. 듣고도 생각나지 않아 초조해진다」에서 다룹니다) 마지막 날에 갑자기 요청하는 것을 지양해야 합니다. 또 하나 중요한 사항으로 결과를 받는 쪽은 데이터 재검토나 꼼꼼한 분석을 거치지 않아서 근거가 불확실한 요약본이라고 해도 정말 필요한지 신중하게 고려해야 합니다.

❹ 중재만 의뢰하고선 질 높은 데이터가 수집되길 기대한다

사용자 조사 경험이 있더라도 막상 데이터를 분석하려고 하니 들어야 할 말은 듣지 못하고 질의응답은 겉돈 채 마무리되어, 데이터에 깊이가 없거나 신빙성이 없어서 한 번이라도 불안했었다면 결국 조사에서는 '중재'가 가장 중요하다는 사실을 알게 됩니다.

반대로 중재자로서 의뢰받는 측에서는 조사 목적이나 목표가 명확하지 않거나 설계나 조사 가이드(3장에서 다룹니다)가 엉성해서 무엇을 조사하려 하는지 알 수 없거나 관련 정보를 직전까지 공유받지 못한다면 아무리 조사 경험이 많아도 좋은 결과를 내기 어렵습니다.

앞에서는 조사 회사를 이용할 때 중재를 맡은 사람의 역량까지 확인하라고 조언했지만, 경험이 풍부한 중재자라면 자신에게 요구되는 역할이 최단 코스로 중재만 하는 것인지 아니면 조사 목적을 달성하기까지 함께해야 하는 것인지 확인하고, 이에 따라 제대로 결과를 내기 위해 필요한 정보를 들으려 할 것입니다. 그런 대화가 중재자의 역량을 가늠하는 실마리가 되기도 합니다.

> 방법 찾기 첫 번째

5. 방법을 선정하면서 실랑이를 벌인다

조사자가 직접 사용자가 상품이나 서비스를 이용하는 생생한 삶의 현장을 찾아가서 그 모습을 꼼꼼히 관찰하는 '행동 관찰'을 하고 싶다는 상담을 많이 받습니다. 그때마다 여러 번 의논한 뒤에 "역시 어려울 것 같다"라든가 "협상이나 준비 과정이 힘들 것 같다", "예산이 부족하다" 등의 이유로 인터뷰로 진행해달라고 하면 아직은 괜찮은 상태입니다.

"사용자 조사는 시기상조인 것 같습니다. 다시 살펴본 뒤 상담 요청하겠습니다"

여러 번 회의를 거듭한 끝에, 이 같이 정중한 거절 메일을 받곤 합니다. 즉 최악의 상황이죠. 방법을 선택하는 과정에서 티격태격하지 않고 순조롭게 시작하는 방법 세 가지를 소개합니다.

❶ 우선 단순하게 선택지 두 가지 중에서 고려한다

어렵게 생각하지 말고 대략 둘로 나눠 생각해 봅시다.

- 사용자의 언어 보고에 의존하는 방법
- 사용자의 언어 보고에 의존하지 않는 방법

전자의 대표 격이 '인터뷰', 후자의 대표 격이 '행동 관찰'입니다. 행동 관찰을 하면 '행동'으로 나타난 사실을 있는 그대로 파악할 수 있어 더욱 확실한 데이터를 모으게 됩니다. 행동 이면에 있는 이유나 의도를 헤아리며 관찰하면 사용자 자신도 알아채지 못하는 욕구를 쉽게 포착할 수 있기 때문입니다. 잘 되면 사용자가 이미 자각한 문제에 대해 대증 요법이 아닌 근본 해결책을 검토할 길이 열리기도 합니다. 특히 기회 탐색을 할 때 행동 관찰을 할 수 있다면 기대치가 더 커집니다. 또 사용자가 순간적으로 하는 거짓말이나 속임수에 현혹될 위험을 배제할 수 있다는 점도 행동 관찰의 큰 강점입니다. 한편 사전 교섭을 해야 하거나 준비하기가 매우 힘들다는 단점이 있습니다.

반대로 사용자의 언어 보고에 의존하는 방법은 행동 관찰에 비해 준비가 간단합니다. 그리고 '사용자의 말'에는 위력이 있습니다. 아무리 말해도 귀 기울이지 않던 디자이너와 엔지니어를 움직이는 힘이 분명히 있습니다. 하지만 사용자가 쉽게 말로 할 수 있는 문제나 요구사항은 이미 표면화된 것입니다. 내면에 잠재된 요구를 찾아내거나 진지한 의견을 끌어내는 것을 목표로 하지만, 실패하면 겉도는 질의응답으로 마무리됩니다. 또한 사용자의 말에 거짓이나 속임수가 섞일 가능성을 완전히 배제할 수 없다는 것도 단점입니다.

결국 두 방법은 각각 장단점이 있습니다. 이를 바탕으로 먼저 적절한 방법을 고민해야 합니다.

❷ 두말없이 사용자 인터뷰를 선택한다

헤매거나 방법을 두고 실랑이할 경우에는 사용자 인터뷰를 선택하는 편이 좋습니다. 사용자 인터뷰를 더 간단하게 준비할 수 있기 때문입니다. 행동 관찰 방법은 가로막힌 장벽을 무너뜨릴 만한 뚜렷한 목표가 없다면 준비할 수 없습니다. 방법을 선정하면서 옥신각신할 정도라면, 우선 사용자 인터뷰로 간단히 정하고 인터뷰 질을 올릴 준비나 트레이닝에 시간을 할애하는 편이 건설적입니다.

인터뷰 후 행동 관찰로 확인해야 할 내용이 보이면, 다시 행동 관찰의 진행 가능성을 검토하면 됩니다. 처음부터 높은 산에 오르지 않고 적당히 낮은 산을 목표로 하는 것이 최선입니다.

❸ 택일하지 않고 둘 다 한다

조사는 한 번뿐이고 방법도 하나만 선택해야 한다고 생각하는 사람이 의외로 많습니다. 행동 관찰과 인터뷰의 장단점은 표리일체이며, 이 둘을 조합해 서로를 보완하면 이보다 더 좋을 순 없습니다.

행동 관찰에서 촬영한 영상이나 사진을 함께 보면서 그때의 행동이나 기분을 말하는 방법을 '회고 인터뷰'라 합니다. 단지 머릿속에 있는 기억을 떠올리면 인지 부하가 높아지고 왜곡이나 각색을 많이 하기 쉽지만, 회고 인터뷰를 진행하면 그 단점을 보완할 수 있습니다. 또한 회고 인터뷰를 진행하면 확실히 현장에서는 철저히 행동 관찰에만 주력할 수 있습니다.

행동 관찰을 하면서 언어 보고도 병행하는 방법도 있습니다. 조사자가 맥락에 따라 질문하면서 행동을 추적하는 '맥락 인터뷰(contextual inquiry)'나 사용자가 머릿속으로 생각하고 있는 것이나 그때의 기분을 해설하면서 행동하도록 하는 '소리 내어 생각하기 방법(think aloud method)'입니다. 장단점을 서로 보완할 수 있는 최고의 방법으로 들릴지 모르지만, 이들도 단점이 있습니다. 말하면서 행동을 이어가지 못하거나, 행동하는 데 사용될 의식 일부가 말하는 데 사용되므로 사용자 행동이 100% 자연스럽다고 할 수 없습니다.

사용자 인터뷰 후에 행동 관찰을 하는 방법도 있습니다. 이 경우에는 대개 인터뷰를 행동 관찰의 사전 준비 단계로 실시합니다. 즉, 인터뷰를 통해 더 적합한 사용자를 선정하고 관찰 범위를 좁히는 전략입니다.

방법을 조합하는 방식은 특히 조사 초점이 매우 전문적일 때 더 효과적입니다. 예를 들어 특수 역량이나 전문 자격이 있는 사람을 사용자로 상정하고 조사자가 그 영역에 대해 잘 모르거나 관련 지식이 충분하지 못한 경우, 인터뷰만으로는 불안할 수밖에 없습니다. 백문이 불여일견이듯, 일하는 모습을 관찰하면 더 잘 이해하게 될 테니 행동 관찰도 함께 하는 편이 이상적입니다.

> 방법 찾기 두 번째

6. 현장에 들어갈 수 없어서 결국 행동 관찰을 포기한다

행동 관찰의 큰 장벽 중 하나는 현장 접근입니다. 사용자의 생활 실태를 살피거나 사용자가 집에 있을 때 사용하는 물건이나 행동을 파악하는 것이 조사 목적이라면, 사용자 집을 방문하면 됩니다. 하지만 항상 행동 관찰을 수행할 장소가 사용자 집으로만 국한되지는 않기 때문에 현장에 직접 가기 어려울 수 있습니다.

예를 들어 사용자의 생활 실태 중 특히 일과 관련된 부분을 알고 싶다면 ==직장을 방문==하거나 사용자의 근무 방법에 따라 ==집과 직장을 모두 방문하는 것==도 고려해야 합니다. 또한 상대가 영업 담당자라면 외근에 동행해야 의미가 있습니다.

하지만 사무실을 방문하기는 쉽지 않습니다. 외부인 방문을 수락하는 회사가 많지 않은데다 흔쾌히 협조해준다고 생각했는데 막상 당일이 되어 방문하면 '회의 장소까지만'이라고 제한을 받은 일이 여러 번 있었습니다.

==공공장소나 특정 건물==은 조사하기가 더욱 어렵습니다. 이런 곳에는 조사 협력에 동의한 사용자 외에 다른 사람들이 있는 경우가 많으며, 또한 윤리적으로 그들에게도 동의를 얻어야 하지만 동의를 구하는 일이 대체로 어렵기 때문입니다.

현장을 관리하는 회사나 조직에 방문을 신청하고, 장소에 따라서는 경찰에도 신고해야 합니다. 조사 당일에는 돌발 사태에 대비해 상당한 인원을 주변에 배치하는 드라마나 영화 촬영 수준의 준비가 필요하므로, ==결국에는 자연스럽게 다른 방법을 취하는 편이 무난하고 확실하다고 판단하게 됩니다.==

이렇듯 대부분의 경우가 사용자 집 외에서의 행동 관찰은 어려운 일이지만, 방법이 아예 없는 것은 아닙니다. 지금부터 선택할 수 있는 전략 일곱 가지를 소개하겠습니다.

❶ 현장 소유주를 끌어들인다

현장 소유주인 기업이나 조직을 조사에 끌어들이는 방법을 생각해볼 수 있습니다. 현장을 관리하고 조사를 허가해주는 쪽을 당사자로 만들면 문제를 해결할 수도 있습니다. 하지만 상하관계가 엄격한 회사라면 교섭에 난항을 겪기 때문에 낙관은 금물입니다. 그렇다고 해도 아무 관계 없는 사람이 갑자기 나타나서 "조사 진행을 위해 사용하게 해주세요"라고 교섭을 시도하는 것보다는 확실히 진입장벽이 낮습니다.

❷ 현장을 직접 만든다

처음부터 매장과 비슷하게 공간을 만들어 조사를 실시한 적이 있습니다. 그곳에서 쇼핑하는 행동을 관찰해 사용자가 매장에서 어떻게 움직이고 상품을 어떻게 다루는지 기록했습니다. 사용자가 매우 즐겁게 조사에 참여한 덕분에 많은 것을 알게 됐습니다. 동영상도 찍을 수 있어서 행동 관찰에 비해 간단하게 기록할 수 있었고, 다른 손님이 들어올 염려가 없어서 윤리적인 문제도 해결됐습니다.

하지만 실제 매장이라면 다른 손님이나 점원과의 관계가 있으므로, 결국 이들을 배제한 조사 환경은 인위적일 수밖에 없습니다. 상품을 보거나 선택하는 방법 등에 조사 초점이 있다면 의의가 있지만, 그렇지 않다면 상책이라고 할 수 없습니다. 게다가 매장과 비슷한 공간을 준비하기 위해 수고를 많이 해야 합니다.

❸ 사용자의 친구 역할을 한다

점원과 주고받는 소통에 초점을 맞춘 조사라면 진짜 점원이 있는 실제 매장에 가야 합니다. 이때 전략은 조사자가 사용자의 친구가 되어 함께 매장에 가는 것입니다. 사용자가 평소처럼 쇼핑을 즐기면서 점원과 대화를 나누는 모습을 가까이에서 관찰합니다. 녹화나 녹음은 할 수 없지만 사용자에게 가까이 밀착해 있으므로 놓칠 염려가 없습니다. 이 전략의 핵심은 상점에 가기 전에 친구처럼 보이도록 예행연습을 하는 것입니다. 이때는 사용자와 단시간에 친밀해져야 하므로 중재자의 역량이 중요합니다.

❹ 몰래 실시한다

법률이나 윤리 규정을 숙지한 후 주의를 기울여 몰래 관찰하는 전략입니다. 이 방법이 가장 간단합니다. 하지만 이 전략으로 행동 관찰을 할 때는 자신이 그 자리에 있는 사람들에게 어떻게 보일지, 얼마나 수상해 보일지, 혹시 의심받게 된다면 그곳의 관리자가 어떤 행동을 취할지, 최악의 사태까지 상상해서 설령 그렇게 되더라도 제대로 대처할 수 있을지 따져봐야 합니다. 그리고 만약 잘 대처할 자신이 없으면 이 전략은 포기해야 합니다.

또한 두말할 필요도 없지만 촬영해서는 안 됩니다. 즉, 이른바 몰래카메라는 위험합니다. 따라서 할 수 있는 한 기록은 수기로 작성한 메모로 남겨야 합니다. 한 사람으로 부족하면 둘 내지는 셋이 같이하는 인해전술입니다. 관찰자가 많아지면 사용자 행동을 왜곡하는 요인이 되고 현장 소유주가 눈치채고 주의를 줄 가능성도 커지므로 최대 두 사람만 밀착합니다. 셋째 관찰자부터는 거리를 두고 따라다니게 하고 현장 전체나 동선을 기록하는 등의 역할을 분담합니다. 그리고 그런 체제를 만드는 것이 관건입니다.

❺ 현장 상황을 '일기'로 보고받는다

도저히 현장에 들어갈 수 없거나 사용자 집에서도 이른 아침이나 늦은 밤처럼 방문하기 어려운 시간대에 조사할 때는 현장을 촬영한 비디오나 사진으로 사용자의 보고를 받는 '일기 조사'를 고려합니다.

특정 주제에 따라 일기를 쓰는 조사 방법입니다. 스마트폰이 없던 시대에는 사용자에게 노트와 펜, 소형 카메라를 장착한 소품 한 벌을 전달해 여름방학 숙제처럼 일기를 작성하게 했습니다. 기한이 되면 돌려받는 식입니다. 물론 지금도 사용자가 스마트폰이 없다면 그렇게 하겠지만, 스마트폰 사용자로 조사 대상을 좁힐 수 있다면 디스카우트[dscout, https://dscout.com/[4]]같은 전용 서비스와 앱을 활용해서 상당히 효율적으로 일기를 전달받을 수 있습니다.

일기 조사의 가장 큰 장점은 기억이 선명할 때 기록한다는 것입니다. 덧붙여 언어로 표현하기 어렵거나 언어 보고로 전달하고 싶지 않은 내용을 사진이나 동영상으로 보고받으면, 사용자 부담이 줄어드는 것과 동시에 데이터에 거짓이나 속임수가 섞일 위험을 막을 수 있습니다. 아울러 상품이나 서비스를 이용하는 환경이나 맥락도 파악하고 싶다면 촬영 가이드를 세심하게 만들어 지시를 내려야 합니다. 하지만 조사 중에도 상황을 확인할 수 있으므로, 의도가 사용자에게 제대로 전달되지 않거나 보고 내용이 미흡할 때 수정할 수 있다는 것도 이점입니다.

---

4. 역주: 미국 리서치 기관에서 운영하는 모바일 앱 리서치 서비스

일정 기간 연속해서 보고받을 수 있다는 장점도 있습니다. 반복되는 행동을 알고 싶을 때는 한 번뿐인 현장에서의 행동 관찰보다 일기 조사가 더 이상적인 방법입니다. 반면에 사용자가 모두 순조롭게 일기를 쓰는지 지켜봐야 한다는 단점이 있습니다. 이를 모니터링하는 데 시간이 걸리고 계속 신경 써야 합니다.

얼굴을 마주하지 않은 채 조사를 시작하고 진행하기 때문에 마음을 터놓는 데 시간이 걸리거나 끝까지 마음을 열지 못할 수도 있습니다. 실례로 조사 도중에 사용자가 화가 난 적이 있었습니다. 이렇듯 비대면 의사소통에는 이러한 위험이 도사리므로, 반드시 준비를 철저히 하고 정중하게 모니터링해야 합니다.

또한 사용자가 찍은 사진이나 비디오에 제삼자가 포함될 위험이 있습니다. 따라서 사용자가 사회 통념에 따르는 범위 내에서 협조해달라고 요청하고 문제가 생길 경우를 대비해 연락처나 대처법 등을 사전에 알려주는 것이 중요합니다.

❻ 인터뷰하기 전에 숙제를 받는다

일기 조사는 꽤 간단한 일이지만 일기를 쓰는 사람에게는 그다지 편한 일은 아닙니다. 그만큼 모집하기 어렵습니다. 그래서 과감하게 일기 수준을 간단한 숙제 정도로 낮추는 방법이 고안됐습니다. 이 방법의 목표는 인터뷰하러 오기 전에 특정 행동을 취할 때의 모습을 숙제 형태로 기록하게 함으로써 기억을 상기시키고 언어 보고에 거짓이나 속임수가 끼어들 가능성을 줄이는 것입니다.

이 경우 숙제 내용을 정확하게 사용자에게 전달할 수 있는지가 열쇠입니다. 가령 '특정 예시'를 만들어주면 안심이 되고, 좋은 예와 나쁜 예를 모두 보여줄 수 있다면 더욱 마음이 놓입니다.

인터뷰 당일에 지참해달라고 하지 않고 사전에 제출하도록 하면 경우에 따라 다시 찍을 수도 있으며 숙제하지 않고 "깜박 잊고 안 가져왔습니다"라는 말로 부리는 잔꾀를 미리 방지할 수 있습니다.

❼ 영상을 보여주면서 인터뷰한다

동영상을 라이브로 공유할 수도 있습니다. 덕분에 미리 비디오를 찍어달라고 하지 않고 영상을 보여주면서 원격으로 인터뷰하는 방법도 사용할 수 있습니다. 반복해서 화면을 조절하며 임기응변으로 그 자리에서 상황을 확인하면서 인터뷰할 수 있다는 장점이 있습니다.

하지만 원격 조사를 할 때 양측이 인터넷 접속 상태를 유지하고 영상이나 음성을 안정적으로 송수신할 수 있는 환경을 갖춰야 한다는 점이 가장 어렵습니다. 당일이 되어 인터넷이 안 된다, 라이브 공유 방법을 모른다, 화상이 끊겨서 잘 보이지 않는다, 저쪽 소리가 들리지 않는다, 양쪽 목소리가 들리지 않는다 등의 문제가 생기지 않도록 꼼꼼하게 준비하고 리허설을 진행해야 합니다.

'웹 회의'나 '온라인 회의' 같은 용어로 검색하면 줌(Zoom), 웨어바이(Whereby), 구글 미트(Google Meet), 마이크로소프트 팀즈(Microsoft Teams) 등 원격 조사에 이용할 수 있는 서비스가 많이 검색됩니다. 회사들이 서로 경쟁하며 사용자 조사나 사용성 평가를 꾸준히 거듭해 점차 사용하기 좋아지고 있으므로 선택지가 다양해졌습니다. 그러면 어떤 것을 선택할지 고민하게 되는데, 이때는 중재자가 익숙한 서비스를 선택하는 편이 가장 좋습니다. 사전에 안내서를 마련했거나 리허설을 했다고 해도 당일 문제가 발생했을 때 중재자가 직접 해결해야 하기 때문입니다.

방법 찾기 세 번째

7. '목표'가 흔들리는, 그야말로 암담한 그룹 인터뷰가 되다

'사용자 조사'하면 '그룹 인터뷰'를 떠올리는 사람이 많습니다.

"정성 조사라고는 하지만 인원이 어느 정도 필요하겠죠?"
"그룹 인터뷰로 하면 인원을 좀 더 늘릴 수 있잖아요?"
"테이블에 몇 명까지 앉을 수 있어요? 최대 인원까지 채우면 한 그룹에 여섯 명이죠?"
"하루에 몇 그룹까지 진행할 수 있어요? 여섯 그룹까지 가능한가요? 그러면 서른여섯 명이니까 이틀에 일흔두 명. 그 정도면 모두 불만 없지 않을까요?"

그룹 인터뷰에서는 기회 탐색을 하기 어려우니 일대일 대면 인터뷰를 추천하려 했는데, 이처럼 어떻게 인원을 최대한 모을지 논의하게 되는 경우가 있습니다.

그룹 인터뷰를 전적으로 부정할 생각은 없습니다. 이 기법은 짧은 시간에 인원수대로 의견을 들을 수 있는 장점이 있고 사용자 조사를 아예 하지 않는 것보다 훨씬 좋습니다. 하지만 인원수를 늘리는 것만을 목표로 하는 그룹 인터뷰는 무의미합니다. 그렇게 인원수가 중요하다면 정량 조사로 전환해야 합니다. 아무리 설득해도 결국 그룹 인터뷰를 하게 된다면, 다음과 같은 대책을 강구하고 도전해 봅시다.

❶ 그룹의 경향이나 핵심을 알아내도록 조사 '목적'을 좁힌다

'그룹 인터뷰'는 본래 '표적 그룹 인터뷰(focus group interview)'입니다. 그룹 인터뷰란 말에 '표적'이란 중요한 단어가 제외됐는데, 표적은 '초점'이나 '목적'을 뜻하는 '조사 목적'과 협력하는 '사용자 속성(초점)' 모두를 가리킵니다. 즉, 양쪽의 과녁을 좁혀야 실패하지 않습니다.

우선 '조사 목적'에 대해 이야기해 보겠습니다. 하루에 서른 명, 마흔 명의 이야기를 들을 수 있어서 유익하지만, 개개인의 발언 시간을 고려하면 많은 것도 아닙니다. 실질적으로 100분을 다섯 명으로 나누면 한 사람당 20분이 채 안 됩니다. 그 시간이 유용하려면 조사 목적을 좁혀야 합니다.

사용자끼리 서로 적지 않은 영향을 미친다는 점도 그룹 인터뷰의 단점으로 자주 언급됩니다. 인간은 사회적 동물이기 때문에 일상생활에서도 다양한 영향을 받아 의사 결정하거나 생각을 바꿉니다. 따라서 그룹 인터뷰에서 다른 사람의 의견을 듣고 마음을 바꿀 수 있습니다. 중요한 점은, 누구의 어떤 발언을 듣고 누가 어떻게 의견을 바꿨는지 확실하게 확인하는 것입니다. 개개인의 의견이나 기분에 깊이 파고들 뿐만 아니라 그룹에서 일어난 상호 작용까지 파악할 수 있도록 인터뷰를 진행해야 합니다. 그룹A가 전체적으로 특정 경향이나 핵심을 이루고 그룹B와 어떤 면에서 다르다면, 그 그룹 인터뷰는 성공입니다. 그리고 그 경지까지 이르기 위해 조사 목적을 좁힙니다.

❷ '목적'을 벗어난 사용자가 섞이지 않도록 모집 조건을 엄격하게 정한다

그룹 인터뷰는 '목적'에서 벗어난 사람이 같은 그룹에 섞이지 않도록 신중하게 모집하는 것을 대전제로 하는 조사 방법입니다. 연령이나 성별, 가족 구성, 거주지, 상품이나 서비스 이용 현황, 취미, 생활 방식, 가치관 등 어떤 속성을 중심으로 할지 확실히 정한 후 모집을 실시합니다. 하지만 조건을 늘려 '과녁'을 좁힐수록 사용자 모집이 힘들어지므로 방침을 바꿔 조건을 느슨하게 풀기 쉬운데, 이것이 바로 실패의 원인이 됩니다.

예를 들어 아기 기저귀를 조사하면서 아기 월령과 엄마 연령으로 조건을 한정했다고 가정해 보겠습니다. 그 결과 가구당 소득이 1,000만 엔이나 차이 나는 두 사람이 같은 그룹에 있거나 다섯 번 출산한 엄마와 초산 엄마가 같은 그룹이 될 가능성이 생깁니다. 육아에 드는 비용이나 경험치에 차이가 있으면 상품이나 서비스를 선택하는 판단 기준도 달라질 수 있습니다.

그룹 인터뷰는 각 그룹에서 공통되는 의견이나 경향을 드러내는 동시에 그룹을 서로 비교해 검증하고자 할 때 이상적인 방법입니다. 하지만 사용자 속성이 좁혀지지 않은 상태에서 각 그룹에 보이는 공통점이나 경향을 찾는 데는 무리가 따르고, 결국 그룹 간 비교를 해도 별 차이가 없는 결과로 끝날 수 있습니다.

아무리 신중하게 모집한다고 해도 당일 참가자들의 자기소개를 듣고 나서야 조건에서 빗나간 사람이 있다는 사실을 깨닫게 된다는 점이 그룹 인터뷰의 피할 수 없는 맹점입니다. 도중에 보낼 수는 없기 때문입니다.

❸ '그룹 인터뷰'가 아니라 '짝(pair)'을 만든다

대부분의 그룹 인터뷰용 회의실에는 여러 사용자와 중재자가 서로 얼굴을 보며 토론하도록 원탁을 준비해둡니다. 그리고 중재자에게는 사용자 전원의 동작이나 표정을 눈으로 포착하며 인터뷰하는 고도의 기술이 요구됩니다.

참가자들끼리 화기애애하게 이야기를 나누는 분위기가 조성된다면(이대로도 바람직하지만) 동시에 중재자가 있다는 사실을 잊은 참가자들 간의 의사소통이 이루어집니다. 중재자가 왼쪽 끝에 앉아 있는 사용자의 속마음을 알아내려고 애쓰는 동안 건너편에 앉은 두 사람이 작은 목소리로 쏙닥거립니다. 중재자에게 들리지 않으므로, 대화를 끊고 내용을 확인해야 할지 말지 판단할 수도 없습니다. 그렇다고 "거기, 수다 떨지 마세요"라고 주의를 줄 수도 없습니다. 이야기해주러 왔는데 수다를 금지하다니 본말전도될 뿐 아니라 그 한마디로 모처럼 형성된 좋은 분위기와 참가자 관계가 깨질 수 있으니까요.

그럼 어떻게 해야 할까요? 이쪽 이야기를 매듭짓고 "아까 거기서 뭔가 화기애애하셨던 것 같은데 어떤 이야기를 나누셨나요?"하고 확인해야 합니다. 다만 중재자 역량을 보여줄 대목임에도 불구하고 많은 인원을 상대로 제 역할을 해내기는 정말 힘듭니다.

과감하게 두 사람으로 줄이면 어떨까요? 친구, 부부와 같이 이미 관계가 친밀한 두 사람에게 인터뷰하는 '짝 인터뷰'를 추천합니다. 짝 인터뷰를 진행한다면 그런 생각을 하는 줄 몰랐다며 서로에 대한 관심이 더해져 어느새 두 사람은 꽤 깊은 대화에 빠지게 됩니다.

물론 이번 일로 사이가 틀어지지 않도록 조심해야 하고 조사 목적에 따라 한 사람씩 개별로 이야기를 듣고 싶을 수 있지만, 친밀한 관계가 형성된 사람들이라면 약간 대기 시간이 발생하더라도 이를 싫어할 것 같다는 걱정을 덜 수 있습니다. 조사 목적을 좁히거나 사용자 모집 조건을 엄격하게 하기 어렵지만 인원을 늘리고 싶다면 짝 인터뷰를 고려해보시기를 바랍니다.

장소 선정 첫 번째

8. 장소가 없어서 인터뷰마저 포기한다

조사 방법을 사용자 인터뷰로 결정한 후에는 모집을 시작하기 전에 우선 장소부터 확보해야 합니다. 특히나 연말 예산을 소진할 목적으로 시작된 프로젝트에서는 지역 내 인터뷰실이 전부 예약되어 일정을 잡지 못하고 조사를 못한 적이 한두 번이 아닙니다. 연말에는 제안서, 견적서, 기획서 등을 공들여 작성했으나 장소를 찾을 수 없다는 이유로 중단되기도 하는데, 연기하자는 말이 통하지도 않습니다.

하지만 솔직히 말하자면, 인터뷰는 어디서든 할 수 있습니다. 그런데도 인터뷰실은 대여해야 한다든가 관찰실이 없으면 관찰할 수 없다고 생각하진 않나요? 시설이 갖춰진 인터뷰실을 사용하면 확실히 안심되지만 여유나 예산이 없을 때는 차선책을 마련해야 합니다.

❶ 사내 회의실을 확보한다

사용자와 중재자가 걸터앉아 대화할 공간이 있다면 인터뷰는 어디서든 가능합니다. 대여할 수 있는 장소나 비용이 없다면 대여하지 않고도 사용할 수 있는 사내 회의실부터 검토해야 합니다. 만약 온라인 회의용 앱을 이용해 영상과 음성을 띄울 수 있다면 어떤 방이든 인터뷰실 및 관찰실로 쉽게 만들 수 있습니다.

단, 자사 공간을 사용한다면 조사 배후에 있는 회사가 여기라고 사용자에게 선언하는 것과 같습니다. 아르바이트비를 꽤 후하게 주는 회사의 관계자 앞에서 부정적인 의견을 자유롭게 말할 수 있는 사람은 드뭅니다. 아무리 솔직한 의견을 들려달라고 부탁하고 중재자가 "이 회사 사람이 아닙니다"라고 해도 별 효과가 없습니다. 장소 사용료를 절약하는 대신 사용자 태도나 발언이 왜곡될 가능성이 있다는 점을 주의해야 합니다.

❷ 사용자 집에서 인터뷰한다

사용자에게 와달라고 하니 장소가 필요하다면 우리가 가는 방법도 있습니다. 사용자 집을 방문해 거기서 인터뷰하는 것이 제2 전략입니다. 많은 사람이 줄줄이 가면 싫어할 테니 모집하기가 어렵고 여럿이 둘러싼 상태에서 하는 인터뷰는 상대를 긴장시키므로 방문자는 두세 명으로 줄입니다. 만약 그 이상의 사람이 참여를 희망한다면, 영상을 연결해 원격으로 관찰하게 하는 것이 바람직합니다.

이 전략의 단점은 하루에 할 수 있는 건수가 적다는 것입니다. 사용자가 오면 하루에 5~6명을 인터뷰할 수 있지만, 이쪽에서 간다면 이동하는 데 시간이 걸리므로 세션 수를 줄이거나 기간을 늘릴 수밖에 없습니다. 인건비와 장소 대여비를 비교하면 결국 비용 절감 효과가 없을 가능성이 높습니다.

❸ 원격 조사에 도전한다

전화라는 문명의 이기를 사용합니다. 유선 전화 외에 다른 방법이 없던 시절에는 전화 요금도 만만치 않았습니다. 하지만 요즘 스마트폰 무료 통화 앱을 사용하면 상대가 유선 전화를 사용해도 비용이 매우 적게 듭니다. 특히나 PC나 스마트폰으로 연결해 스피커폰 기능을 사용하면 양손이 비므로 어렵지 않게 기록하면서 인터뷰할 수 있습니다.

장점만 있는 것 같으니, 그렇다면 언제든 전화 인터뷰로 해도 괜찮지 않을까 하는 생각마저 들 수 있지만 단점도 있습니다. 앞서 소개한 일기 조사와 마찬가지로, 얼굴이 보이지 않는 상대와의 소통은 어렵습니다. 따라서 상황이 허락한다면 음성 통화가 아닌 영상 통화로 인터뷰하는 것이 좋습니다. 「6. 현장에 들어갈 수 없어서 결국 행동 관찰을 포기한다」에서 행동 관찰 방법의 하나로 줌이나 마이크로소프트 팀즈 같은 온라인 회의용 서비스를 소개했는데, 이를 인터뷰에 이용하는 것도 좋습니다.

음성 통화든 영상 통화든 원격 조사에서는 대면 대화할 때 무의식중에 활용하는 몸짓이나 자세 등 비언어적 소통(non-verbal communication)을 관찰하기가 어렵습니다. 게다가 상대가 말하길 기다리거나 재촉할 때 시차를 두는 방법 등도 달라지기 때문에, 대면할 때보다 하나하나 주고받는 데 시간이 걸립니다. 따라서 평소 대비 1.5배 정도의 시간 여유를 두고 계획을 세워야 합니다.

또 기술 의존도가 커지는 것도 원격 조사의 큰 단점입니다. 전화 영상 통화를 해본 경험이 있어도 "줌이 뭐예요?"라고 되묻는 사용자가 적지 않으므로, 결국에는 새로운 앱을 설치하는 데 동의하고 실제로 설치하는 절차를 따라갈 수 있는 사람만 참여하게 됩니다. 모집이 어려워지는 것은 물론, IT 기술을 서툴게 다루는 사용자는 후보에서 제외됩니다. 이런 사태를 원하지 않는다면, 조사자 측의 사정은 뒤로하고 유명한 서비스나 음성 통화를 선택하는 것이 합당합니다.

어느 방법을 사용하든 반드시 설치 방법, 기본적인 사용 방법, 조작 실수 시 대처 방법 등을 정리한 가이드를 만들고 리허설해야 합니다. 영상 통화를 한다면 이쪽 모습이 상대에게 어떻게 보일지, 키보드를 두드려 실시간으로 기록하는 소리가 사용자에게 얼마나 크게 들릴지를 사용자 입장에서 점검해야 합니다. 그리고 사용자 리허설에 앞서 동료에게 부탁해 통화를 연결하고 소리와 영상을 점검합니다. 게다가 문제 해결에 실패할 때를 대비해 차선책(최후 수단은 전화)도 생각해 두어야 합니다.

장소 선정 두 번째

9. 관찰실이 찜통이다

관찰실에서 의뢰인이 쓰러진 적이 있습니다. 사용자가 냉방이 싫다고 하여 에어컨을 가동하지 않고 인터뷰했더니 관찰실이 그야말로 찜통이 됐습니다. 관찰실이 좁고 인구 밀도가 높아 녹화 기기나 PC 열기로 후끈 더워진 데다, 방 두 개만 공조를 제어할 수 있는데 제어기가 인터뷰실 쪽에 있었습니다. 회의실을 대여하려면 비상사태 대책이 필요합니다. 따라서 사진만 보고 결정하지 말고 반드시 현장을 직접 방문해 다음 세 가지를 확인해야 합니다.

❶ 역 접근성만이 아니라 건물 안으로 들어가는 방법까지 확인한다

'인터뷰실'이란 이름으로 대여하는 공간은 대부분 역세권 내에 있어 접근하기 쉽지만, 예상보다 꽤 많이 걸어가야 하는 곳도 있습니다. 그만큼 저렴하지만, 혹 기습 호우라도 내리면 자신이 고생하는 것은 물론 사용자가 불참하는 경우처럼 최악의 상황으로 전개될 수 있으니 주의해야 합니다.

또한 의외로 번잡한 출입 절차가 맹점입니다. 주말이나 공휴일에는 정문이 닫혀 있어 뒷문으로 들어가야 하거나 전용 카드로 출입하는 건물이 늘고 있습니다. 뒷문을 찾지 못해서 "헤매고 있어요", "늦을 것 같아요"라고 전화가 오거나 "뒷문에 도착했어요"라는 연락받고 마중을 나가야 하는 것도 힘든 일입니다. 접수 요원을 배치할 수 있다면 큰 문제가 안 되지만 소수 정예로 수행하는 조사라면 이런 사소한 일도 부담이 됩니다.

회의장 대여 회사나 구인 회사가 이런 접수 업무까지 맡는 경우가 있으므로 인원이 부족하다면 외부 서비스를 이용하는 것도 한 방법입니다.

❷ 관찰실의 수용 인원을 확인한다

많은 인터뷰실은 애초에 그룹 인터뷰용으로 만들어져 일대일 인터뷰를 하기에는 매우 넓습니다. 그런데도 관찰실은 비좁은 곳이 의외로 많아 수용 인원이 제한되기도 합니다. 사용자의 생생한 목소리를 들을 기회를 놓친다면 아쉬울 테니, 장소를 택할 때는 관찰실에 몇 명까지 들어갈 수 있는지 반드시 확인합니다.

또한 조사팀 인원수를 세는 것을 깜빡 잊기 쉽습니다. 관찰실에 배치한 기록이나 기자재 담당자도 잊지 않아야 합니다.

❸ 환경과 설비(특히 소리)를 확인한다

훌륭한 매직미러를 설치하면 관찰실에서 인터뷰실의 모습을 현장감 있게 관찰할 수 있음에도, 방음이 안 돼서 목소리가 새어 나오거나 인터뷰실에서 응시하면 관찰실 내부가 보일 정도로 열악한 곳도 있으니 양쪽에서 확인하는 것이 중요합니다.

그중에서도 인터뷰실의 음성을 필터링해 관찰실에 전달하는 마이크는 반드시 확인해야 합니다. 특히 속마음을 실황 중계하는 소리 내어 생각하기(think aloud) 방법을 사용할 경우, 사용자가 작게 중얼거리는 소리까지 제대로 포착하는지 마이크 성능을 확인해야 합니다. 사용자 목소리가 관찰실에 들리지 않으면 관찰 의의가 반감되고, 이를 방지하기 위해 "더 큰 소리로 이야기하세요!"라는 지시가 중재자에게 전달되지만 소용없습니다. "좀 더 큰 소리로 말씀하실 수 있을까요?"라고 부탁하면 당장은 목소리가 조금 커집니다. 하지만 몇 분이 지나면 원래 성량으로 돌아갑니다. 물론 그 사람의 자연스러운 습관이니 어쩔 수 없으니, 사용자 노력에 의존하지 말고 마이크 성능을 높여 대처하는 것이 유일한 방법입니다.

그룹 인터뷰용으로 만들어진 대부분의 인터뷰실은 실내 음성을 고르게 반영하는 무지향성 마이크를 사용하므로, 일대일 인터뷰는 물론이고 '소리 내어 생각하기 방법'을 사용한 행동 관찰 조사에도 적합하지 않습니다. 따라서 어떤 대처가 가능한지 사전에 확인하고, 경우에 따라서는 고성능 외장 마이크를 준비해야 합니다.

다음은 공조입니다. 앞의 일화에서도 알 수 있듯, 여름철 공조는 사활이 걸린 문제입니다. 관찰실이 덥다고 급냉방을 하여 인터뷰실에서 사용자가 추위를 느끼거나, 반대로 관찰하러 온 사람이 더위 먹는 일은 없어야 합니다. 조사 관계자들에게 부정적인 인상을 주지 않도록, 임시로 대여하는 회의실이라 생각하지 말고 세세한 부분까지 신경 써서 선정해야 합니다.

2장

사용자 모집하기
모집 함정

절차 첫 번째

10. 사용자 모집에만 2주가 걸린다고?

사실 모집 방법은 의외로 잘 알려지지 않았습니다. 가장 빠르고 확실하며 저렴한 방법은 ==인력 구인 전문 업체(이후 '구인 회사'라 칭합니다)에 의뢰하는 것입니다.== 어떤 일이든 전문가에게 맡기는 편이 가장 좋습니다. 구인 회사에는 자체적으로 구성된 회원 조직이 있습니다. 그곳에 등록된 '모니터 요원'이라 불리는 사람들에게 설문을 전달하고, 조건이 맞는 응답자 중 더 적합한 사용자를 선정합니다.

"구인 회사에 의뢰하면 바로 모집할 수 있다는 건가?"

이렇게 지레짐작하면 안 됩니다. "이날 이 시간밖에 안 돼요"라는 식으로 후보자와 일정을 잡으면 조건에 딱 맞는 사람이라도 포기해야 하는 일이 생길 수 있습니다. 마치 퍼즐과도 같습니다. 힘도 들고 지치고 시간도 오래 걸립니다. 힘들게 퍼즐을 풀고 후보를 정했는데, 의뢰인이 "왜 마음대로 결정해요!"라며 화를 낸 적도 있습니다. '직접 후보자들을 정하고 싶었던 건가?'하고 생각하며 의뢰인과 함께 처음부터 사용자를 다시 검토한 결과, 선정된 사용자가 이전에 선정한 사용자와 전원 똑같았을 때는 정말이지 시간을 되돌리고 싶어집니다.

단기간에 효율적으로 실수 없이 사용자를 모으는 비법은 다음 세 가지입니다.

❶ 눈치가 빠른 구인 회사를 선택한다

어느 구인 회사에 의뢰할지부터 결정합니다. '모니터 모집'으로 검색하면 후보가 많이 나오니 해당 업체에 문의합니다. 이때 「2. '하고 싶다'라는 의지만으로는 진행할 수 없다」의 [표2] 같은 형태로 정리한 ==사용자 모집 조건을 토대로 견적을 의뢰하되, '대강의 출현 비율'도 계산해 달라고 부탁합니다.== '출현 비율'은 구인 회사가 보유한 회원 중 모집 조건에 맞는 사람이 얼마나 되는지를 나타낸 비율입니다. 이 수치를 보면 각 회사가 가진 데이터에서 대략의 인원수를 구할 수 있습니다. 이쪽에서 요청하지 않아도 출현 비율을 계산한 후 적절한 견적을 내주는 구인 회사를 선택하는 것이 첫 번째 비법입니다.

대강의 출현 비율에 근거한다면 모집하지 못할 가능성을 미리 고려할 수 있으므로 만일의 사태에 대비할 수 있습니다.

구인 회사를 결정한 다음에는 사전 설문(screener)을 작성합니다. 후보자를 '걸러낼' 질문과 조건을 기재한 것을 사전 설문이라 합니다. '조사표', '조건표', '스크리너'라고도 하지만, 여기서는 '사전 설문'이란 용어를 사용하겠습니다.

사전 설문을 작성하는 일까지 구인 회사에 일임할 수 있습니다. 그편이 편하기도 하고 시간을 절약할 수도 있습니다. 혹은 사전 설문을 조사자가 만들고 구인 회사가 웹 설문 형식으로 변환하는 식으로 역할을 분담하는 형태도 있습니다. 모집하고 싶은 사용자 이미지는 조사자가 더 잘 알고 있으니, 구인 회사가 만든 사전 설문을 점검하고 수정을 요청하는 등의 작업을 고려하더라도 이 방법이 더 효율적으로 진행될 가능성이 큽니다.

모집 내용이나 난이도에 따라 다르므로 어느 쪽이 좋다고 단정할 수 없지만, 어쨌든 어디에서 사전 설문을 작성할지 명확하게 정한 후 시작합니다. 굳이 서로 상대가 해주기를 기다리지 맙시다.

❷ 마일스톤을 잘게 나눈다

모집의 핵심은 의사소통에 시간을 적게 쓰는 것입니다. 이를 위해 마일스톤(milestone)을 잘게 나눕니다. 언제까지 누가 무엇을 끝내야 하는지 [그림1]과 같이 명확하게 작성해 공유합니다.

그림1
효율적으로 모집하기 위한 마일스톤 작성 예시

모집 순서	1 월	2 화	3 수	4 목	5 금	6 토	7 일	8 월	9 화	10 수	11 목	12 금	13 토	14 일	담당자
사전 설문 작성															조사자
사전 설문 공유															조사자>구인회사
설문 발송 준비															구인 회사
설문 점검															조사자

설문 실시										구인 회사
후보자 목록 공유										구인회사>조사자
합격자 선정										조사자
합격자목록보내기										조사자>구인회사
약속 잡기										구인 회사
조사 당일										조사자

의뢰인이 모집에 관여하고 싶어 한다면 '합격자 선정'에 참여시킵니다. 당일 합격자 명단을 구인 회사에 보내려면 회의 시간을 정해두는 등 여러 가지를 생각해야 합니다. [그림1]을 보면 알수 있듯, 2주도 상당히 빠듯한 기간입니다. 가능한 한 많은 모니터 요원이 응모 내용을 검토할수 있도록 '주말 전 금요일 전송'을 목표로 하면 좋습니다. 하지만 이처럼 금요일 전송을 목표로하는 조사가 많아서 이러한 최단 일정으로는 요청할 수 없는 경우도 많습니다.

또한 2주라는 기간은 응모자가 부족할 때 대응할 시간적 여유가 전혀 없으므로 가능하면 좀더 기간을 넉넉하게 잡아두는 편이 좋습니다.

반대로 일주일 만에 모집할 수 있다고 장담하는 구인 회사도 있는데, 대체로 모집 조건이 적거나 사전 설문을 재사용하는 경우입니다. 성별과 연령 조건을 내걸고 인원수에 맞춰 모으기만하는 정도는 일주일이면 가능합니다. 설문 전달부터 후보자 목록 공유까지 일정을 좁혀 '일주일간'이라고 말하는 경우도 있으니 서로 다르게 이해하고 있지는 않은지 확인해야 합니다.

❸ 먼저 시간표를 짠다

모집을 시작하기 위해 조사 당일 시간표를 만듭니다. 몇 월 며칠 몇 시부터 몇 시간 동안 할지확실히 정해야 일정을 바탕으로 사용자도 응모하고 의뢰인 측도 관찰자를 모집할 수 있기 때문입니다.

12개 세션 인터뷰를 계획하는 경우를 예로 들겠습니다. 질 높은 조사를 연이어서 하려면 휴식 시간이 필요합니다. 다음 예시처럼 점심시간도 계획에 넣어서 [그림2]와 같이 시간표를 짭니다. 아침 10시에 시작해 점심시간을 한 시간 잡거나, 저녁에도 한 시간 휴식 후 저녁 세션을 갖게 합니다. 낮에 참석할 수 없는 사람을 대상으로 한다면 세션을 저녁과 밤에 갖되, 기간을 넉넉히 잡는 형태로 변형하는 것도 자주 사용하는 전략 중 하나입니다.

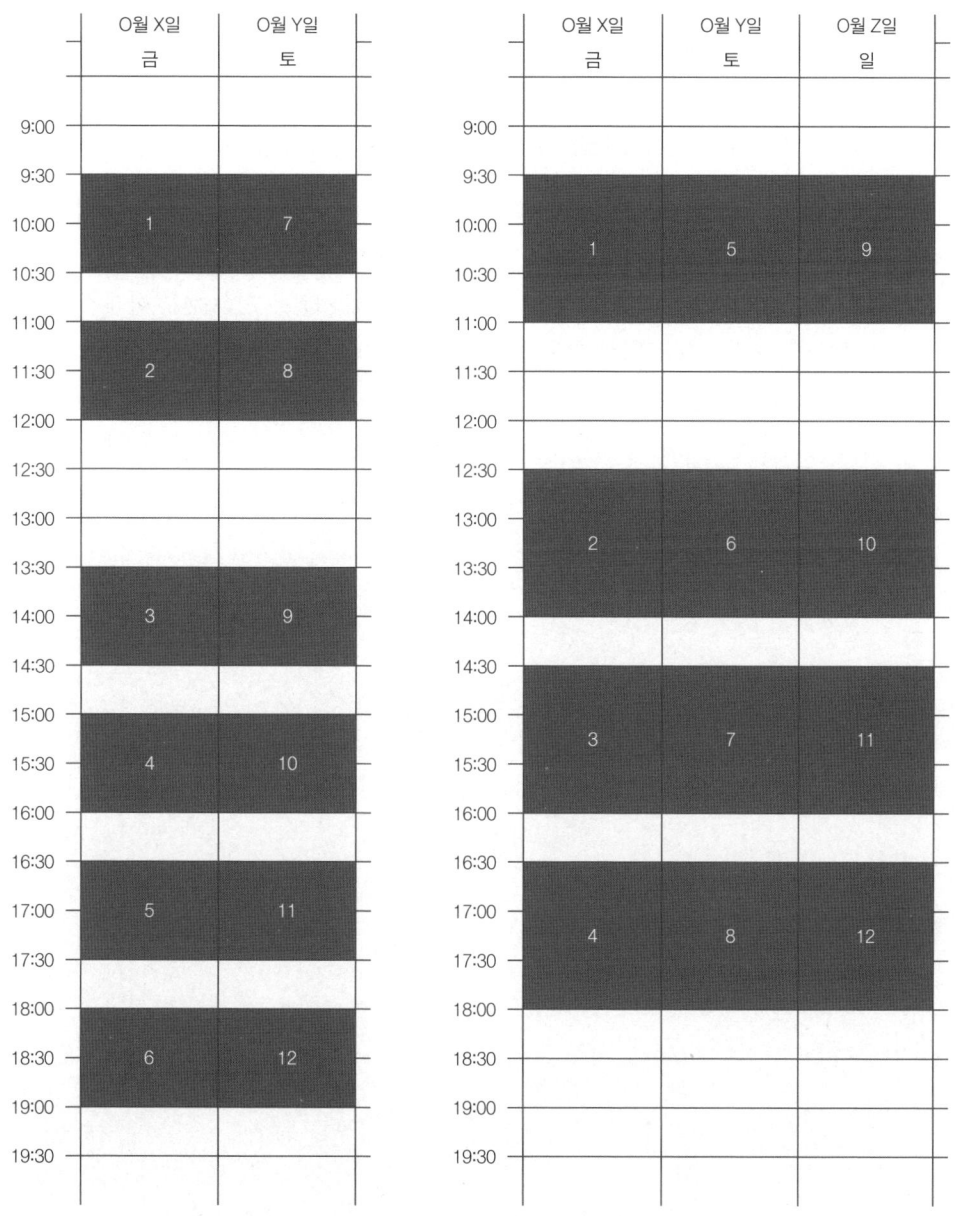

그림2
12개 세션 인터뷰의 시간표 예시

이틀간 60분짜리 세션을 12건 실시할 때 시간표

사흘간 90분짜리 세션을 12건 실시할 때 시간표

각 세션 간 30분은 휴식 시간이라고 말하고 싶지만, 실제로는 다음 세션을 위해 여러 가지 준비하거나 노트를 정리하거나 관찰실에서 보고 있던 사람들과 잠깐 토론하는 사이, "다음 사용자가 오셨습니다!"라는 말에 화장실도 가지 못하는 일이 많습니다. 따라서 만약 아직 능숙하지 않다면, 하루 세션 수를 줄이고 중간 휴식 시간을 한 시간으로 잡아두는 편이 안전합니다. 전화나 화상 회의 시스템 등을 이용하는 원격 조사에서도 기기에서 발생한 문제로 씨름하다 보면 인터뷰가 길어질 수 있으니 평균 이상으로 여유 있게 일정을 짭시다.

그리고 방문 조사나 야외에서의 행동 관찰 조사인 경우에는 이동하거나 준비하는 데 걸리는 시간을 예측하기 어려우니, 모집 단계부터 '오전·오후·저녁·밤'과 같이 대략적인 틀을 만듭니다. 선발한 합격자와 약속을 잡을 때 양측의 상황을 고려해 시간을 정하는데, 이때 이동 시간만 신경 쓰다가 식사 시간을 잊기 쉬우니 주의해야 합니다. 조사를 잘하려면 식사도 챙겨야 합니다.

| 절차 두 번째

11. '아무튼 다섯 명'이라고요?

사용자를 몇 명 모을지 정해야 모집을 시작할 수 있는데, 이때부터 고민이 시작됩니다. 그리고 이런 말도 자주 듣습니다.

"이전에 다섯 명이면 충분하다고 들었는데 이번에도 다섯 명이면 되겠죠?"

이처럼 갑자기 인원수를 결정하면 실패하는 경우가 종종 있습니다. '다섯 명이면 충분하다'라는 말의 근거는 애매한 경우가 많습니다. 확실히 사용자가 다섯 명이면, 인터뷰를 하루만 바짝 하면 끝낼 수 있으니 첫걸음으로는 나쁘지 않습니다. 하지만 나중에 최고 책임자가 왜 다섯 명이냐고 물을 때 그 이유를 설명하기 어려울 수 있습니다. 질문을 받았을 때 당황하지 않도록 대비해야 합니다.

표1
'독서에 관한 인터뷰 조사'를 위한 사용자 모집 조건 (재인용)

필수 조건
- 평균 월 1권, 연 12권 이상 책을 읽는 남녀
- 거의 매일 독서하는 사람(종이책/전자책 상관없음)
- 최근 1개월 이내 1권 이상 책(전자책 포함)을 직접 구입하는 사람
- 전자책을 읽기 위한 전용 기기나 앱을 보유한 사람

우대 조건
- 도서관도 이용하는 사람을 일부 포함하고 싶다.
- 전자책 리더기(전자책을 읽기 위한 전용 단말기)를 보유한 사람을 우대한다.

제외 조건(다음 조건에 부합하는 사람은 제외한다)
· 독서를 싫어하는 사람
· 독서 취향이 만화, 잡지, 사진첩에 치우친 사람
· 시장 조사 등에 종사하는 사람
· 출판, 도서 중개업, 서점 운영 등 책과 직접적으로 관련된 일을 하는 사람

❶ 사람수보다 먼저 세그먼트를 확고히 한다

'세그먼트(segment)'란, 행동이나 가치관이 유사한 사람들의 그룹입니다. 예를 들어 '독서할 때의 컨텍스트(context, 맥락)'를 탐색하고자 한다면, 종이책과 전자책을 가리지 않고 읽는 사람을 하나의 세그먼트로 파악해 [표1]의 '필수 조건'을 전부 충족하는 사람을 모집합니다. 만약 판매가 아니라 대여 서비스에 주목해 책을 사서 읽는 사람과 빌려서 읽는 사람의 차이를 확실히 파악하는 것도 목적의 하나라면, '도서관을 같이 이용하는 사람을 일부 포함하고 싶다'라는 우대조건을 필수 조건으로 격상하고, 도서관 이용 빈도에 따라 세그먼트를 나눕니다.

도서관 이용 현황	읽는 책의 유형		
도서관을 이용한다	① 종이책만	② 전자책만	③ 종이책과 전자책 둘 다
도서관을 이용하지 않는다	④ 종이책만	⑤ 전자책만	⑥ 종이책과 전자책 둘 다

또 전자책을 도서관에서 빌리는 서비스의 이용 현황까지 깊이 이해하고 싶다면, 다음과 같이 세그먼트를 더 나누는 방안도 고려합니다.

- 도서관에서 종이책과 전자책을 둘 다 빌리는 사람
- 도서관에서 전자책만 빌리는 사람
- 도서관에서 종이책만 빌리는 사람

조건을 두 개 덧붙이면 그 조합에 따라 [표2]와 같이 여섯 가지 세그먼트가 완성됩니다. 세그먼트가 늘면 그에 비례해 모집 인원이 늘고 모집하기도 어려워집니다. 게다가 비용과 시간도 더 많이 듭니다. 세그먼트를 나눠 사용자를 모집해야 할 의의가 있는지 잘 논의해 결정합시다.

❷ 세그먼트별로 모집할 인원을 정한다

'다섯 명이면 충분하다'라는 근거로 「다섯 명의 사용자가 테스트하면 충분한 이유」라는 글이 자주 거론되는데, 이는 어디까지나 사용성 테스트에 관한 이야기입니다. 만들기 전 단계에서 탐색하거나 가설을 검증하기 위해 실시하는 사용자 조사와 세상에 출시하는 단계에서 상품이나 서비스 평가를 목적으로 실시하는 사용성 테스트는 별개이므로, 사용성 테스트에 관한 글을 근거로 '다섯 명이면 충분하다'라고 말할 수는 없습니다.

하지만 인원수를 늘린다고 해서 얻는 정보량이 그에 비례해 증가하는 것은 아니므로(수확 체감의 법칙) 흔히 '우선 4~5명'을 모집하는 절충안으로 진행합니다. 인터뷰를 반복하다 보면 '이건 조금 전 나온 이야기로군'하는 대화가 늘어나고 '아, 이 이야기는 새롭다!'라고 여겨지는 내용이 줄어듭니다. 그리고 필자의 경험상 네 번째쯤부터 조금씩 경향이 보이기 시작합니다.

세그먼트가 여러 개이면 세그먼트마다 '4~5명'이 필요합니다. 앞의 예와 같이 세그먼트가 6개이면 단순히 계산해도 (세그먼트 6개 X 사용자 4명 = 24명)의 사용자를 모집해야 합니다. 순식간에 엄청난 수가 되죠? 그래서 정말 세그먼트를 나눌 필요가 있는지 논의해야 합니다. [표2]의 경우라면 ③, ⑥ 세그먼트만 선택해서 ①, ②, ④, ⑤ 컨텍스트에 대해서는 ③, ⑥ 사용자에게 데이터를 수집하도록 인터뷰 내용을 고민하여 (세그먼트 2개 X 사용자 4명 = 8명)의 사용자로 줄이는 전략을 취할 수도 있습니다.

> 절차 세 번째

12. 사례비가 많은 게 수상하여 신청하지 않는다

귀중한 시간을 내서 평소에 고려하지 않던 내용을 열심히 생각하고 말해야 하므로 사례비를 드리는 것은 당연합니다. 하지만 사례비가 도를 넘어 지나치면 오히려 역효과가 납니다. 예산이 넉넉한 외국계 기업의 의뢰를 받고 평범한 대학생을 모집할 때의 일입니다. 인터뷰를 60분 하는 데 12,000엔을 사례하기로 정했어요. 대학생에게 꽤 괜찮은 아르바이트일 테니 금세 목표 인원이 모집되리라 생각했는데 의외로 잘 모이지 않았습니다. 이유가 궁금해서 어느 지원자에게 넌지시 떠봤는데, 이런 대답을 듣고 놀랐습니다.

"왠지 엄청난 일을 시킬까 봐 떨렸는데 정말 그냥 인터뷰였네요. 사례 액수가 그 정도 되는 게 수상하다고 인터넷 게시판에 소문이 났었어요"

그런 내용을 공유하는 사이트가 있다는 사실을 처음 알았습니다. 어쨌든 사용자 모집을 시작하기 전에 대가로 지급할 사례 금액을 정해야 합니다. 의심받지 않을 정도의 적절한 범위에서 금액을 결정할 때 고려해야 할 주요 사항 세 가지가 있습니다.

❶ 시세를 벗어나지 않는 선에서 적정 금액으로 정한다

사람은 은혜에 반드시 보답해야 한다는 의무감이 강합니다. 인류가 평화롭게 사회생활을 영위하는 데 크게 이바지한 이 심리 작용은 '상호성 규범(norm of reciprocity)'이라 합니다. 보수가 클수록 더 많이 갚아야 한다고 느끼므로, 대학생들이 무엇을 시킬지 불안해한 것도 무리가 아닙니다.

사례 금액을 정할 때는 우선 시세를 기준으로 합니다. 60분이면 5,000엔 내외, 90분이면 8,000엔 내외, 자택 방문 조사는 체재 시간에 따라 다르지만 10,000엔 내외로 정합니다. 인터뷰 장소를 방문하는 경우에는 교통비가 포함됩니다. 교통비를 별도로 지급하면 전달하기 어러우므로 사례비에 포함하는 것이 좋습니다. 다만 매우 먼 지역에서 올 때에는 교통비를 별도로 지급해야 합니다.

방문 조사의 경우 사용자가 교통비를 부담할 필요가 없음에도 비교적 높은 금액을 책정해 지급합니다. 타인을 집에 초대하는 데 대한 정신적 부담만큼 추가된다고 생각하면 됩니다. 의사나 변호사를 비롯한 전문직이나 희귀한 직업 종사자에 대한 사례비는 몇만 엔이 되기도 합니다. 제가 경험한 최고 사례비는 60분 인터뷰에 응해준 심장 외과의에게 지급한 60,000엔입니다. 따라서 구인 회사에 사용자 모집을 의뢰할 때는 모집 조건에 맞는 적절한 금액이 어느 정도인지 확인한 후에 진행해야 합니다.

❷ **조사 내용에 따라 추가 금액을 책정한다**

인터뷰에 앞서 사용자가 과제를 하거나 집에서 무언가를 가져오거나 조사를 마친 뒤 다시 일정을 잡아 전화 인터뷰에 답하는 경우도 있습니다. 이렇듯 시간 외 협력을 기대한다면 그에 상응하는 사례비를 별도로 책정해야 합니다. 내용에 따라 다르지만, 과제라면 2,000엔, 뭔가를 지참한다면 개당 500엔, 후속 전화 인터뷰라면 3,000엔을 추가하기도 합니다.

방문 조사의 경우도 가족의 동석을 기대하면 별도의 금액을 책정합니다. 예를 들어 혼자 참가하면 10,000엔, 부부가 참가하면 15,000엔으로 합니다. 단순히 두 배로 해도 되지만, 방문하는 시간이 두 배가 되는 것이 아니고 앞서 말한 대로 액수가 많다고 의아해할 수도 있으니 1.5배 정도로 절충합니다.

자녀의 동석을 기대하거나 원래 자녀가 조사 대상인 경우는 일반적으로 부모에게도 같은 사례비를 지급하고 자녀가 좋아할 만한 '선물'을 준비하는 편이 좋습니다. 과자처럼 별것 아니더라도 자녀를 위한 선물 유무에 따라 반응이 완전히 달라지기 때문입니다.

❸ **사용자 심리를 꿰뚫어 속임수 없이 거래한다**

무엇을 얼마나 사례할지 속임수 없이 거래해야 합니다.

'과제를 하면 2,000엔을 더 받으니까 당일 사례비 8,000엔과 합치면 10,000엔을 받겠군'하고 생각하면 과제도 제대로 하리라 생각됩니다(합산 금액이 많이 커진다는 점이 중요합니다). 하지만 추가 금액이 겨우 500엔이면 '8,000엔이면 충분하니까 과제는 하지 말고 잊어버린 척하자'고 생각할 수도 있습니다.

후일 과제를 더 하거나 전화 인터뷰에 응하는 경우에도 마찬가지로 추가 금액을 책정하는데, 이때 핵심은 차후에 지급한다는 점입니다. 송금하는 수고와 수수료가 들지만, 마지막까지 협조받기 위해 필요한 조치입니다.

많은 사용자들이 선의가 넘칩니다. 하지만 사람은 바쁠 때 간단히 끝내고 싶고 귀찮은 일은 안 하고 싶어합니다. 인색하게 들릴 수 있지만, 정말 놓치지 말아야 할 포인트입니다. 금액 하나를 정하는 데도 사용자의 마음을 읽어야 합니다.

> ## 〉원격 조사는 어떻게 사례를 할까?
>
> 대여할 인터뷰실을 찾을 수 없거나 어렵게 찾은 사용자가 먼 곳에 거주할 때는 차선책으로 원격 조사를 합니다. 이처럼 직접 만나지 못한 사용자에게 사례하는 방법에는 몇 가지 선택지가 있습니다.
>
> 1. 은행 송금
> 2. 신용카드사에서 발행하는 상품권이나 QUO 카드[5] 등을 우편 배송
> 3. 아마존(Amazon) 기프트 카드 등 웹 티켓 유형의 기프트 카드 전송
>
> 1안은 사례비를 받은 기록이 남는다는 이유로 꺼리는 경향이 있습니다. 또 가족에게 알려지는 것을 염려하는 사용자(용돈이 적어서 여윳돈이 필요한 가장 등)는 1안이나 2안을 꺼립니다. 금액을 자유롭게 정할 수 있는 데다 발송하는 번거로움도 없으므로 보내는 사람 입장에서는 3안이 편하고 좋지만, 이를 이용하지 않는 사람에게는 별로 유용하지 않습니다. 주최 측에서 편리하다는 이유로 사전 논의도 없이 3안을 선택할 것이 아니라, 사용자가 선택하게끔 유연하게 진행해야 합니다. 또한 적어도 모집 단계에서는 사례 금액만이 아니라 전달 방법도 명시하는 센스를 잊지 마세요.

---

5. 역주: 주식회사 쿠오카드에서 발행하는 선불 카드

사전 조사 첫 번째

13. '어딘가 다르다'고 느껴지는 사람

내비게이션 이용 현황을 살피는 조사 과정에서 겪은 일입니다. 사용자의 이야기를 들으며 운전석에서 손을 뻗어 내비게이션을 조작하는 모습을 상상하고 있었습니다. 사용자가 오른손잡이라서 오른손으로 조작하는 상황에 대해 이야기를 나누다가 문득 "왼쪽에 핸들이 있는 차를 타세요?"라고 물으니 사용자가 이렇게 답했습니다.

"아니요. 조수석에서 조작해서요"

이상해서 물어보니, 면허는 있지만 그동안 운전을 전혀 하지 않은 이른바 장롱 면허인 것을 알게 됐습니다. 운전면허 소지 여부만 확인했을 뿐, 평소에 운전하는지는 확인하지 않은 것이 실패의 원인이었습니다. 큰일 났습니다. 몇 명을 다시 모집해야 해서 적자가 컸습니다. 이런 난관에 봉착하지 않도록 조건을 충족하는 사람인지 확실하게 파악할 수 있는 질문을 작성해야 합니다.

❶ 응모 요건을 정리한다

응모에서 가장 먼저 탈락하는 기준이 있습니다. 독서 조사라면 '독서를 싫어하는 사람', 간병 조사라면 '간병과 관계없고 무관심한 사람', 자동차 조사라면 '면허가 없는 사람이나 장롱 면허인 사람' 등입니다. 그런 사람들은 애초에 검토할 필요가 없습니다. 그 사실을 바로 알아차릴 수 있도록 응모 자격을 명시해야 합니다.

또 녹화나 녹음할 경우, 이에 대한 승낙을 받은 후 응모하도록 합니다. 회의실에서 조사하는 경우에는 해당일에 방문할 수 있는 사람이 아니라면 아무리 적합한 사용자라도 거절할 수밖에 없습니다. 응모할지 고민하는 사람에게는 사례비도 중요한 정보이므로 먼저 공유해야 합니다. 즉, 다음 두 가지 정보를 알기 쉽게 제시해 사용자가 기분 좋게 납득한 후 응모하도록 합니다.

- 어떤 사람이 응모하기를 원하는가
- 선정됐을 때 동의를 구해야 하는 사항

독서 관련 조사의 응모 조건을 정리하면 다음과 같습니다.

독서를 좋아하는 분을 대상으로 독서에 관한 인터뷰 조사를 실시합니다. 아래 조건에 해당하는 분 중 관심이 있으신 분은 설문에 응답하신 후 응모해주시기를 바랍니다. 협조를 부탁드릴 분들에게는 4월 20일경 메일로 안내하겠습니다. 전형에 탈락한 분에게는 연락을 별도로 드리지 않으니 양해해 주시기 바랍니다.

▶ 응모 자격(다음 자격을 갖췄으며 혼자 참여할 분을 모집합니다)
  - 독서를 좋아하는 분(장르는 무관합니다)
  - 종이책과 전자책을 모두 읽는 분

▶ 조사 실시 일자와 장소
  - 4월 26일(금) ~ 27일(토)
  - 도쿄 도내 인터뷰실(오모테산도역 인근 예정)

▶ 사례비(당일에 현금으로 드립니다)
  - 6,000엔(교통비 포함)

▶ 기타
  - 인터뷰 모습을 녹화·녹음할 예정입니다만 본 조사를 위한 목적 이외에 재사용하거나 개인을 특정할 수 있는 형태로 제삼자에게 공유하지 않습니다. 녹화·녹음에 동의하지 않는 경우에는 참가하지 못하실 수 있습니다.

무엇보다 응모 자격을 많이 정하지 않는 것이 중요합니다. 절대 양보할 수 없는 조건으로만 좁혀주세요. 그렇게 해야 많은 사람이 응모할 수 있습니다.

❷ 응모 자격의 판단 기준을 질문으로 대체한다

응모 자격을 보면 독서를 싫어하는 사람은 응모하지 않겠지만, '좋다/싫다'나 '많다/적다' 등의 주관적 기준은 사람마다 다릅니다. 따라서 조사를 실시하는 측이 생각하는 객관적 기준에 맞는 설문 응답으로 확인해야 합니다.

1장에서 사용자 모집 조건을 검토할 때 아울러 판단 기준도 논의하라고 권했습니다. 판단 기준은 설문에서 사용하는 질문의 요점이 됩니다(→ 23쪽). 독서량이 많은지 적은지 여부를 '일본인의 평균 연간 독서 권수(12~13권)' 이상이면 '많다'라고 판단하기로 했다고 합시다. 이를 확인하기 위해서는 "일 년간 읽은 책 권수를 알려주세요"라고 직접적으로 묻습니다.

하지만 기록해두거나 기억력이 좋은 사람이 아니라면 바로 답하기 어려울 것입니다. 아마 '한 달에 평균 1권 정도 읽으니까 일 년이면 12권 정도가 아닐까?' 식으로 연간 총 독서 권수를 가늠할 것입니다. 한 달이라는 짧은 기간으로 바꿔 생각하는 편이 기억을 더듬기가 편하기 때문입니다. 그렇다면 다음에 나오는 [그림1]의 Q6(→ 65쪽)와 같이 한 달 독서 권수를 묻는 편이 간단하고 확실합니다.

또한 응답하는 입장에서 보면 주관식으로 숫자나 문자를 입력하는 것보다 답을 선택하는 쪽이 편합니다. 후보를 압축할 때도 객관식 답변이 간단하므로 선택지를 제공할 수 있는 질문은 객관식으로 작성하는 편이 이상적입니다. 이 경우 연간 독서 권수가 11권 미만인 사람은 걸러내기로 했기 때문에 한 달 독서량이 1권 미만이면 조건에 맞지 않습니다. 이를 판단하기 위해 '1권 이상'과 '1권 미만'이라는 두 가지 선택지가 있으면 좋겠지만, 독서량이 많은 사람에게 이야기를 들을 수 있다면 이용 현황의 폭이 넓어질 수 있으므로 선택지를 조금 더 많이 마련합니다.

마찬가지로 각 조건의 판단 기준에 따라 질문을 만들어갑니다. 하나의 판단 기준을 하나의 질문으로 판정할 수 있게 만드는 것이 목표입니다. 질문 개수가 적은 편이 끝까지 응답할 확률이 높기 때문입니다. 예를 들어 도서관을 이용하는 사람 중 전자책을 빌린 경험이 있는 사람을 선발하고 싶을 때 질문을 만드는 방법을 생각해 봅시다. "도서관에서 책을 빌린 적이 있습니까?"라고 물은 다음 '빌린다'라고 응답한 사람에게만 빌린 책 중에 전자책도 있는지 묻고, 다음 질문으로 넘어가는 흐름을 가장 먼저 떠올릴 것입니다. 하지만 다음에 나오는 [그림1]의 Q1 같이 선택지를 나열하면 질문을 한 개로 합칠 수 있습니다.

❸ 질문과 선택지가 망설이지 않고 답변할 수 있도록 구성됐는지 확인한다

질문 유형은 다음 세 가지입니다. [그림1]에서 각 질문의 끝에 표시된 기호로 구분합니다.

- SA(단답형): 선택지 중 하나만 골라야 하는 질문
- MA(복수 응답형): 선택지 중 해당하는 것을 모두 고르는 질문
- OA(주관식): 응답자가 주관적으로 자유롭게 작성하는 질문

SA 질문은 선택지를 라디오 버튼으로, MA 질문은 체크박스로 합니다. 다만 모든 응답자가 그런 차이를 이해한다고 볼 수는 없습니다. SA는 '~ 한 개 고르세요', MA는 '~ 전부 골라주세요'라고 질문을 쓰면 쉽게 알아차립니다.

질문이나 선택지의 의미를 이해하지 못하면 제대로 답하지 못합니다. Q8에서 전자책 리더기는 '킨들(Kindle)이나 코보(Kobe) 등 전자책을 열람하기 위한 전용 단말기'이고 태블릿은 '아이패드(iPad) 등 전자책 열람 이외의 용도로도 쓸 수 있는 단말기'라고 설명을 곁들인 것은 의미를 정확하게 이해하고 바르게 선택하게 하기 위함입니다. 주최 측의 '일상어'가 사용자에게는 일상어가 아닐 수 있습니다. 오해할 만한 용어를 피하고 경우에 따라 설명을 덧붙입니다.

표1

조건에 일치하는 사람을 선택하기 위한 사전 질문(51쪽)

Q1 귀하의 직업은 무엇입니까? (SA)

- ○ 회사원
- ○ 공무원
- ○ 자영업 종사자
- ○ 회사 임원
- ○ 자유직종 종사자
- ○ 전업 주부
- ○ 아르바이트
- ○ 학생 (>대상 외)
- ○ 무직 (>대상 외)
- ○ 기타【구체적으로 기입】

> 망설이지 않고 답변할 수 있도록 질문은 간결하고 알기 쉽게 작성한다

> 걸러내기 위한 질문은 가급적 전반부에 둔다

Q2 귀하의 일을 구체적으로 작성해주세요 (OA)

답변 예:【가전제품 제조업 회사】에서【상품 기획】에 종사한다.
【   】에서【   】에 종사한다 (>제외 조건에 부합하는 경우, 대상 외)

> OA(주관식) 질문에는 가급적 답변 예를 덧붙인다

| Q3 | 독서를 좋아하세요? 가장 가까운 항목을 하나 고르세요. (SA) |

- ○ 좋아한다
- ○ 좋아하는 편에 가깝다
- ○ 싫어하는 편에 가깝다 (>대상 외)
- ○ 싫어한다 (>대상 외)

> SA는 '하나 고르세요', MA는 '~(모두) 선택하세요'라고 질문에도 쓴다

| Q4 | 직접 구입해서 읽는 책 중 많이 읽는 순서대로 상위 카테고리 세 개를 골라주세요. (MA) |

- ☐ 만화 (A)
- ☐ 라이트 노벨
- ☐ 소설·문예
- ☐ 비즈니스
- ☐ 과학·기술
- ☐ 취미·실용
- ☐ 잡지 (B)
- ☐ 사진집 (C)
- ☐ 기타【구체적으로 기입】
  (> ABC 두 개 이상 선택하면 대상 외)

> 선택지에 누락될 가능성을 고려해 '기타'를 이용한다

| Q5 | 귀하의 독서 빈도에 가장 가깝다고 생각하는 항목을 하나 고르세요. (SA) |

- ○ 매일 꼭 읽는다
- ○ 거의 매일 읽는다
- ○ 가끔 읽는다 (>대상 외)
- ○ 거의 읽지 않는다 (>대상 외)
- ○ 전혀 읽지 않는다 (>대상 외)

| Q6 | 1개월간 읽는 책 권수를 알려주세요. (SA) |

- ○ 5권 이상
- ○ 2~4권
- ○ 1권
- ○ 1권 미만 (>대상 외)

| Q7 | 읽는 책의 유형을 알려주세요. (SA) |

- ○ 종이책과 전자책을 둘 다 읽는다
- ○ 전자책만 (=종이책은 읽지 않음) (>대상 외)
- ○ 종이책만 (=전자책은 읽지 않음) (>대상 외)

| Q8 | 전자책을 읽을 때 사용하는 단말기를 전부 고르세요. (MA) |

- ☐ 스마트폰

- ☐ 전자책 리더기 (킨들이나 코보 등 전자책을 열람하기 위한 전용 단말기) (> 우대)
- ☐ 태블릿 (아이패드 등 전자책 열람 이외의 용도로도 쓸 수 있는 단말기)
- ☐ 데스크톱 컴퓨터
- ☐ 노트북
- ☐ 기타【구체적으로 기입】

> 필요에 따라 설명을 추가한다

Q9 질문 Q8에서 고른 단말기를 조사 당일에 지참하실 수 있으세요? (SA)
- ○ 지참할 수 있다
- ○ 지참할 수 없다

Q10 최근에 직접 구입한 책(전자책 포함)을 알려주세요. (OA)
- · 제목:【　】
- · 저자:【　】
- · 가격:【　】
- · 구입 장소:【　】
- · 유형 (종이책 또는 전자책):【　】
- · 구입일:【　】월【　】일 (>1개월 이상 전인 경우 대상 외)

Q11 도서관의 이용 현황을 알려주세요. (MA)
- ☐ 종이책을 도서관에서 빌린 적이 있다
- ☐ 전자책을 도서관에서 빌린 적이 있다 (> 우대)
- ☐ 도서관은 이용하지 않는다 (>Q13으로)

> 분기점을 알 수 있도록 한다

Q12 (도서관에서 빌리는 분만) 최근 도서관에서 빌린 책을 알려주세요. (OA)
- · 제목:【　】
- · 저자:【　】
- · 유형 (종이책 또는 전자책):【　】

Q13 참가할 수 있는 일시를 전부 골라주세요. (MA)
- ☐ 4월 26일(금) 10:00 ~ 11:30
- ☐ 4월 26일(금) 13:00 ~ 14:30
- ☐ 4월 26일(금) 15:00 ~ 16:30
- ☐ 4월 26일(금) 17:00 ~ 18:30
- ☐ 4월 27일(토) 10:00 ~ 11:30
- ☐ 4월 27일(토) 13:00 ~ 14:30
- ☐ 4월 27일(토) 15:00 ~ 16:30
- ☐ 4월 27일(토) 17:00 ~ 18:30
- ☐ 참가할 수 있는 일시가 없다

고를 만한 선택지가 있다면 분명 응답하기 쉽겠지만, 선택지가 부족해 자신에게 해당하는 것이 없다면 어떨까요? 해당하는 선택지를 못 찾은 결과, 적당한 선택지를 고를지도 모릅니다. 아무리 신중하게 선택지를 마련했다 해도 사용자에게는 '적합한 게 없다'라고 보일 수 있습니다. 그런 경우를 대비해 '기타' 선택지를 두는 것이 중요합니다.

❹ 분기점을 명확히 한다

응답에 따라 그다음에 이어지는 질문을 바꿉니다. 즉 '분기'해야 하는 경우가 있습니다. 조건에 맞지 않는 선택지를 골랐을 때 '대상 외'로 걸러내는 것도 일종의 '분기'입니다. 그다음 향하는 곳은 "협조해주셔서 감사합니다"라고 감사를 전하는 마지막 화면입니다. 이 구성이 잘못되면 조건에 맞지 않는 사용자가 섞일 위험이 커집니다. 예시에서는 Q11이 해당합니다. '도서관을 이용하지 않는다'를 선택할 경우 Q12를 건너뛰고 Q13으로 진행하라는 지시가 적혀 있습니다.

필수 조건이나 제외 조건이 엄격하면 그만큼 분기 수가 증가합니다. 전달하기 전에 모든 분기가 문제없이 동작할지 확인하기가 매우 어려우니 분기 조건이 어디에 있는지 헤매지 않고 확인할 수 있도록 사전 설문에 적어 둡시다. 이는 구인 회사와의 소통을 효율화하는 비결이기도 합니다.

❺ '대상 외'로 판단하는 데 사용할 질문은 전반부에 둔다

골라내기 위한 질문은 최대한 전반부에 배치합니다. 응답자 입장에서 생각해봅시다. 실컷 대답하고 나서 "조건에 맞지 않아요! 미안해요"라는 말을 들으면 불쾌하지 않을까요? 그리고 좀 더 빨리 탈락시켰어야 한다는 생각이 들지 않을까요?

이런 일이 계속되면 설문에 답할 의욕이 떨어집니다. 이번 조사에서 탈락하더라도 차후 조사에서는 이상적인 사용자가 될지 모릅니다. 사용자가 있어야 조사도 가능하므로 응답해주는 사람들의 마음을 따르는 것이 중요합니다.

❻ 최소한의 질문으로 자연스러운 흐름을 만든다

관심을 둔 사람이 끝까지 답할 수 있도록, 질문 수를 최소화하고 리듬감 있게 답할 수 있는 흐름을 만듭니다. 귀찮아져서 도중에 그만두거나 후반부에 적당히 답하고 끝내버리는 사태를 막기 위함입니다.

구인 회사에 의뢰할 때는 질문 수에 따라 비용이 달라지므로 질문 수를 줄이면 예산을 절약하게 됩니다. 앞의 예시에서는 조건에 적혀 있지 않지만 남녀가 절반씩 구성되거나 연령대가 고루 분포되면 좋겠다고 은근히 바랄지도 모릅니다. 대부분은 그러길 바랍니다. 연령이나 성별 등의 기본적인 속성 정보는 구인 회사가 파악하고 있는 경우가 많으므로 사전 설문에 굳이 항목을 넣을 필요는 없습니다. 단 후보자를 선정하고 나서 '가능하면 남녀 반반씩' 같은 조건을 추가하는 것은 반칙입니다. 필요하다면 처음부터 조건에 반영해둡시다.

또한 사전 설문을 만들 때는 무심코 욕심을 부려서 '이왕 하는 김에 이것도 들어두자'라고 생각하기 쉽습니다. 하지만 여기서 준비하는 질문은 후보를 걸러내어 적절한 사용자로 좁히려는 목적으로 한정해야 합니다. 판정과 무관한 질문은 조사 당일에 하는 것이 철칙입니다. 다음에 나오는 [표1]은 각 조건을 판정하기 위한 질문이 어느 것에 해당하는지 알 수 있도록 만든 대응표입니다. Q12를 제외한 모든 질문이 판정하는 데 필요하다는 사실을 알 수 있습니다.

❼ 참가 가능한 일시를 여러 개 선택하는 질문으로 마무리한다

모집을 시작하기 전에 당일 시간표를 작성했을 것입니다. 그중에 어떤 조합이 맞을지 알려주는 질문을 사전 설문의 마지막에 배치합니다. [그림1]에서는 Q13입니다. 반드시 복수 선택할 수 있도록 해야 합니다.

표1

모집 조건과 사전 질문 대응표	
필수 조건	판정 질문
· 평균 월 1권, 연 12권 이상 책을 읽는 남녀	Q6
· 거의 매일 독서하는 사람(종이책/전자책 상관없음)	Q5
· 최근 1개월 이내 1권 이상 책(전자책 포함)을 직접 구입한 사람	Q10
· 전자책을 읽기 위한 전용 기기나 앱을 보유한 사람	Q7, Q8, Q9
우대 조건	
· 도서관도 이용하는 사람을 일부 포함하고 싶다	Q11
· 전자책 리더기(전자책을 읽기 위한 전용 단말기)를 보유한 사람을 우대한다	Q8, Q9

제외 조건(다음 조건에 부합하는 사람은 제외한다)	
· 독서를 싫어하는 사람	Q3
· 독서 취향이 만화, 잡지, 사진집에 치우친 사람	Q4
· 시장 조사 등에 종사하는 사람	Q1, Q2
· 출판, 도서 중개업, 서점 운영 등 책과 직접적으로 관련된 일을 하는 사람	Q1, Q2

구인 회사에 의뢰하는 경우에는 전체 약속을 잡아주므로 맡겨둡시다. 직접 약속을 잡는 경우에는 선택한 일시가 적은 사용자 순으로 연락합니다. '언제든 괜찮다'라는 사람과 약속을 잡을 때는 우선순위를 마지막으로 두어 요령 있게 전체 일정을 채웁니다.

> 사전 조사 두 번째

14. '당연한' 예상이 어긋나서 당황하게 된다

세세한 조건을 신경 쓰느라 대전제 조건을 사용자에게 잘못 전달하면 유감스럽게도 실패할 수 있습니다. 예를 들어 '끝나고 같이 식사하려고' 아내를 동반하거나 '도저히 맡길 곳을 찾지 못해' 아이를 데리고 오는 사람이 있습니다. 굳이 혼자 오라는 조건을 달지 않았지만, 이 부분은 당연하리라 믿어 의심치 않았습니다. 이런 실패를 방지할 대책은 다음과 같습니다.

❶ '혼자 참가할 수 있는 분'이라고 명시한다

아내를 동반한 분이 "혼자 오라고 써있지 않았어요"라고 하자 정신이 번쩍 들었습니다.

육아 중인 엄마처럼 혼자 올 수 없는 사정이 있는 사용자를 모집하는 경우가 아니라면, ==혼자 참여할 수 있는 분==으로 응모 조건을 명시하거나 '가족이나 친구의 동반은 삼가세요'라고 적어야 합니다.

마찬가지로 자택 방문이나 원격 조사 때도 가족도 함께 있기를 바라는지, 아니면 가족이 함께 있는 것은 곤란한지를 분명하게 말합니다. 그렇지 않으면 아이가 피아노 연습을 하거나 반려동물이 의도치 않게 방해해서 힘들어집니다.

❷ 본인 확인을 위해 신분증을 지참하게 한다

피치 못할 사정으로 불참하게 된 사용자가 대리 참석자를 보낸 적이 있습니다. 매우 미안해하며 오히려 선의에서 신경을 쓴 것 같았습니다. 설문에 대한 답변을 근거로 신중하게 선발한다는 사실을 모르는 사용자는 '막바지에 약속을 취소해서 다음 인터뷰 합격률이 떨어지겠다'라고 생각할 수 있습니다. 또 처음부터 악의적으로 위장하려는 사람이 전혀 없다고도 할 수 없습니다. 이에 대한 대책으로 신분증을 가져오라고 합니다. 수천 엔의 사례비를 받으려고 공문서위조까지 하는 사람은 (아마도)없기 때문에 신분증만으로도 이런 사람을 가려낼 수 있습니다.

❸ 자택 방문인 경우 '공유 공간'은 불가하다고 적어둔다

사용자 집에 가서 생활 공간을 보려고 방문했는데 최상층 라운지 같은 곳을 전전하다가 결국 집에 들어가지 못한 적이 있습니다. 설득해보려 했지만 한사코 '집은 곤란하다'라고 해서 시간만 빼앗기고 결국 그 라운지에서 이야기를 들었습니다. 쾌적한 공간이긴 했지만, 집을 방문한 의미가 없어서, 결국 설득 시간도 허비하고 완전히 실패했습니다. 그 후부터는 아파트 내의 공공 장소가 아닌 '자택 방문'을 반드시 기재해 이에 동의하는 사람만 합격시킵니다.

> 인연의 법칙

15. 쉽게 만나기 어려운 사용자를 찾으려면…

"드론 조정자를 위한 교육 앱을 개발하면서, 드론 전문 사진작가들의 이야기를 듣고 싶다"
"만화 제작 현장에서 일하는 사람한테서 드로잉 앱에 대한 불만을 듣고 싶다"
"전문가용 조명 자재나 부품을 취급하는 제조사의 웹 사이트에서 전문가가 어떤 정보를 수집하는지 확인하고 싶다"

이런 틈새 상품이나 서비스의 사용자 수가 적은 건 쉽게 상상이 됩니다. 그렇다면 구인 회사에 등록된 회원 중 이런 사용자가 여러 명 있으리란 기대도 할 수 없습니다. 충분히 시간을 들인다고 찾을 수 있는 것도 아닙니다. 이때 유효한 것이 인맥으로 사용자를 모집하는 '인연의 법칙'입니다.

요즘에는 페이스북을 비롯한 다양한 SNS의 등장으로 인연의 법칙을 매우 편하게 적용할 수 있게 됐습니다. 간편하니까 인연의 법칙을 따르면 어떤 사용자라도 금세 찾을 것 같습니다. 하지만 아무리 그렇더라도 갑자기 연락해서 '이번 주말에 인터뷰하고 싶다'라고 하면 안 됩니다. 실제로 다음 조건에 해당하는 두 사람과 인터뷰를 해야 하는 의뢰 당시에는 이런 일도 있었습니다.

- 조명 디자이너
- 이벤트 조명 기기를 선정하는 사람

'이런 일을 하는 사람을 금방 찾을 수 있을까?'라고 생각했는데 남편의 인맥으로 다행히 두 사람을 찾을 수 있었습니다. 인맥의 힘에 감명받았습니다.

다만 인연의 법칙이라고 해서 늘 터무니없는 일정을 소화해내는 것은 아닙니다. 지금부터 아주 짧은 시간 내에 사용자를 모집해야 할 때 취할 방법을 소개합니다.

❶ 모집 조건을 최소화한다

앞의 예에서 엄격한 조건을 추가해 '남녀 1명씩'이라든가 '나이는 40세 이하', 그 외에도 세세한 요구사항을 달았습니다. 다만 시간이 없었기 때문에 '가능하면'을 붙여도 되는 조건은 모두 포기하고, '이 중 한 가지라도 해당하는 현역'이라는 필수 조건으로 좁혔습니다.

조건이 적어야 사용자를 모집하기 쉽다는 사실이 인연의 법칙에만 해당하는 것은 아닙니다. 하지만 인연의 법칙일 때 이렇게만 해도 소개받을 확률이 올라갑니다. 조건이 많으면 소개하길 망설이는 사람이 많아지기 때문입니다.

자신이 연결해 주는 입장이라고 생각해보세요. '이 친구가 적당할 것 같은데'하고 생각해도 나열된 많은 조건에 일일이 맞는지 확인하고 소개하기란 귀찮을 수 있습니다. 게다가 조건에 맞는지 확실하지도 않은 사람을 소개하기가 어렵다는 생각도 들고, 괜찮을 것 같아서 소개해준 그 친구도 마음먹고 있는데 사소한 조건에 걸려 결국 참가하지 못한다면 여러모로 미안하므로 결국 그만두게 됩니다. 저라면 말이죠.

하지만 만약 조건이 '현역 조명 디자이너' 하나뿐이라면 '그 친구가 그런 일을 했던가, 물어보자'라는 식으로 첫발을 내딛기 쉽습니다. 다른 조건이 있더라도 절대 양보할 수 없는 조건으로 좁혀 말을 꺼내는 것이 성공의 첫걸음입니다.

❷ 소개자 사례비도 준비한다

'소개'라는 알선 행위는 조건의 개수나 난이도와 상관없이 '사람 간의 관계를 이어주는'데 많은 수고를 하고, 자칫하면 인간관계에 금이 갈 위험을 수반합니다. 그런 수고와 위험을 덜어준 사람에 대한 감사의 뜻을 잊지 말고 전달해야 합니다.

조사에 협조하는 사용자와 같은 금액 또는 그 이상을 지급하는 것이 통례입니다. 덧붙이자면, 조명 디자이너의 경우에는 사용자와 소개자 사례비를 각각 20,000엔으로 정했습니다. 갑작스럽게 요청하게 되어 평균보다 좀 더 높은 금액으로 책정했습니다.

인연의 법칙으로 사용자를 모집한 경우 소개자가 "괜찮다"라고 말하며 사례비를 사양하는 경우도 있습니다. 하지만 소개자가 여럿이면 반드시 같은 금액의 사례비를 지급합니다. 한 사람은 받고 다른 사람은 사양해서 지급하지 않았다고 합시다. 이 두 사람이 서로 아는 사이고 받은 사람이 그 사실을 안다면, 자신만 받아서 조금 불편할 것입니다. 그런 일로 기분 상하지 않도록 반드시 두 사람 모두에게 전달합니다.

❸ 장소는 상대의 상황에 맞춘다

인터뷰를 진행하는 시간뿐만 아니라 장소도 사용자 상황에 맞춰 정합니다. 두 명뿐이니 일시를 조정하기도 순조롭습니다. 당일에 제가 약속 시간에 지정된 장소로 가서 인터뷰하기만 하면 끝입니다. 이는 조사하는 측이 유연하게 움직일 수 있는 체제였기 때문에 가능했습니다.

반대로 조사자가 방문하는 것을 싫어하는 사용자도 있습니다. 집에서 하려면 집을 청소해야 해서 오히려 귀찮다거나 회사 회의실을 사사로이 쓸 수 없다거나 동네 카페에서는 이목이 신경 쓰인다거나 등의 이유입니다. 그런 가능성을 고려해 주최 측에서 장소를 준비하는 선택지도 반드시 제시해야 합니다.

최후의 수단은 '전화'입니다. 이동 시간을 계산한 후 서로 맞는 일정을 찾지 못하거나 겨우 찾은 사용자가 먼 곳에 산다면 '8. 장소가 없어서 인터뷰마저 포기한다'에서 제시한 원격 조사를 검토합니다. 원격 조사는 사용자 모집 범위를 국내 전역, 경우에 따라서는 전 세계로 확장하는 것도 가능하므로 모집 조건이 어려울 때 활용할 만한 방안입니다.

❹ 편리한 일시를 여러 개 묻는다

조명 디자이너의 경우는 단 두 명이었기 때문에 순조롭게 일시가 조정됐습니다. 하지만 대상자가 5명, 10명이 되면 이야기가 달라집니다. 인연의 법칙으로 모집하는 경우는 협력자를 찾을 때마다 편리한 날짜를 묻고, 일정이 비어 있으면 바로 결정해 한 명씩 채웁니다. 그러나 후반으로 갈수록 빈 날짜가 줄기 때문에 일정 잡기가 힘들어집니다. 사용자 사정에 맞추지 않고 빈 일정에 맞춰달라고 부탁하게 됩니다. 하지만 승낙하지 않으면 교섭이 결렬되어, 모처럼 찾은 합격자를 포기해야 합니다.

그런 안타까운 상황을 줄이기 위해 편리한 일시를 꼭 여러 개 선택하게 합니다. 이는 추후에 이제 몇 사람만 더하면 예정된 인원이 채워질 후반부에 이르러 "이날, 이 시간 아니면 절대로 안 된다"라는 사람이 나타났을 때 이미 선약한 다른 사람에게 날짜를 옮길 수 있는지 재협상할 여지를 남겨두기 위함입니다.

하지만 몇 가지 주의 사항이 있습니다.

- 처음 약속한 날짜는 '잠정 결정'으로 한다.
- 기타 후보 일시를 알려주고 이후에 변경해달라고 부탁할 수 있다는 점을 알려둔다.
- '잠정 결정'을 '확정'하는 시점과 연락 방법을 알려준다.
- 잊지 않고 '확정'됐다고 연락한다.

보통은 '다른 날, 다른 시간대도 괜찮다고 말했으니 그 시간대도 비워두자'라고 생각하기 마련입니다. 게다가 인연의 법칙일 때 소개자를 배려하고자 이처럼 고려해주는 분이 많습니다. 그러므로 '확정'되면 반드시 잊지 않고 연락해야 합니다.

사전 조사 세 번째

16. '짝퉁을 구입한 사용자'가 포함되는 것을 막으려면...

사용자를 모집할 때는 조건에 맞지 않는 사용자가 포함되거나 조사를 위해 '예습'하는 행위를 방지하기 위해 의뢰인의 정체나 조사 내용을 눈치채지 못하게 합니다. '모 브랜드의 열성 팬들'을 모아 조사할 때 '모 브랜드'의 정체를 들켜서 난감했습니다. "모 브랜드 조사라는 것을 듣고는 중간에 가게에 들렀다 왔어요", "어젯밤에 급하게 (모 브랜드) 인스타를 팔로우했어요"라고 말하는 사람이 속출한 것입니다. 사용자들이 이렇게 진실을 말해주지 않았다면 '점포를 방문하는 빈도'나 '인스타그램 이용 현황'에 대해 왜곡된 데이터를 수집할 뻔했습니다.

특히 모 브랜드의 팬이 아닌 '짝퉁 사용자'가 포함되는 것은 반드시 막아야 합니다. 이를 위해 모집 단계에서 쓸 방법 세 가지를 소개합니다.

❶ 의뢰인을 모집 후보에 섞어 숨긴다

'모 브랜드의 열성 팬' 여부는 브랜드명을 제시하지 않으면 확인하기 어렵습니다. 그렇지만 '모 브랜드를 좋아하세요?' 같은 질문은 너무 직접적이어서 들키기 쉽습니다.

자주 취하는 방법은 모 브랜드와 경쟁하는 브랜드를 섞어 나열한 뒤 '아는 브랜드를 모두 고르세요', '가장 좋아하는 브랜드를 고르세요' 식으로 질문해 해당하는 사람을 선발하는 것입니다. 이렇게 하면 의뢰인의 브랜드가 무엇인지 직접 알 수 없고, 그 브랜드를 최고로 여기는 사용자 중에서도 다른 브랜드에는 눈을 돌리지 않는 사람 또는 경쟁 브랜드도 거부감 없이 대하는 사람 등 균형을 맞춰 선발할 수 있습니다.

다만 사용자가 선택지에 나열된 브랜드 중 하나가 조사의 배후에 있다는 사실 정도는 알 수 있습니다. 이것도 피하고 싶다면 '좋아하는 브랜드를 모두 적어주세요'라는 질문 문항을 만들 수밖에 없습니다. 하지만 객관식이 응답하기 좋고 후보자가 늘어나므로 각각 장단점이 있습니다.

❷ 인연의 법칙으로 모집하는 경우 소개자에게도 알려주지 않는다

"오늘은 (모 브랜드) 조사라고 들었어요"라고 말한 사용자는 인연의 법칙을 통해 모집한 분이었습니다. 소개자가 깜빡하고 말해버렸다고 합니다. 소개자에게 악의가 있었던 것은 아닙니다. 오히려 깊이 생각하지 않고 "분명히 (모 브랜드) 가방 갖고 있지?" 이런 식으로 사용자에게 말을 걸었을 것입니다. 소개자는 그 일이 조사에 어떤 영향을 미칠지 간과하기 쉽습니다.

소개자를 통해 정체가 탄로 나지 않도록 조사 내용에 대해서는 전혀 언급을 하지 않습니다. 모르면 새어나갈 수 없지요. '십만 엔 이상 명품 가방을 여러 개 가진 사람' 같이 사용자 조건을 완곡하게 에둘러 알리고, 최종적으로 조건에 맞는지는 "명품 가방을 갖고 있다고 들었는데 어느 브랜드 제품인가요? 소유하고 있는 브랜드를 전부 알려주세요" 이런 식으로 조사자가 직접 확인합니다. 그리고 조건이 맞지 않으면 이 단계에서 거절할 수도 있음을 소개자에게는 확실히 전해둡니다.

❸ 실물을 보여준다

설문지나 구두로 확인하지 않고 가진 상품의 사진을 찍어 보내는 방법도 있습니다. 다만 그 번거로움 때문에 사용자가 응모하거나 소개하길 주저하게 되므로 이 방법은 신중해야 할 때만 제한적으로 사용합시다.

또한 물건의 부피가 크지 않다면 조사 당일에 물건을 가지고 와달라고 참가 조건에 명시하는 방법도 있습니다. 물건 가격이 사례비를 넘는다면 일부러 그 물건을 사면서까지 조사에 참여할 리 없으니 '짝퉁 구입 사용자'가 포함될 확률이 낮아집니다. 다만 가족이나 친구의 물건을 빌려오는 경우가 실제로 있었으므로 100% 안심해서는 안 됩니다. 따라서 직접 구입해서 사용하는 물건을 지참하는 것이 조건이라고 확실히 명시해야 합니다.

사전 조사 네 번째

17. 조사에 익숙한 사용자를 제외하려면

"이 서비스의 어디를 어떻게 개선해야 하냐는 이야기죠? 여기를 최우선으로 해야 한다고 생각합니다"

묻지도 않았는데 "여기에도 문제가 있다", "이렇게 돼 있어야 헤매지 않는다"고 주장하는 사용자를 만나게 되어 대화의 흐름을 제어하는 데 어려움을 겪은 적이 있습니다.

조사에 익숙해지면 이 사용자처럼 효율적으로 기대에 부응하려 하기 십상입니다. '통찰력이 좋은 사용자'로 평가받았기 때문에 '또 요청이 들어올 것이다'라고 기대하기 때문입니다. 실제로 몇 번이나 참가 의뢰를 받으면 그런 생각이 더 강해집니다. 그렇게 되면 결국 거짓말이나 속임수를 섞지 않고 기억을 더듬어 솔직하게 답하는 것이 가장 중요하다고 아무리 말해도 통하지 않습니다.

조사에 익숙한 사용자를 줄이는 대책에는 두 가지가 있습니다.

그림1
조사 참가 경험을 확인하기 위한 질문

과거 3개월 이내에 참가한 설문 조사나 좌담회를 전부 적어주세요. (OA)

답변 예시: 【2019】년 【12】월경, 【간병】에 관한 【좌담회】에 참가했다.
- 【   】년 【   】월경 【   】에 관한 【   】에 참가했다.
- 【   】년 【   】월경 【   】에 관한 【   】에 참가했다.
- 【   】년 【   】월경 【   】에 관한 【   】에 참가했다.

❶ 조사 참가 경험을 사전에 확인하고 추려낸다

첫째는 모집 단계에서 의심스러운 사람을 걸러내는 방법입니다. 사전 조사 때 [그림1] 같은 질문을 추가하고 많이 기재한 사람은 선택하지 않습니다. 좀 더 엄격하게 하려면 질문 범위를 '과거 6개월 이내'나 '과거 1년 이내'까지 확대합니다. 또 조사에 익숙한 사람을 줄이고 주최 측이 동종업계 타사로 짐작되는 조사에 참가한 경험자를 제외하고 싶을 때도 이와 같은 방법을 사용할 수 있습니다.

❷ 조사에 익숙해 보이는 사용자는 구인 회사에 전달한다

비교적 좋은 조건의 아르바이트를 여러 번 하고 싶을 때 후보가 참가 경험을 속일 가능성이 있습니다. 후보의 거짓말 여부를 사전에 배제할 수 있는 것은 아닙니다. 그렇다고 해도 거짓을 말하거나 무성의하게 답변하는 사용자는 실제로도 거짓말할 가능성이 있고, 조사 대상으로도 바람직하지 않기 때문에 그런 사용자가 조사에 여러 번 참가해 익숙해지는 것은 막고 싶습니다.

사전 설문에 '참가 경험 없음'이라고 답한 사람이 조사에 익숙해 보이면, 끝난 후 한담을 나누며 "이런 조사에 잘 협조하시나요?"라고 슬쩍 물어보세요. 사례비를 받고 돌아가면 마무리하는 때이므로 사실대로 순순히 말할 것입니다.

그렇게 조사가 익숙하다는 사실이 밝혀지거나 그럴 것으로 의심이 가는 사용자는 그다지 '바람직한 후보'가 아니라고 구인 회사에 보고하고 이후 조사에는 참가시키지 않도록 의뢰합니다. 많은 사람들이 일하는 평일 낮에 올 수 있는 사용자를 찾기 어려울 때 부탁할 수 있는 사용자를 구인 회사에서 편리하게 활용할 가능성도 있으므로, 그런 사용자는 우리 조사에 맞지 않다는 사실을 전하는 의미에서도 이 보고는 중요합니다. 단순히 인원수를 맞추는 것이 아니라 좋은 사용자를 모집할 수 있도록 서로 협력해 나갑시다.

궤도 수정

18. 사용자가 모이지 않는다니, 어떡하지?

공고를 내고 나서 생각처럼 모이지 않는다는 사실을 깨닫고 당황하는 경우가 있습니다. 「10. 사용자 모집에만 2주가 걸린다고?」에서 소개한 것처럼 사전에 대략적인 지원율을 근거로 하면 심각해지기 전에 검토를 시작할 수 있습니다. 따라서 특히 어려운 조건으로 사용자를 모집하는 경우라면 재빨리 예상 지원율을 확인해야 합니다.

빨리 모집되지 않을 때 대응 방안은 모집 수단을 늘리는 것입니다. 이렇게 말하면 구인 회사를 몇 군데 더 늘리는 방법을 가장 먼저 떠올릴 수 있는데, 결코 상책이 아닙니다. 대개 많은 사용자가 여러 회사에 중복으로 등록하기 때문입니다. 따라서 모집 업체를 늘린다고 해서 응모자가 두 배, 세 배 늘어날 수는 없습니다.

이런 경우에는 구인 회사에서 감당하지 못하는 지원자를 '인연의 법칙'으로 구하는 방법을 추천합니다. 특히 2~3명만 더 선발하면 될 때 효과적입니다.

다만 인연의 법칙을 쓰려면 구인 회사 담당자와 주고받는 것만으로도 벅찼던 소통 부담이 상상 이상으로 커집니다. 결국 조사 장소나 일시를 상대에게 맞추기가 어려워 비어 있는 일정을 채워줄 '적절한 사람'을 찾게 됩니다. 초조한 나머지 실수하지 않도록 신중하게 대응합시다. 그런데도 모집되지 않는다면 취할 수 있는 선택지는 다섯 가지입니다.

❶ 원격 조사를 조합해 사용자 모집 범위를 확대한다

사용자에게 모임 장소까지 와달라고 하거나 조사자가 사용자 집을 방문하려면 왕래할 수 있는 범위에 거주하는 사람만이 후보가 될 수 있습니다. 이런 제약을 없애고 전화나 영상 통화 인터뷰로 방법을 바꾼다면, 사용자 모집 범위를 넓힐 수 있습니다.

집에서 참가할 수 있다면, 이른 아침이나 밤늦게라도 응해줄 사람을 찾을 가능성이 높아집니다. 남아 있는 시간대에 새벽과 야간 시간을 추가해 다시 모집합시다. 그래도 상황이 호전되지 않으면 남은 네 가지 선택지를 기반으로 어떻게 할지 생각해 봅시다.

❷ 모집 조건을 완화하고 조사 목적이나 내용을 조정한다

약속한 인원수 모집을 임무로 하는 구인 회사 측에서 "조건을 완화할 수 있을까요?"라고 부탁하는 경우가 많습니다. 이때「2. '하고 싶다'라는 의지만으로는 진행할 수 없다」에서 말한 대로 '필수 조건'과 '우대 조건'을 처음부터 구분해두면 판단하기가 쉽습니다.

'필수 조건'까지 양보하면서,「들어가는 말」에 썼듯 '모을 수 있는 사용자로 어떤 조사를 할 수 있을까'를 생각하는 데까지 이르지 않도록 주의합시다. 다만 사용자 조사에 대해 회의적인 조직에서 겨우 첫발을 내디뎠으니 중단하지 않고, 결과의 품질은 차치하고서라도 조사 실시 자체에 큰 의미를 둔다면 대담하게 양보하는 것도 필요합니다.

❸ 조건은 그대로 두고 모집된 인원으로 조사를 실시한다

예정된 인원이 모이지 않았을 때 우려되는 바는 두 가지입니다.

- 분석에 영향을 미쳐 결론을 내지 못할 것이라는 우려
- 사용자 수가 줄면 비용이 줄어서 재무 처리가 번거로워질 것이라는 우려

첫째 우려의 경우, 통계학적으로 분석하는 조사가 아니니 몇 명 정도 부족해도 대세에 지장이 없다는 설명을 듣고 납득하기도 합니다.

둘째 우려는 큰 조직이 대상이면 별수 없는 경우가 많습니다. 견적만큼 비용을 쓰거나 예산을 다 소진해야 하는 상황입니다. 물론 줄어들면 그만큼 청구하거나 다른 작업에 공수를 추가해 맞추는 식의 융통성을 발휘하는 조직도 있습니다. 이렇게 대응할 수 있다면 이 방법이 유력합니다. 다만 인원수에 따라 다를 수 있습니다. 12명을 모집할 예정이었는데 절반밖에 모이지 않았다면 아무래도 힘들 것입니다. 비용을 맞추기도 어려워 이 선택지는 논외로 하고 판단합니다.

❹ 조사 자체를 연기하고 다시 구성한다

사용자가 모이지 않으면 '모집 방법이 잘못됐다'라고 생각하기 쉬운데, 어쩌면 모집 사용자에 대한 예상이 애초에 틀리거나 왜곡됐을 가능성은 없을까요? 이럴 때는 처음으로 돌아가서 다

시 정리할 용기가 필요합니다. 결단하기 어렵겠죠. 하지만 잘 맞물리지 않는 톱니바퀴를 어떻게든 돌린다 해도 왜곡된 결과가 나올 뿐입니다. 막상 그렇게 되고 나서 후회하기보다는 아직 상처가 얕을 때 다시 시작하는 편이 훨씬 더 낫습니다.

❺ 조건은 그대로 둔 채 모집된 인원으로 조사를 실시하고 나머지 인원은 다시 정리한다

전면 백지화한다는 결단을 내리기 어려울 때는 이 방법을 씁니다. 먼저 모인 만큼 예정대로 조사를 시작합니다. 요점은 '왜 사용자가 모이지 않았는지 살핀다'라는 목적을 추가해 조사 설계나 모집 조건 중 어느 부분에 문제가 있었는지, 무엇이 현실과 달랐는지, 어디를 수정하면 적절한 사용자를 모을 수 있는지 등 다음 조사로 연결해주는 정보를 수집해 잘 검증하고 나서 2차 모집을 계획하는 것입니다.

재무 처리 문제는 ❸이나 ❹에도 있습니다. ❶이나 ❷를 선택해 일단 마무리한 후 다음을 생각하는 편이 쉬운 경우도 많습니다. 하지만 괴로운 시기가 지나면 간단히 잊어버리고 매번 사용자가 생각대로 모이지 않는다고 우왕좌왕하는 의뢰자가 여럿 있습니다. 모집 실패나 고생 경험을 제대로 되새기지 못한 탓이겠지요. 그런 전철을 밟지 않기 위해서라도 때론 용단을 내려야 합니다.

> **칼럼**
>
> ### 〉당일에 갑자기 나타나지 않거나 막바지에 약속을 취소하는 경우를 방지하는 방법
>
> '예약 부도'라는 말을 들어본 적 있나요? 약속한 당일에 말없이 나타나지 않는 사람을 말합니다. 또는 간혹 직전에 취소하겠다는 연락이 오기도 합니다.
>
> 사용자 조사에서도 약속한 사용자가 오지 않는 경우가 있습니다. 아예 나타나지 않는 경우는 드물고, "회사를 빠질 수 없습니다"라거나 "아이가 갑자기 열이 나서" 등 불가피한 사정으로 갈 수 없게 되어 미안하다며 당일 취소를 통보하는 경우가 대부분입니다. 하지만 이런 경우에는 전날에 전화 한 통만 해줘도 당일에 갑작스럽게 대응해야 하는 어려움을 줄일 수 있습니다.
>
> 구인 회사를 통해 사용자를 모집하는 경우 그렇게 해도 처리할 수 있으므로 맡기면 됩니다. 하지만 인연의 법칙으로 모집하는 경우에는 당일에 사용자가 알려준 연락처로 전화해서 "시간과 장소를 최종적으로 알려드립니다"라는 명분을 대면서 "잊지 말고 오세요"라고 진정 말하고 싶은 메시지를 전합니다. 동시에 이 방법은 연락 수단이 될 전화번호를 서로 확인할 수 있다는 장점이 있으므로 메일로 끝내지 말고 전화 통화할 것을 추천합니다.

3장

실전에 대비하기
어설픈 준비 끝의 함정

> 예습

19. '가르쳐달라'고 하면 화를 낸다

한 조사에서 알지만 모르는 척하며 사용자에게 가르쳐달라고 말한 적이 있습니다. 그러자 사용자가 이렇게 말하며 화를 냈습니다.

"그런 기본적인 내용도 알려줘야 하나요? 어처구니가 없네요. 그 정도는 공부하세요"

그 순간은 잘 넘겼지만, 사용자는 마치 선생님처럼 노력이 부족한 제자를 마냥 귀엽게 봐주지는 않습니다. 제자는 '직접 할 수 있는 예습은 착실히 수행한다'라는 태도를 보여야 하는데, 어느 정도로 준비해야 할지 조절하기가 어렵습니다. 그렇다면 과연 어떤 것을 미리 예습해야 할까요?

❶ '고유명사'와 '추세'를 파악한다

일단 검색해 봅시다. 조사에서 대상으로 하는 상품이나 서비스, 혹은 더 넓은 분야에 대해 기초 지식을 얻을 만한 책이나 기사를 찾아봅니다. 어떤 일이든 누구나 처음에는 초보입니다. '초보자용 OO'이나 '첫 OO'이라는 단어로 검색하면 참고할 정보를 찾을 수 있습니다. 주로 '고유명사'가 그 대상입니다. 사용자가 언급하는 고유명사를 종잡지 못하면 이야기가 잘 진척되지 않습니다. 그 지식을 전부 머리에 담기는 어렵지만, 화제에 올랐을 때 "아, 그건가요?"라고 말할 정도는 돼야 합니다.

그 업계나 분야의 추세도 잊지 말고 확인해야 합니다. 의뢰인이나 조사의 대상 상품이나 서비스가 현재 시장에서 어떤 위치에 있고 무엇과 경쟁하는지 등을 알아봅니다. 사용자가 대충 검색해 얻을 수 있는 정도의 정보는 모두 훑어볼 생각으로 확인하는 것이 첫걸음입니다.

또 조사를 의뢰하는 사람은 자료나 참고서를 중재자에게 제공해야 합니다. 업계나 자사의 일,

상품이나 서비스에 대한 사항 등 신입 사원에게 알려줄 만한 정보나 참고 자료를 생각하면 됩니다. 마치 숙제를 내주는 것 같아서 거부감을 느낄지도 모르겠습니다. 하지만 중재자가 직접 찾기보다는 시간을 절약해 예습하는 데 시간을 더 많이 할애하는 것이 중요하므로 고민할 필요가 없습니다.

❷ 본인이 직접 사용자가 되어본다

조사 중 거론되는 구체적인 상품이나 서비스가 있으면 직접 만져보고 사용해 봅시다. 매장에서 구할 수 있는 상품이면 매장에 가서 일반 고객으로서 구입할 생각으로 상품을 접합니다. 직원에게 설명을 듣거나 매장 내 모습을 관찰하거나 구입하기 전에 얻을 수 있는 정보를 확인합니다. '산다면 어떨까?'라고 진심으로 자문자답하고 마음에 들면 사버릴 기세로 임해도 좋습니다.

어떤 상품이나 서비스도 처음 접하는 순간은 단 한 번입니다. 인간에게는 '지식의 저주'[6]라는 인지 특성이 있습니다. 한번 지식을 얻으면 그 지식이 없는 사람의 머릿속을 상상하기 어려워지는 특성입니다. 물론 그 지식을 몰랐던 이전의 나 자신으로 돌아가지도 못합니다. 상품이나 서비스에 대해 새 지식을 얻고자 하는 '순간'이 중요합니다. 두 번 다시 얻지 못할 체험으로 인식하고 여기에 제대로 집중한다면 사용자에 대해 보다 더 깊이 이해할 수 있습니다.

시제품처럼 입수하거나 접근하기 어려운 고액 상품, 회원가입을 해야 하는 서비스 등 자력으로 구하기 힘든 경우에는 의뢰인에게 부탁해 빌리거나 더미 계정을 준비합니다. 외부로 반출할 수 없다면 사내에서 이용하는 방법을 생각해 봅시다.

---

6. 역주: curse of knowledge, 개인이 다른 사람들과 의사 소통할 때 다른 사람도 이해할 수 있는 지식이나 배경을 지녔다고 무의식적으로 추측해 생기는 인식 편견을 말한다

> 칼럼

> ### 〉 벼락치기보다 평소에 지식을 축적하라
>
> 통역을 생업으로 하는 지인은 틈만 나면 책을 읽습니다. 어떤 분야의 일이 들어와도 해낼 수 있도록 다양한 분야의 지식을 차근차근 쌓는 노력을 하는 것입니다.
>
> 사용자 조사도 비슷합니다. 평소 책을 많이 읽고, 세간의 화제인 상품과 서비스를 사용해 보면서 사람들이 언제 어느 때 어떤 행동을 하는지 관찰하고 지식을 늘리면서 상상력을 기릅니다. 이는 조사자에게 중요한 자산이 됩니다.
>
> 가족과의 생활이나 대화는 다른 이성의 시각과 세대 차이를 이해할 절호의 기회입니다. 직장에서의 짧은 잡담이나 친구와의 수다도 자신과 다른 가치관이나 생활 환경의 관점에서 바라보는 데 도움이 됩니다. 어렵다고 지레 짐작되는 분야의 책이야말로 많은 도움이 됩니다. 따라서 필요할 때마다 벼락치기 하기보다 평소에 지식을 축적하는 편이 더 좋습니다. 얕더라도 넓은 시야를 갖고 하루하루를 살아가는 것이 사용자 조사 실력을 향상시키는 비결입니다.

조사 가이드 만들기 첫 번째

20. 사전에 가이드를 공유받지 못해 사색이 된다

사용자 조사를 할 때 이름 그대로 조사를 이끄는 문서인 '조사 가이드'를 작성합니다. 인터뷰에서는 '인터뷰 가이드'나 '토론 가이드(discussion guide)'라 하고 중재자를 위한 가이드란 의미로 '중재자 가이드'라고도 합니다. 대본이라는 의미로 '스크립트(script)'란 용어를 사용하기도 하지만, 이 책에서는 축약해서 '가이드'라 하겠습니다.

가이드의 중요성을 깨닫지 못하는 조사자나 의뢰인이 의외로 많아 놀랐습니다. 여러 번 재촉해도 보내주지 않다가 조사 당일 아침이 돼서야 "늦어서 죄송합니다"라고 미안해하며 건네준 가이드가 엉망일 때는 사색이 되기도 합니다. 지금부터 가이드의 중요한 역할 세 가지를 먼저 소개하겠습니다.

❶ 중재자가 관찰이나 대화를 할 때 인지 능력을 최대한 발휘한다

사용자 조사에서 확실한 결과를 내기 위해 중재자가 알아야 할 모든 것이 가이드에 기록돼야 합니다. 어떤 목적으로 조사를 하려 하는지, 무엇을 밝히고, 어떤 데이터를 수집하는 것을 목표로 하는지 큰 방향성부터, 하고 싶은 질문이 있다거나 사용자가 이용하는 모습을 보고 싶다는 식의 구체적인 조사 내용에 이르기까지의 모든 내용이 담겨야 합니다.

물론 가이드를 굳이 작성하지 않아도 모든 것을 숙지한 후 조사를 실시해서 확실하게 결과를 내는 것이 이상적입니다. 하지만 인지 용량에 한계가 있는 인간이 중재를 맡은 이상 기억에만 의존하기는 위험합니다. 또한 언제든지 보고 확인할 수 있는 문서가 있다면 완전히 기억할 필요가 없으므로, 관찰하고 깨달은 바나 느낀 점 위주로 기억하거나 사용자와 대화에 집중해 심층 심리를 파헤치는 데 온 힘을 쏟을 수 있습니다.

❷ 관계자 전원이 납득하고 조사에 임한다

가이드가 필요한 사람은 중재자뿐만이 아닙니다. 사용자 조사에서 얻은 데이터의 분석자, 그 다음 행동을 유도하거나 직접 수행하는 사람, 의사 결정을 하는 사람 등 다양한 사람이 속합니다. 그리고 사용자 조사를 사내에 정착시키는 것이 목적의 하나라면 이번 조사에 직접 관계되지 않은 부서나 직원에게도 내용을 공유하고 싶을 수 있습니다.

==즉, 가이드는 그런 사람들에게 조사 목적부터 구체적인 조사 내용까지 사전에 알 수 있는 모든 것을 누구나 이해할 수 있는 형태로 쉽게 전달하는 역할을 합니다.==

사전에 공유하면 "○○에 관한 질문을 추가하면 좋겠다", "관찰 시점을 더 추가하고 싶다" 등을 요청하거나 제안할지도 모릅니다. 긁어 부스럼이 되어 논란이 수습되지 않기도 하지만, 조사 당일 옥신각신하는 것보다는 사전에 논의하는 편이 더 낫습니다. 떨떠름한 기분으로 조사에 임하는 사람이 한 사람도 없도록 가이드를 논의 기준으로 활용합시다.

❸ 조사 목적이나 목표를 잃어버리지 않는다

대략 어떤 순서로 어떤 질문을 할지, 행동 관찰이라면 어떤 점에 주목해 행동을 추적하고 기록할지 기재한 부분이 바로 가이드의 '본문'에 해당합니다. 본문을 어떻게 작성할지는 다음 절에서 다루지만, 그 작업을 거침없이 진행하기 위해서라도 ==가이드 첫머리에 '서두'로 조사의 목적을 작성해야 합니다.==

가이드를 작성하는 중에도 때때로 서두의 목적을 확인하도록 하면 목표하는 방향을 잃지 않고, 또한 계획서 같은 문서나 오래된 메일을 찾아 목적을 확인하는 번거로움도 줄이게 됩니다. 그리고 관계자에게 가이드를 공유할 때도 굳이 다른 문서를 첨부하지 않고 조사 목적을 함께 전달할 수 있습니다.

무엇보다 ==중재자도 조사 중 목적을 토대로 목표를 향하고 있는지 확인할 수 있습니다.== 사용자와 대화에 열중하다가 그만 조사 목적을 잊어버리는 일은 실제로도 발생합니다. 필자도 여러 번 경험했습니다. 가이드의 첫머리로 돌아가 언제든지 확인할 수 있다는 사실은 매우 큰 안도감을 줍니다.

조사 가이드 만들기 두 번째

21. 너무 일찍 무거운 질문을 해서 분위기가 흐트러진다

이야기를 시작한 지 10분쯤 지나 의뢰인이 제공한 가이드에 따라 "간병하면서 언제 가장 힘들다고 느꼈습니까?"라고 묻자 사용자가 이야기를 멈추지 않아서 대화가 전혀 진척되지 못한 적이 있습니다. 게다가 고생담이나 고민을 떠올리면서 울음을 터뜨려 난처했습니다. 개인적으로는 이야기를 들어주고 싶었지만 조사로서는 실패입니다. 이렇게 되지 않도록 질문 순서를 신중하게 계획해 가이드를 만들어야 합니다.

가이드 본문은 '소개(introduction)', '주요 부분(main part)', '맺음말(closing)' 총 세 부분으로 구성됩니다. 실패하지 않는 가이드를 작성하는 요령을 살펴보겠습니다.

❶ 첫머리에 취지를 설명해 사용자 불안을 없앤다

간병에 관한 조사의 취지 설명과 각 규칙의 작성 방법을 예로 들겠습니다.

> ▶ 취지 설명과 규칙
>
> 오늘 조사에 협조해주셔서 감사합니다. 진행을 맡은 OOO입니다. 잘 부탁드립니다. 60분간 진행할 예정이므로 O시 O분에 끝내겠습니다.
>
> 누군가를 간병하고 계시다고 들었습니다. 간병하고 있을 때의 상황이나 간병에 대한 고민, 고생담 등을 듣고 서비스 개선 방안을 검토하는 데 활용하고자 합니다. 간병 방법이나 그에 대한 생각은 사람마다 다르다고 생각하며, 열심히 하는 데는 정답이 없습니다. 사적인 내용도 여러 가지 여쭤볼 텐데, 만약 하고 싶지 않은 말이 있으면 '말하고 싶지 않다'라고 기억나지 않으면 '기억나지 않는다'라고 주저하지 말고 말씀해주세요. 솔직하게 말씀하시면 가장 감사하겠습니다.
>
> 저는 오늘 진행을 맡았을 뿐 간병 전문 조사원이 아니며 간병을 하거나 받은 적도 없습니다. 그렇다고 해도 언젠가 경험할 수 있으니 오늘 이야기를 듣고 많이 공부하고 싶습니다. 조금 전

> 에 동의하셨으므로 인터뷰 모습을 녹화·녹음하겠습니다. 다시 말씀드리지만, 이 조사 이외의 목적으로는 이용되지 않습니다. 그 점은 확실히 약속드립니다.
> 한 가지 더 양해해주셨으면 합니다. 녹화 기기를 조작하거나 기록하는 동료가 뒤에서 인터뷰 상황을 같이 보겠습니다. 기본적으로 저와 대화하는 데 집중하시고 뒤편의 일은 잊어주시면 좋겠지만, 뒤에 사람이 있는 환경에 대해 양해해 주시기 바랍니다.
> 시작하기 전에 말씀드리고 싶은 내용은 여기까지입니다. 혹시 궁금하신 질문이나 신경 쓰이는 부분이 있으십니까?

본 주제에 들어가기 전에, 약속된 시간 동안 어떤 일을 할 것인지 사용자에게 알려줍니다. 사용자는 '무엇을 시킬까?', '어떤 것을 물어볼까?' 하며 긴장하고 있습니다. 끝난 후에는 60분이 순식간에 지나간 것처럼 느껴지겠지만 시작하기 전에는 '혼자 60분간 뭘 하지?' 하며 의아해합니다. 긴장을 풀어주기 위해 그 시간 동안 무엇을 할지 대강이라도 알려줍니다.

또 자의적으로 조사에 참여한다고 결정했으므로 하고 싶지 않은 말은 하지 않아도 되고 보여주기 싫은 것은 보여주지 않아도 된다는 것이 원칙입니다. 말하고 싶지 않은데 그렇게 하지 못하고 적당히 얼버무리는 일이야말로 반드시 피해야 합니다. 이런 부탁이나 주의 사항도 전하고 마지막으로 질문이나 우려 사항이 있는지 물어보면서 편안하게 본론으로 들어갈 수 있도록 배려합니다.

❷ 답하기 편하면서도 의미 있는 질문을 서두에 둔다

본인을 확인하는 의미도 있으니 서두에 자기소개를 합니다. 이름이나 나이, 가족 구성이나 직업, 취미나 휴일을 보내는 방법 등을 묻는 것이 대표적입니다. 단, 항상 똑같은 내용으로 하면 안 됩니다.

예전에 재택 간병에 관한 조사의 일환으로 직업이 간호사인 사람에게 가족 구성을 묻자 "그게 관계있어요? 제가 결혼했는지 안 했는지가 필요한 정보입니까?"라며 화를 낸 적이 있습니다. 일에 관한 인터뷰에서 사적인 질문을 받아 거부감을 느낀 것 같습니다. 상관없는 질문이 분위기를 깨뜨린 사례입니다.

조사의 취지나 목표를 근거로 사용자의 사람 됨됨이나 생활 또는 업무 형태를 상상하기 위해 정말 필요한 질문인지 신중하게 생각합시다. 간병이 주제라면 형제자매나 친지와 간병을 분담하고 있다는 이야기가 나올 공산이 큽니다. 동거 가족뿐만 아니라 형제자매나 친척, 출신지까지 물으면 역할 분담에 대해 이야기할 때 도움이 됩니다.

표1

자기소개와 참가 조건 확인 작성법 (질문으로 작성하는 경우)

자기소개	이름을 말씀해주세요.
	같이 사는 가족이 있습니까?
	사는 곳은 어디입니까?
	일을 하고 계십니까?
	어떤 일에 종사하고 계십니까?
	정규직으로 근무하십니까?
	고향이 어디입니까?
	친척이나 형제가 그곳에 계십니까?
	형제자매가 있습니까?
	(형제자매가 있는 경우) 어디에 사십니까?
참가 조건 확인	재택 간병을 하고 있다고 들었습니다만 어느 분을 간병하고 계십니까?
	그분은 연세가 어떻게 되십니까?
	함께 살고 계십니까?
	(따로 사는 경우) 자택에서 얼마나 걸립니까?
	간병이 필요하게 된 첫 번째 계기는 무엇이었습니까?
	몇 년 전이었습니까?
	간병 등에 지원이 필요하다는 점을 인정받았습니까?
	어떤 요양 등급으로 인정받으셨습니까?

표2 자기소개와 참가 조건 확인 작성법 (항목으로 작성하는 경우)	
자기소개	이름과 나이
	동거 가족 구성원과 거주 지역
	직업 유무와 내용
	별거 가족이나 친척과 고향
	어떤 일에 종사하고 계십니까?
참가 조건 확인	환자와의 관계(성별도 확인)
	환자 나이
	환자의 거주 지역과 간병인의 집에서의 거리
	질병 경위
	질병 단계

서두의 소개는 사용자가 먼저 입을 열고 말하기 시작하는 중요한 시점입니다. "자기소개를 해 주세요"라고 해도 사용자는 긴장해서 뭘 말해야 할지 모를 때가 많습니다. [표1]처럼 "성함과 나이를 알려주세요", "가족 구성은요?", "어디에 사시나요?"라고 하나씩 물어볼 질문을 미리 준비합니다. 그리고 모집 설문지의 답변을 확인하는 질문도 합니다. 간병 관련 조사인 경우, 환자에 대해 확인하고 요양 등급을 인정받았는지 등을 점검하는 질문을 이어 합니다.

[표2]와 같이 항목으로 쓰면 글자 수가 적어져 한눈에 들어옵니다. 다만 질문 문항으로 작성하는 편이 모호하지 않고 명확해서 기억하기에 좋습니다. 중재자 부담을 낮추는 것도 가이드의 역할이므로 중재자 입장에서 읽기 쉽고 사용하기 편리한 방법으로 작성합시다.

❸ 주요 부분을 섹션별로 나눠 '가벼운 화제 순'으로 정렬한다

이어서 주요 부분을 다룹니다. 사용자가 과제를 해결하거나 요구사항을 충족하기 위해 사용하는 '물건'에 초점을 맞추고, 그 '이용 현황'을 조사하는 것이 사용자 조사의 핵심입니다. '무엇을 알아내야 이용 현황을 파악했다고 할 수 있을까?'를 자문하며 생각나는 대로 써 내려갑니다. 예를 들어 재택 간병의 실태 파악 후 필요한 서비스나 지원 검토를 목적으로 '간병 서비스'에 초점을 맞춘 조사라면 [표3]과 같은 질문을 합니다.

그리고 [표3]의 질문을 분류해 섹션별로 나눈 것이 [표4]입니다. 여기서 화제의 무게와 흐름을 고려해 순서를 검토합니다. 이 예시에서 '환자가 있는 생활 실태'는 구체적인 생활을 떠올리면서 심정에 대한 이야기도 듣고자 하니 분위기가 조금 무거워질 것 같습니다. '간병 현장에서 필요한 지원이나 서비스'도 평소 품고 있던 불만이나 불안을 토로하거나 환자들의 기분을 짐작해 대변하는 등의 어려운 내용이 될 테니 이 또한 역시 무겁습니다.

표3
'간병에 관한 조사'에서 예상되는 질문

- 어느 시점에 요양 등급을 인정받을 것인가
- 요양 등급에 대한 정보는 어떻게 얻었는가
- 요양 등급을 인정받고 나서 간병 서비스 이용을 검토할 것인가, 서비스를 이용하고 싶어서 요양 등급을 인정받는 것인가
- 어떤 간병 서비스가 있는지 간병인은 파악하고 있는가
- 간병 서비스는 충분히 활용되고 있는가
- 가족이 환자라면 생활은 어떻게 달라지는가
- 환자와 동거하는 경우와 따로 사는 경우에 차이가 있는가
- 환자와의 관계에 따라 차이가 있는가
- 간병인은 어느 시점에 어떤 정보가 필요한가
- 간병인에게 귀중한 정보원은 무엇인가, 어디(누구)에서 정보를 얻는가
- 곤란할 때 상담 상대는 누구인가
- 간병인은 어떤 지원이나 서비스가 필요한가
- 환자는 어떤 지원이나 서비스가 필요한가

표4
질문을 적절한 흐름에 따라 정렬한 상태

요양 등급 인정과 서비스 이용의 관계

· 어느 시점에 요양 등급을 인정받을 것인가
· 요양 등급에 대한 정보는 어떻게 얻었는가
· 요양 등급을 인정받고 나서 간병 서비스 이용을 검토할 것인가, 서비스를 이용하고 싶어서 요양 등급을 인정받는 것인가

간병 서비스의 이용 현황과 서비스 내용에 대한 이해도
· 어떤 간병 서비스가 있는지 간병인은 파악하고 있는가
· 간병 서비스는 충분히 활용되고 있는가

환자가 있는 생활 실태
· 가족이 환자라면 생활은 어떻게 달라지는가
· 환자와 동거하는 경우와 따로 사는 경우에 차이가 있는가
· 환자와의 관계에 따라 차이가 있는가

간병에 필요한 정보와 정보원
· 간병인은 어느 시점에 어떤 정보가 필요한가
· 간병인에게 귀중한 정보원은 무엇인가, 어디(누구)에서 정보를 얻는가
· 곤란할 때 누구와 상담하는가

간병 현장에서 필요한 지원이나 서비스
· 간병인은 어떤 지원이나 서비스가 필요한가
· 환자는 어떤 지원이나 서비스가 필요한가

표5
질문을 적절한 흐름에 따라 정렬한 상태

요양 등급 인정과 서비스 이용의 관계
· 어느 시점에 요양 등급을 인정받을 것인가
· 요양 등급에 대한 정보는 어떻게 얻었는가
· 요양 등급을 인정받고 나서 간병 서비스 이용을 검토할 것인가, 서비스를 이용하고 싶어서 요양 등급을 인정받는 것인가

간병 서비스의 이용 현황과 서비스 내용에 대한 이해도
· 어떤 간병 서비스가 있는지 간병인은 파악하고 있는가
· 간병 서비스는 충분히 활용되고 있는가

간병에 필요한 정보와 정보원
· 간병인은 어느 시점에 어떤 정보가 필요한가
· 간병인에게 귀중한 정보원은 무엇인가? 어디(누구)에서 정보를 얻는가
· 곤란할 때 누구와 상담하는가

환자가 있는 생활 실태

· 가족이 환자라면 생활은 어떻게 달라지는가
· 환자와 동거하는 경우와 따로 사는 경우에 차이가 있는가
· 환자와의 관계에 따라 차이가 있는가

간병 현장에서 필요한 지원이나 서비스

· 간병인은 어떤 지원이나 서비스가 필요한가
· 환자는 어떤 지원이나 서비스가 필요한가

한편 '요양 등급 인정과 서비스 이용의 관계'와 '간병에 필요한 정보와 정보원'에 대해서는 기억해내기 어려울지 모르지만, 과거에 있었던 사실을 말하는 데 중점을 두므로 다른 화제에 비해 가볍다고 할 수 있습니다.

'간병 서비스의 이용 현황과 서비스 내용에 대한 이해도'는 '요양 등급 인정과 서비스 이용의 관계'나 '간병에 필요한 정보와 정보원'에 대해 탐색하면서 대략 파악되리라 생각합니다. 또한 이 섹션을 통해 정보가 부족한 부분을 확인할 수 있으므로 다른 두 섹션 뒤에 배치하는 편이 좋습니다.

이처럼 검토한 결과를 정렬하면 [표5]와 같습니다. 구체적인 질문을 작성하면서 순서를 바꾸기도 합니다. 일단 대략의 틀이 만들어지면 넘어갑시다.

> **섹션 수는 몇 개가 적당할까?**

사용자가 협조하는 시간이 60분이라면 도입부에 10분, 맺음말에 5분을 배정하기 때문에 실제로 주요 부분에 사용 가능한 시간은 45분입니다. 섹션 수가 많아지면 각 섹션에서 사용할 수 있는 시간은 자연스럽게 짧아집니다. 예를 들어 실질적으로 45분간 9개 섹션을 파헤친다면 5분마다 화제를 바꿔야 하기 때문에 마음이 급해집니다.

시간과 대화의 흐름을 신경 쓰면서 사용자의 심층 심리를 깊이 파고들려면 섹션을 3~5개 정도로 좁히는 것이 적절합니다. 이보다 더 많으면 과하니 먼저 사용 가능한 시간을 늘릴 수 있을지 생각해봅시다. 60분을 90분으로 늘리면 계산상으로는 섹션을 더 오래 진행할 수 있습니다. 다만 모집하기 시작한 후에는 시간을 늘리기 어렵습니다.

남은 방법은 섹션을 줄이거나 우선순위를 정하는 것입니다. 우선순위를 매기면 순위가 낮은 섹션은 진행하지도 못하고 끝날 수도 있습니다. 그리고 우선순위를 매기는 경우에는 미리 관계자에게 공유해둡시다.

❹ 섹션별로 질문을 쓴 후 통합하고 조정한다

다음에는 각 섹션에서 사용자에게 던질 '질문'을 작성하고, 행동 관찰의 경우에는 주목할 '행동'을 각각 작성합니다. 각 섹션을 하나의 독립된 조사로 보고 그 목적을 달성하는 데 도움이 될 문제나 아이디어를 생각나는 대로 작성합니다. 이때 핵심은 부족하지 않게 넉넉히 쓰는 것입니다. 섹션별로 사용할 수 있는 시간이 10분이나 15분밖에 없다는 사실도 일단 잊읍시다. 순서는 앞서 소개한 대책 '❸ 주요 부분을 섹션별로 나눠 가벼운 순으로 정렬한다'와 같습니다. 생각해낼 수 있는 질문을 있는 대로 쓴 후 분류하고, 사용자가 이야기하기 쉬운 순서로 정렬합니다.

첫 섹션 '요양 등급 인정과 서비스 이용의 관계'를 예로 들어 직접 해봅시다. 생각나는 대로 질문을 쓴 것이 [표6]입니다. 이들을 분류해 사용자가 떠올리고 말하기 쉬운 순서로 정렬하면 [표7]과 같습니다. 마찬가지로 두 번째 섹션 '간병 서비스의 이용 현황과 서비스 내용에 대한 이해도'에 대해서도 질문을 쓴 후 분류하고 정렬한 것이 바로 [표8]입니다.

표6

'요양 등급 인정과 서비스 이용의 관계' 섹션에서 고려할 수 있는 질문을 생각나는 대로 쓴 상태
요양 등급을 인정받았습니까?
요양 등급을 인정받은 것은 언제쯤이었습니까?
처음 받은 요양 등급은 무엇입니까?
처음 받은 요양 등급에 대해 어떻게 생각하셨나요?
요양 등급은 그 후에도 동일합니까?
요양 등급을 인정받은 데 대해 환자는 어떻게 반응했습니까?
요양 등급 제도에 대해 어떻게 알았습니까?
요양 등급을 인정받으려 한 계기는 무엇입니까?
심사는 어떻게 이뤄졌습니까? 어떻게 생각하셨나요?
공단 조사원에 대해 어떤 인상을 받았습니까?
공단 조사원에게서 어떤 설명을 들었습니까?
공단 조사원과 나눈 대화에서 인상에 남은 것을 알려주세요.
다시 심사받을 예정입니까?
(재심사 예정이 있다면) 왜 재심사받으려고 합니까?

지금 이용하시는 간병 서비스가 있습니까?

그 서비스는 언제, 어떤 계기로 이용하기 시작했습니까?

간병 서비스를 이용하기 시작한 것은 인정받기 전입니까? 후입니까?

인정받고 나서 간병 서비스를 이용하는 방법에 변화가 있었습니까?

표7
'요양 등급 인정과 서비스 이용의 관계' 섹션에서 고려할 수 있는 질문을 분류하고 정렬한 상태

요양 등급 인정 현황 확인

· 요양 등급을 인정받았습니까?
· 요양 등급을 인정받은 것은 언제쯤이었습니까?
· 처음 받은 요양 등급은 무엇입니까?
· 처음 받은 요양 등급에 대해 어떻게 생각하셨나요?
· 요양 등급은 그 후에도 동일합니까?

요양 등급을 인정받은 경위

· 요양 등급 제도에 대해 어떻게 알았습니까?
· 요양 등급을 인정받으려 한 계기는 무엇입니까?
· 요양 등급을 인정받은 데 대해 환자는 어떻게 반응했습니까?

요양 등급 심사 상황

· 심사는 어떻게 이뤄졌습니까? 어떻게 생각하셨나요?
· 공단 조사원에 대해 어떤 인상을 받았습니까?
· 공단 조사원에게서 어떤 설명을 들었습니까?
· 공단 조사원과 나눈 대화에서 인상에 남은 것을 알려주세요.
· 다시 심사받을 예정입니까?
· (재심사 예정이 있다면) 왜 재심사받으려고 합니까?

간병 서비스 이용 현황

· 지금 이용하시는 간병 서비스가 있습니까?
· 그 서비스는 언제, 어떤 계기로 이용하기 시작했습니까?
· 간병 서비스를 이용하기 시작한 것은 인정받기 전입니까? 후입니까?
· 인정받고 나서 간병 서비스를 이용하는 방법에 변화가 있었습니까?

> **표8**
> '간병 서비스 이용 현황과 서비스 내용에 대한 이해도' 섹션에서 고려할 수 있는 질문을 분류하고 정렬한 상태

요양 등급 인정 현황 확인

- 요양 등급을 인정받았습니까?
- 요양 등급을 인정받은 것은 언제쯤이었습니까?
- 처음 받은 요양 등급은 무엇입니까?
- 처음 받은 요양 등급에 대해 어떻게 생각하셨나요?
- 요양 등급은 그 후에도 동일합니까?

간병 서비스 이용 현황

- 요양 등급 제도에 대해 어떻게 알았습니까?
- 요양 등급을 인정받으려 한 계기는 무엇입니까?
- 요양 등급을 인정받은 데 대해 환자는 어떻게 반응했습니까?

요양 등급 심사 상황

- 요양 보험 적용 내에서 현재 이용하고 있는 서비스가 있습니까?
- 이용할 수 있지만 이용하지 않는 서비스가 있습니까? 이유는 무엇인가요?
- 요양 보험이 적용되지 않는 서비스 중 이용하고 있는 것이 있습니까? 이유는 무엇인가요?
- 요양 보험이 적용되지 않는 서비스 중 이용하고 싶은 것이 있습니까? 이유는 무엇인가요?
- 간병 서비스를 이용하는 것에 대해 환자는 어떻게 반응했습니까?

간병 서비스 사업자나 담당자에 대한 인상

- 행정 간병 서비스에 대해 어떻게 생각하십니까?
- 간병 서비스 사업자나 그 직원에 대해 어떤 인상을 가지고 계십니까?
- 가장 먼저 개선되었으면 하는 것을 알려주세요.

가족 돌봄 상황

- 함께 사는 가족에게 도움을 받고 있습니까?
- 함께 살지 않는 가족(형제자매 등)의 도움을 받고 있습니까?
- 전문가에게 부탁할 수 있지만 굳이 가족이 간병한 적이 있습니까? 이유는 무엇인가요?
- 전문가에게 부탁하고 싶은데 해주실 수 없는 일이 있습니까? 이유는 무엇인가요?
- 전문가의 간병과 가족이 직접 하는 간병은 어떻게 구분합니까?

[표7]과 [표8]을 비교하면, ==요양 등급 인정 현황 확인=='이 완전히 중복되므로 뒤의 섹션에서는 이를 생략할 수 있음을 알게 됩니다. 또한 사실 이 절의 [표1] 앞부분과도 몇 가지가 중복되니 반

복되는 질문을 삭제하고 순서를 재검토하면 [표9]가 됩니다. 이건 섹션1에 배치합니다.

그리고 [표7]과 [표8]에서 '간병 서비스 이용 현황'은 화제가 중복되지만 각각 밝히고자 하는 내용이 다릅니다. [표7]의 섹션에서는 인정 여부에 따라 간병 서비스 이용 현황에 변화가 있는지 확인하는 것이 목적이므로, 이 부분을 [표8]의 섹션과 합치면 [표10]이 됩니다.

'간병 서비스는 요양 등급을 인정받기 전부터 시작했습니까?'라는 질문을 그대로 추가할 수도 있지만, 섹션 1에서 요양 등급 인정 현황을 확인하거나 인정받은 경위를 알면 서비스 이용 시작 시기가 인정받기 전인지 후인지는 묻지 않아도 알게 됩니다. 다만 확실하지 않은 경우에는 잊지 않고 확인하기 위해 '※ 인정받기 전인지 후인지 확인할 것'이라고 적어둡니다. 이처럼 질문을 통합하거나 정렬하다 보면 질문에 의도나 목표가 바뀌거나 명확해 보이지 않을 수 있습니다. 기억력을 과신하지 말고 잘 기록해둡시다.

표9
'요양 등급 인정 현황 확인' 관련 질문을 중복하지 않도록 정리

요양 등급 인정 현황 확인

- 언제 처음으로 인정받았습니까?
- 그때의 등급과 달라졌습니까?
- (바뀐 경우) 어떻게 바뀌었는지 알려주세요.
- 요양 등급 인정에 대해 어떻게 생각하십니까?

표10
'간병 서비스 이용 현황' 관련 질문을 중복하지 않도록 정리

간병 서비스 이용 현황

- 요양 보험이 적용되는 서비스 중 현재 이용하고 있는 것이 있습니까?
- 그 서비스는 언제, 어떤 계기로 이용하기 시작했습니까?

(※ 인정받기 전인지 후인지 확인할 것)

- 이용할 수 있지만 이용하지 않는 서비스가 있습니까? 왜 이용하지 않습니까?
- 요양 보험이 적용되지 않는 서비스 중 이용하고 있는 것이 있습니까? 왜 이용합니까?

(※ 인정 여부가 간병 서비스 이용 현황에 어떤 변화를 가져왔는지 확인할 것)

- 간병 서비스를 이용하는 것에 대해 환자는 어떻게 반응했습니까?

상기시킴

❺ 시간이 남으면 묻고 싶은 내용은 마무리 단계에 둔다

마지막으로 정리하면서 물어보고 싶거나 의뢰인이 꼭 물어보라고 부탁한 질문이 있으면 마무리 섹션에 넣습니다. 조사 목적과 직접적인 관계가 없더라도 사용자에게 듣고 싶은 이야기를 이것저것 추가하는 사람은 항상 있습니다. 조사 취지에 따르고 욕심을 부리지 말아야 한다고 아무리 설명해도 받아들이지 못하는 사람을 상대하는 것은 솔직하게 시간 낭비이므로, '시간이 남으면 확인하겠다'라고 하고는 마무리 부분에 적어둡니다. 대개 시간이 남지 않으므로 묻지 못하고 끝납니다만, 그보다는 빠뜨린 내용을 보완하거나, 들었지만 확실히 이해하지 못한 대답을 확인하는 데 나머지 5분을 사용하는 것이 이상적입니다.

그림1
'간병에 대한 조사' 설문 가이드 완성본 (발췌)

조사 목적	
중재자가 먼저 자기를 소개한다	집에서 가까운 가족을 돌보는 간병인과의 면담을 통해 재택 간병의 실태를 파악하고, 행정적으로 제공하는 간병 서비스의 부족한 면을 보완해서 필요한 서비스나 지원을 검토하는 것을 목적으로 한다.
소개 섹션 [10분]	
▼ 취지 설명과 약속한 사항	
중재자가 먼저 자기를 소개한다	오늘 조사에 협조해주셔서 감사합니다. 진행을 맡은 OOO입니다. 잘 부탁드립니다. 60분간 진행할 예정이므로 O시 O분에 끝내겠습니다.
조사 목적이나 시간 활용 방법을 대략 설명한다	누군가를 간병하신다고 들었습니다. 간병하실 때의 모습이나 고민, 고생담 등을 듣고 서비스 개선 방안을 검토하는 데 활용하고자 합니다.
솔직한 의견이나 기분을 듣고 싶다고 전한다	간병 방법이나 그에 대한 생각은 사람마다 다르며 열심히 하는 데는 정답도 오답도 없다고 생각합니다. 사적인 것도 여러 가지 여쭤볼 텐데, 만약 하고 싶지 않은 말이 있으면 '말하고 싶지 않다'라고 기억나지 않으면 '기억나지 않는다'라고 솔직하게 말씀해주세요. 솔직한 마음을 알려주시면 정말 도움이 되겠습니다.
참가자를 스승으로 여기며 자신을 낮춘다	저는 오늘 진행을 맡았을 뿐 간병 전문 조사원이 아니며 간병을 하거나 받은 경험이 없습니다. 그렇다해도 언젠가 간병하게 될 수 있으니 오늘 이야기를 듣고 많이 배우고 싶습니다.

녹화나 녹음에 대해 승낙을 받고 뒤편에 관찰자가 있는 경우엔 그 존재를 알린다		조금 전에 동의하셨으므로 인터뷰 모습을 녹화·녹음하겠습니다. 다시 말씀드리지만 이 조사 이외의 목적으로는 사용되지 않습니다. 그 점은 확실히 약속드립니다.
		한 가지 더 양해해주셨으면 합니다. 녹화 기기를 조작하거나 기록하는 동료가 뒤에서 인터뷰 상황을 같이 보겠습니다. 기본적으로 저와 대화하는 데 집중하시고 신경 쓰지 않으면 좋겠지만, 뒤에 사람이 있는 환경에 대해 양해해 주시기 바랍니다.
걱정이나 질문이 있는지 확인하고 시작한다		시작하기 전에 말씀드리고 싶은 내용은 여기까지입니다. 반대로 질문이나 신경 쓰이는 부분이 있습니까?
		그럼 시작하겠습니다.
▼ 자기소개	1	성함과 나이를 말씀해주세요.
	2	같이 사는 가족은 누구입니까?
	3	사는 곳은 어디입니까?
	4	일을 하고 계십니까?
	5	무슨 일을 하십니까?
	6	풀타임으로 근무하십니까?
	7	고향이 어디입니까?
	8	친척이나 형제가 그곳에 계십니까?
	9	형제자매가 있습니까?
	10	(형제자매가 있는 경우) 어디에 사십니까?
▼ 참가 조건 확인	11	재택 간병을 하고 있다고 들었습니다만 어느 분을 간병하고 계십니까?
질문에 일련번호를 붙인다	12	그분은 연세가 어떻게 되십니까?
	13	함께 살고 계십니까?
	14	(따로 사는 경우) 자택에서 얼마나 걸립니까?
	15	간병이 필요하게 된 첫 번째 계기는 무엇이었습니까?
	16	몇 년 전이었습니까?
	17	요양 등급을 인정받으셨습니까?
	18	요양 등급 혜택 범위는 어디까지입니까?

섹션1: 요양 등급 인정과 서비스 이용의 관계 【10분】		섹션별로 목표 시간을 기재한다
▼ 요양 등급 인정 현황 확인	19	최초로 인정받은 것은 언제쯤이었습니까?
	20	그때의 요양 등급에서 바뀌지 않았습니까?
	21	(바뀐 경우) 어떻게 변했는지 알려주세요.
	22	요양 등급 인정에 대해 어떻게 생각하세요?
▼ 요양 등급을 인정받은 경위	23	요양 등급 제도에 대해 어떻게 알았습니까?
	24	인정받은 계기는 무엇입니까?
	25	요양 등급을 인정받은 데 대해 환자는 어떻게 반응했습니까?
▼ 요양 등급 인정 심사 상황	26	심사는 어떻게 이뤄졌습니까? 어떻게 생각하셨나요?
	27	공단 조사원에 대해 어떤 인상을 받았습니까?
	28	공단 조사원에게서 어떤 설명을 들었습니까?
	29	공단 조사원과 나눈 대화에서 인상에 남은 것을 알려주세요.
	30	다시 심사받을 계획이 있습니까?
	31	(재심사가 예정된 경우) 왜 재심사받으려고 생각하셨습니까?
섹션2: 간병 서비스 이용 현황과 서비스 내용에 대한 이해도 【10분】		
▼ 간병 서비스 이용 현황	32	요양 보험 적용 범위 내에서 현재 이용하고 있는 서비스가 있습니까?
	33	그 서비스는 언제, 어떤 계기로 이용하기 시작했습니까? ※ 인정받기 전과 후를 확인할 것
	34	이용할 수 있지만 이용하지 않는 서비스가 있습니까? 왜 이용하지 않습니까?
	35	요양 보험 적용 범위 외인데 이용하고 있는 서비스가 있습니까? 이유는 무엇입니까?
	36	요양 보험 적용 범위 외의 서비스인데 이용하고 싶은 서비스가 있습니까? 이유는 무엇입니까? ※ 인정 여부가 간병 서비스 이용 현황에 어떤 변화를 가져왔는지 확인할 것
	37	간병 서비스를 이용하는 데 대해 환자는 어떻게 반응했습니까?

▼ 간병 서비스 사업자나 직원에 대한 인상	38	행정 간병 서비스에 대해 어떻게 생각하십니까?
	39	간병 서비스 사업자나 그 직원에 대해 어떤 인상을 갖고 있습니까?
	40	가장 먼저 개선했으면 하는 것을 알려주세요.
▼ 가족에 의한 간병	41	함께 사는 가족의 도움을 받는 경우가 있습니까?
	42	같이 살지 않는 가족(형제자매 등)의 도움을 받은 일이 있습니까? 이유는 무엇입니까?
	43	전문가에게 부탁할 수 있는데 굳이 가족이 간호하는 경우가 있습니까? 이유는 무엇입니까?
	44	전문가에게 부탁하고 싶은데 해주지 않는 경우가 있습니까? 이유는 무엇입니까?
	45	전문가의 간병과 가족이 하는 간병은 어떻게 구분합니까?

- 중략 -

맺음말 【5분】

※ 누락이 없는지 확인한다.

※ 관찰실의 추가 질문을 확인한다.

> 마지막에 관찰실에서 참관하고 있는 담당자들로부터 추가 질문을 받을 예정이라고 적어둔다

※ 사례비를 드리고 마무리한다.

〉질문의 흐름은 '잠정 결정'으로도 충분하다

조사하는 모습을 상상하면서 가이드를 만들다 보면 '이걸 물을까? 아니면 저걸 먼저 할까?', '이 섹션은 아예 뒤로 미루는 편이 자연스러울 것 같네', '이야기가 이런 흐름이면 저 부분을 놓치지 않을까?'하는 끝없는 고민에 빠지게 됩니다.

하지만 어차피 가이드는 한 벌만 준비할 수 있습니다. 생각할 수 있는 흐름을 다 쓸 여유도 없고, 아무리 완벽하게 준비해도 사용자와의 대화가 예상과 다른 방향으로 진행되며 흐름에서 벗어나는 경우도 몇 번이고 생길 수 있습니다. 가이드에 적힌 질문의 흐름은 어디까지나 '잠정 결정'된 것입니다. 잠정적으로 결정이 되면 가이드는 완성됐다고 봅니다.

사용자와 대화하면서 임기응변으로 방향을 잡아가는 인터뷰를 '반구조화 인터뷰'라 합니다. 그리고 확실하게 흐름을 정하고 순서대로 질문하는 것을 '구조화 인터뷰', 반대로 흐름을 전혀 정하지 않고 계획 없이 진행하는 것을 '비구조화 인터뷰'라고 합니다.

필자는 그때그때 형편에 따라 진행하는 비구조화 인터뷰는 한 번도 해본 적이 없습니다. 거기까지 믿고 맡기는 의뢰인은 만난 적이 없고 저도 무서워서 맡을 수 없습니다. 딱딱 맞아떨어지는 구조화 인터뷰도 경험하지 못했습니다. 준비한 질문을 순서대로 하기만 하는 인터뷰라면 조사자가 준비해온 설문을 사용자가 알아서 작성하는 것과 큰 차이가 없으니까요. 차라리 설문으로 전환해 의견을 많이 수집하는 것을 목표로 하는 편이 더 많은 정보를 얻을 수 있습니다.

확실하게 계획을 세워서 예정대로 일을 진행해나가는 습관이 몸에 배어 있을수록 '잠정 결정'된 상태를 받아들이기 어렵고 해야 할 질문이나 인터뷰의 흐름도 결정하고 싶어집니다. 하지만 인터뷰는 '대화'이지 '일문일답'이 아닙니다. 모름지기 대화라면 예정대로 진행되지 않는 것이 당연합니다.

계획에 집착하면 사용자의 이야기를 가로막을 수밖에 없는 상황이 생깁니다. 섣불리 말허리를 잘라버리면 사용자는 입이 무거워지고 대화를 즐기지 못하게 됩니다. 그리고 각색이나 속임수가 늘어납니다. 혹은 말이 길어지는 것을 피하고자 말을 끊고 묻는 말에 간단하게 대답하는 것을 은연중에 목표로 하게 됩니다.

그러다 점점 '일문일답'에 가까워져서 깊은 이야기는 전혀 듣지 못하고 끝나버립니다. 즉 깊은 대화를 하고 싶다면 예정된 흐름을 따라가지 말고 사용자와 둘이서 흐름을 함께 만들어가야 합니다. 인터뷰가 끝날 때가 돼서야 흐름이 완성되며, 준비 단계에서는 '잠정 결정'까지만 내려도 충분합니다.

조사 가이드 만들기 세 번째

22. "무엇을 원하시나요?"라고 물어도 성실하게 답하지 않는다

혹자는 "어떤 기능을 원하십니까?", "지금 원하는 서비스는 무엇입니까?"라고 사용자에게 단도직입적으로 묻고 불만스러운 부분을 개선하는 것이 확실한 해결책을 찾는 지름길이라고 생각합니다. 하지만 사용자는 대체로 예측 가능하며 일반적인 반응을 합니다. 스마트폰 앱같이 UI(사용자 인터페이스)가 있는 상품은 '색을 바꿔야 한다'라는 지적이 50%, '문구나 아이콘 등의 의미를 이해하기 어렵다'라는 지적이 20%, 레이아웃과 내비게이션에 대한 이야기가 10%를 차지합니다. 나머지 10%에 "그렇군요"라며 감탄하게끔 하는 지적이 있으면 감지덕지합니다. 즉, 타율이 높지 않습니다.

게다가 UI에 대한 지적만 주로 합니다. 이건 어쩔 수 없습니다. 사용자는 눈앞에 있는 UI의 배후에 있는 콘셉트나 다른 서비스와의 연동, 더 먼 미래까지 내다본 획기적인 기능을 그 자리에서 번쩍 떠올릴 수는 없으니까요. 서비스도 비슷합니다. 어디서 들어본 서비스가 나오면 '좀 더 싸면 좋겠다'라는 요청이 90%나 됩니다.

이 정도 상황을 알고 있지만, 사용자에게 직접 요구사항을 묻는 (어처구니없는)질문을 해야 하는 (정치적)사정이 있을 때는 다음 전략으로 진행합니다.

❶ 평소 불만이 드러난 요구사항을 파악한다

사용자가 척척 쉽게 하는 답변을 그대로 받아들이는 것은 확실히 무의미할 수 있지만, '어떤 요구사항을 드러냈는지'는 유용한 정보가 됩니다. 예를 들어 "항상 이걸 사용하면서 시간이 많이 든다는 생각이 들거나 짜증이 나나요?"처럼 개선의 필요를 어느 정도 느끼는지 묻는 것도 한 방법입니다. 그때도 "어떻게 하면 좋겠습니까?"라고 개선 방안을 묻는 것이 아니라, 어디가 불만과 분노 같은 감정의 도화선인지 묻는 것이 핵심입니다. 평소에 불만을 느끼는 사용자라면 술술 이야기할 수 있습니다.

분노의 감정에 초점을 맞춰도 아무것도 나오지 않을 때는 "이렇게 바뀌면 지금보다 편해질 것 같아요?"처럼 묻는 방법을 바꿔봅니다. 이는 '편해진다', '좋다', '깔끔하다' 등 긍정적 방향으로 감정을 움직이는 계기가 무엇인지 살피기 위한 질문입니다. 어떤 경우든 집요하게 물으면 각색하거나 꾸며내게 됩니다. 조용히 경청하고 사용자 뇌리에 퍼뜩 떠오르는 내용이 있으면 이야기하도록 유도하는 정도에 그칩니다.

❷ 사용자 뇌리에 (도라에몽 힘을 빌려) 엉뚱한 생각을 떠올리게 한다

앞서 말한 것처럼 사용자에게 미래에 필요한 요구사항을 물어도 사용자가 마땅한 대답을 들려줄 가능성은 매우 낮습니다. 그런데도 "무슨 일이 있어도 물어봐 달라"라는 부탁을 거절할 수 없는 경우, 저는 항상 도라에몽[7]의 힘을 빌립니다.

"당신의 고민이나 불만을 해결해줄 비밀 도구를 도라에몽이 4차원 주머니에서 꺼낸다면 어떤 것이 나올 것 같습니까?"

이런 느낌으로 대화를 나누면 뜻밖에 분위기가 고양됩니다. "어떻게 해야 할지 당신의 아이디어를 들려주세요"라고 정색하고 물으면 대부분은 "이렇게 엉뚱한 아이디어를 말하긴 부끄럽다"라거나 "이런 말을 안 해도 이미 생각했을 것 같다", "지금의 기술로는 실현 불가능하다"라는 식으로 모처럼 떠오른 아이디어가 있어도 이유를 말하지 않고 적당히 넘어가려 합니다. '매우 좋은 아이디어군요!' 하는 표정을 지었는데도 "아니요. 아무것도 아니에요"라며 고개를 숙이고 마는 사용자를 자주 봤습니다.

그런데 도라에몽의 힘을 빌리면 신기하게도 모두 말하게 됩니다. 그 주머니 안에서는 터무니없는 어떤 것이라도 나올 수 있다고 생각하거나, 자기 아이디어가 아니라 도라에몽이 나오는 만화 속 이야기가 되니 가능한 것 같습니다.

---

7. 역주: 일본의 SF 만화 캐릭터로, 주머니에서 신비하고 재미있는 도구를 꺼내 다양한 사건을 해결한다.

배후의 준비 첫 번째

23. 시간표가 함정투성이

가이드가 완성되고 모집도 완료되어 이젠 당일을 기다리기만 하면 되는 시점에 어떤 의뢰인이 보낸 시간표가 [그림1]입니다. '아, 마지막 날은 세션이 연속 네 개라서 힘들겠어'라든가 '파일럿 세션을 하는 건 처음인데', '제2일 저녁의 비는 시간이 거슬리네' 등등 여러 생각을 했지만, 얼마 지나지 않아 이 시간표에 함정이 두 개 있음을 깨달았습니다.

첫째 함정은 제3일과 제4일 일정 사이에 하루 여유가 있는 것입니다. 5월 28일은 의뢰인의 회사에 사내 행사가 있어서 아무도 견학을 올 수 없기 때문에 애초부터 인터뷰 일정을 잡지 않기로 정해져 있었다고 합니다. 저는 사내 행사에 대해 몰라서 하마터면 5월 28일에도 회사에 갈 뻔했습니다.

그리고 세션6입니다. 언뜻 보면 이 세션만 시간이 두 배로 길어 보입니다. 사실 한 세션만 그룹 인터뷰로 진행해 시간을 길게 잡는 일이 흔하기 때문에 처음에는 그런 줄 알았습니다.

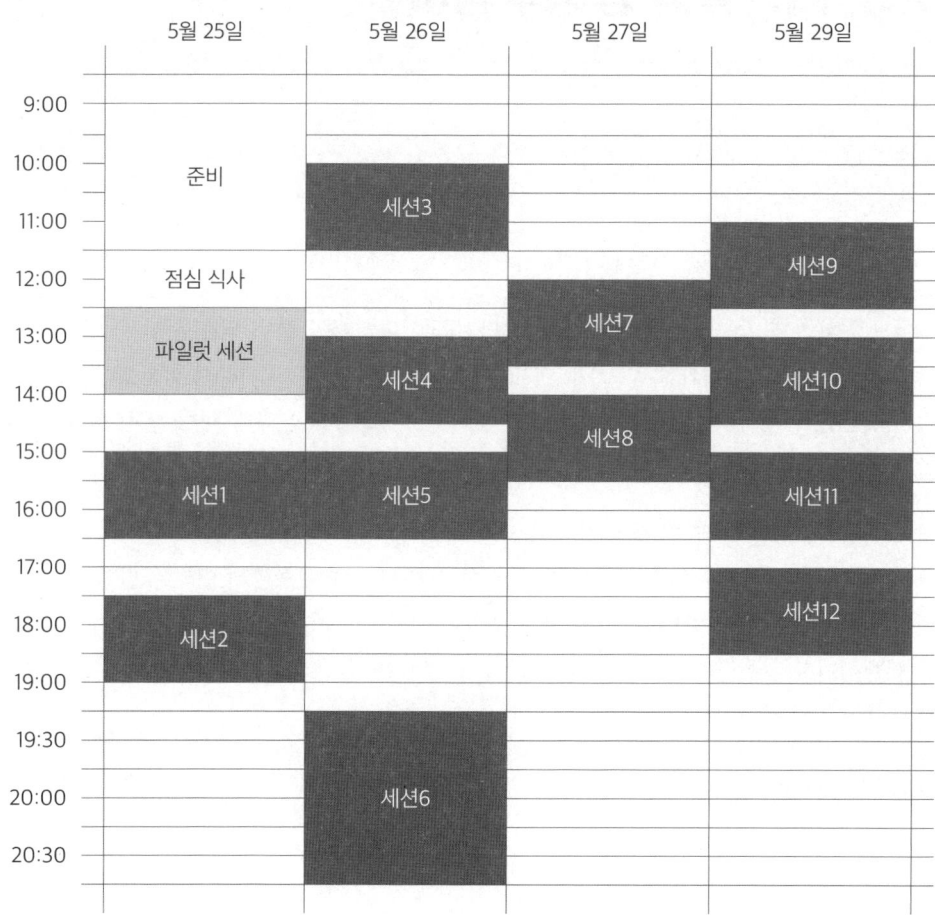

하지만 자세히 보니 19시까지는 눈금이 30분 단위인데 19시 이후부터는 15분 단위로 돼 있습니다! 19:00는 좀 무리지만 19:15이면 갈 수 있다는 사용자가 있어서 19:15에 시작하기로 했다고 합니다. 하지만 눈금을 전부 15분 단위로 변경하기는 귀찮아서 19시 이후의 눈금만 변경했다는 이야기를 듣고 이해가 되긴 했지만 이런 상태는 헷갈리기에 십상입니다.

시간표는 만들기만 하면 되는 게 아닙니다. 시간표는 관계자가 반드시 현장에서 참고하는 매우 중요한 문서입니다. 즉 시간표를 잘못 읽지 않도록 배려하는 것이 중요합니다. 작은 소홀함으로 큰 문제가 생기지 않도록 하는 비결을 소개합니다.

❶ 날짜와 요일은 언제나 한 쌍!

잘못해서 지난달 달력이나 지난해 달력을 봤다든가 깜빡 실수해서 약속 날짜를 하루 틀리게 잡은 경험은 누구나 있을 것입니다. (아닌가요?) 거기에 요일 정보가 추가된다면 이중으로 확인할 수 있습니다. [그림1]의 시간표에도 요일이 써 있다면 하루를 건너뛴다는 사실을 알아보기 쉬울 것입니다.

❷ 인터뷰가 없는 날을 생략하지 않는다

연속 7일이라면 중간에 쉬는 날을 하루 넣기도 합니다. 하지만 4일 정도면 연이어 척척 인터뷰를 끝낼 수 있다는 선입견이 있음을 부인할 수 없습니다. 그렇다고 해도 바로 전날까지 눈치채지 못해 정말 위험천만했습니다.

인간은 인지할 때 머릿속에 있는 기존 지식이나 기대에 근거하는 '하향식(top down) 처리'와 외부의 자극을 받는 '상향식(bottom up) 처리'가 상호 작용하며 서로 영향을 미칩니다. '날짜가 연달아 붙어 있다'라는 기존 지식이나 '4일간 조사인데 쉬는 날이 있을 리 없다'라는 생각에 따른 하향식 처리가 상향식 처리를 이긴 결과, 날짜를 보고 5월 28일이 빠졌다는 사실을 알아채지 못한 것입니다.

이런 이유로 비록 인터뷰가 없는 날이라도 만국 공통의 달력 날짜대로 정렬해서 누구나 착오 없이 읽을 수 있도록 [그림2]와 같이 재치 있는 시간표를 만듭시다.

❸ 시간 눈금은 일정 간격으로 한다

한 그래프나 차트에서 눈금 간격이 다른 이변이 있을 리 없다는 고정관념이 있으니, 이것도 하향식 처리가 이긴 예입니다. 도대체 중간부터 눈금 간격이 바뀌다니, 제대로 읽히지 않길 바랄 때의 꼼수이지 않습니까? 데이터를 다루는 조사에서 해서는 안 되는 일입니다.

그림2

착오 없이 읽도록 만든 시간표

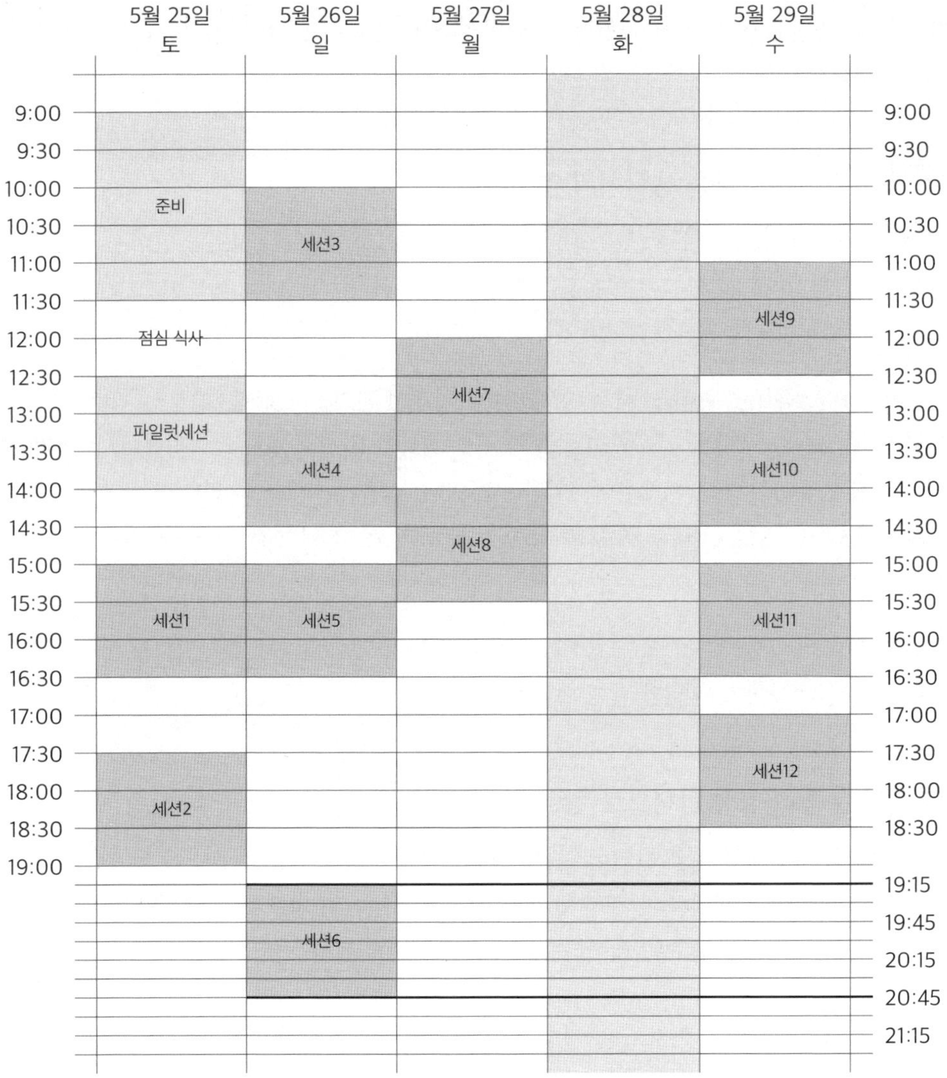
5월 25일 토
5월 26일 일
5월 27일 월
5월 28일 화
5월 29일 수
9:00
9:30
10:00
10:30
11:00
11:30
12:00
12:30
13:00
13:30
14:00
14:30
15:00
15:30
16:00
16:30
17:00
17:30
18:00
18:30
19:00
19:15
19:45
20:15
20:45
21:15
준비
점심 식사
파일럿세션
세션1
세션2
세션3
세션4
세션5
세션6
세션7
세션8
세션9
세션10
세션11
세션12

배후의 준비 두 번째

24. 사용자를 알아보지 못해서 관찰실의 존재를 들켰다

행사장에 나타난 사람이 사용자 본인임을 어떻게 확인할까요? 애초에 본인인지 확인할 필요가 있을까요? 고작 사례비 몇 천엔을 받을 목적으로 위장해 숨어드는 사람이 있을 리 없으니 신경 쓸 필요가 없을지도 모릅니다. 만나자마자 신분증부터 요구하면 처음부터 상대를 의심하는 것 같아 마음이 불편합니다.

하지만 본인 확인을 소홀히 해서 제 인생에 보기 드문 끔찍한 실수를 저지른 적이 있습니다. 약속 시간이 지나도 사용자가 나타나지 않아 모집 담당자가 전화를 걸었는데, 뒤쪽에 있는 관찰실에서 휴대전화가 울렸습니다. 그 자리에 있던 모든 사람이 '설마…' 했지만 정말 그 사람이었습니다. 관찰실에서 참관하는 모습을 지켜보고 있다는 사실을 확실히 알아버린 사용자를 인터뷰하는 괴로움을 상상이나 할 수 있겠습니까?

이런 비극 없이 사용자에게 실례를 범하지 않도록 본인 확인하는 안전한 방법 세 가지를 소개합니다.

❶ 사용자 목록을 준비한다

구인 회사에 사용자 모집을 의뢰한 경우에는 설문지 답변을 정리한 내용을 받습니다. 그 내용을 훑어보기 쉽고 읽기 쉬운 형태로 정리한 것이 [그림1]의 '사용자 목록'입니다. 이 명단은 당일에 사용자 신상을 파악한 후 조사에 임하기 위해 작성합니다. 다만 사용자 목록은 관찰실에서 참관하는 담당자들과도 공유하므로 사용자 이름은 적지 않습니다. 개인정보가 유출될 위험을 최소화하기 위해서입니다.

❷ 입실하기 전에 반드시 이름을 확인한다

접수처에서 이름을 확인하기 위해서는 ❶의 사용자 목록 중 사용자 이름만 기재한 문서를 따로 준비해 접수 담당자가 관리합니다. '사외 반출 금지', '복사 불가'를 표시하고 취급 시 주의합시다.

실수를 방지하려는 차원에서 접수처에서 신분증 제시를 요구하는 것도 한 방법입니다. 하지만 참관하러 온 의뢰인 측 사람이 잘못해서 신분증 대신 사원증을 내밀었고, 공교롭게도 마침 뒤에 있던 사용자가 그걸 보게 되는 상황이 결코 일어나지 않는다고 보장하지 못합니다. 이름을 듣고 사용자 목록과 대조하는 편이 안전하고 확실합니다.

그림1
'독서에 관한 조사' 설문 결과를 표로 정리한 사용자 목록 (발췌)

	참가자 번호	P1	P2	P3
	일시	4월 26일(금) 10:00 - 11:30	4월 26일(금) 13:00 - 14:30	4월 26일(금) 15:00 - 16:30
	성별	남자	여자	여자
	나이	44	25	35
동거 가족	배우자 (남편 또는 아내)	●	-	●
	자녀	-	-	●
	본인이나 배우자의 부모	-	-	-
	본인이나 배우자의 조부모	-	-	-
	친척	-	-	-
	독신	-	●	-
	기타	-	-	강아지
직업	취업유형	회사원	회사원	전업주부
	업계	전자기기 제조	보험	-
	업종	영업	영업사무	-
독서	좋음 / 싫음	좋아하는 편	좋아함	좋아함
	독서 빈도	거의 매일	매일	매일

최근 구입한 책	제목	세계의 비즈니스 리더가 예술에서 배우는 것	잔물결	육아에 대한 짜증이 싹 사라지다
	저자	닐 힌디	키사라 이즈미	오오타 쿄코
	가격	¥918	¥1,512	¥1,296
	구입 장소	역내 서점	Amazon	근처 서점
	형태(종이책/전자책)	전자책	종이	종이
	구입일	3월 30일경	4월 20일	4월 11일
독서 카테고리	만화	-	4월 20일	-
	라이트 노벨	-	●	-
	소설·문예	-	●	●
	비즈니스	●	-	-
	과학·기술	●	-	-
	취미·실용	●	●	●
	잡지	-	-	-
	사진집	-	-	-
	기타	-	-	그림책·아동도서
읽은 책의 형태	종이책	●	●	●
	전자책	●	-	-
전자책 전용 단말기	스마트폰	-	-	-
	전자책 리더	-	-	-
	태블릿	●	-	-
	데스크톱 컴퓨터	-	-	-
	노트북 컴퓨터	-	-	-
	기타			
위의 단말기 지참 여부	지참 가능	●	-	-

드문 일이지만, 우연히 지나가던 사람이 'OO 조사에 참여하러 오신 분은 건물 6층으로 와주세요'라고 적힌 안내문을 보고 "참여하러 왔습니다"하며 찾아온 일이 있습니다. 그때는 약속한 사용자와 성별이 달랐기 때문에 곧바로 눈치채고 대처했지만, 동성이거나 연령대가 비슷하다면 자칫 안으로 들여보내는 실수를 할지 모릅니다. 철저히 이름을 확인하는 규칙을 세우면 방지할 수 있는 사고입니다.

❸ 조사를 시작할 때 이름을 확인한다

접수처를 통과한 경우를 대비한 마지막 방어책입니다. 그저 시작할 때 사용자가 자기소개를 하도록 하면 됩니다. 「21. 너무 일찍 무거운 질문을 해서 분위기가 흐트러진다」의 대책 ❷에서 소개한 대로, 모집할 때 들은 설문 응답을 확인하는 질문도 몇 개 넣어둡니다. 혹 엉뚱한 사람이 왔다면 뭔가 위화감을 느낄 것입니다. 일단 멈추고 약속한 사용자가 맞는지 확인하세요.

> **칼럼**
>
> **〉사용자 식별 번호**
>
> 사람에게 번호를 매기는 것은 결례이지만 데이터를 쉽게 관리하고 공유하기 위해서는 불가피한 일입니다. '1', '2' … 같은 번호로도 충분하지만 다른 의미로 쓰이는 숫자와 혼동하지 않도록 접두사를 붙이는 것이 일반적입니다. 참가자를 의미하는 'Participant'의 첫 글자를 따서 'P1', 'P2' …로 하는 경우가 가장 많습니다. 또 피험자나 피검체를 의미하는 'Subject(s)'에서 가져온 'S1'이나 'Ss1' 같은 기호를 사용하기도 하지만, 의미가 좋지 않아서 'Participant'나 'Respondent'를 사용하는 경우가 많아졌습니다. 제보자라는 의미로 'Informant'란 표현을 쓰기도 하는데, 앞 글자 'i'를 숫자 '1'과 구분하기 어려워 혼동의 원인이 되므로 피하는 것이 좋습니다.
>
> 정해진 규칙은 아니므로 자신이 사용하기 쉬운 기호를 사용하면 됩니다. 관계자 모두가 같은 기호를 사용하는 것이 중요합니다. [그림1]과 같이 사용자 목록에 기재하면 간단하게 규칙을 주지시킬 수 있습니다.

배후의 준비 세 번째

25. 참관자가 방해한다

모처럼 실시하는 사용자 조사이므로, 많은 관계자가 참관하도록 사전 교섭을 하는 것도 중요한 준비 과정 중 하나입니다. 하지만 열심히 호소한 덕에 기꺼이 응해준 참관자가 조사 당일에 걸림돌이 되는 일도 적지 않습니다. 예를 들어 지각하는 것입니다. 사용자가 약속 시간보다 훨씬 일찍 도착한 것을 알고 의뢰인이 이런 말을 한 적이 있습니다.

"아무리 그래도 너무 빨리 왔어. 우리 쪽 인원이 다 모일 때까지 기다리게 둬"

사용자에 대한 예의가 느껴지지 않는 무례한 말입니다. 한참 기다린 사용자가 "벌써 시간이 지났는데 아직 더 기다려야 해요?", "예정 시간에 끝내실 수 있겠어요?"라고 핀잔을 준 적도 있습니다. 누구나 기다리는 것을 싫어하고 무시당하는 것 같아서 불쾌해합니다. 그렇게 사용자의 기분을 상하게 하면 어서 끝내고 돌아가고 싶은 마음이 강해져 적극적으로 조사에 참가하지 않게 됩니다. 즉 조사의 질이 떨어집니다.

조사를 성공적으로 하려면 참관하러 오는 사람들도 다음과 같은 규칙과 예절을 지켜야 합니다.

❶ 사명을 밝히지 않고 이름을 말해달라고 사전에 부탁한다

의뢰인에게 부탁해서 누가 어떤 세션을 참관하러 올지 미리 알려달라고 합니다. 그리고 접수할 때 절대로 회사 이름을 밝히지 않고 이름만 말하도록 사전에 주의를 줍니다. 참관자의 사명을 확인하면 더 간단하리라 생각할지 모릅니다. "조사하러 오신 분입니까?"처럼 돌려 묻지 않고 "○○ 주식회사의 직원이십니까?"라고 직설적으로 물으면 분명 빠르게 진행할 수 있습니다. 하지만 참관자와 사용자가 실제로 마주칠 가능성이 많으므로 접수처에서 사명을 묻지도 말하지도 않는 것이 철칙입니다.

조사 의뢰인인 기업이나 단체가 누구인지 알게 되면 사용자 반응은 왜곡됩니다. 듣는 사람을 기쁘게 해주려고 그 기업이나 단체를 필요 이상으로 옹호하는 발언이 많아지거나, 반대로 별로 좋아하지 않는 회사일 때는 부정적 의견이 강해지기도 합니다. 이에 따라 상품과 서비스가 아니라 회사에 대한 마음이 앞서 끊임없이 불평하거나 헐뜯기도 합니다. 어느 쪽이든 바람직하지 않습니다. 의뢰인이 실수하지 않도록 주지시킵니다.

❷ 대기실을 마련해 지각하는 사람을 지원한다

사용자에게는 "늦으면 참여하실 수 없습니다"라고 엄격하게 주의 사항을 전달했는데, 의뢰인 측에서 아랑곳하지 않고 지각하면 곤란합니다. 약속 시간이 지났는데도 '관찰실에 참관자가 다 오지 않아서'란 이유로 늦게 시작하는 일은 없어야 합니다.

하지만 의뢰인에게 강하게 말하기는 어렵고 아무리 당부해도 늦게 오는 사람은 있기 마련입니다. 바쁜 사람들이 많이 참관하러 오거나 조사 중에도 사람들이 관찰실을 자주 드나들리라 예상된다면, 대기실이나 자사 회의실에서 별도로 참관할 수 있는 환경을 조성하는 방법을 검토합니다.

창문 너머로 사용자 모습을 보면서 그들의 발언이나 행동을 관찰해 얻는 가치는 큽니다. 하지만 카메라 여러 대로 방 안의 모습을 실시간으로 별도의 장소에서 볼 수 있는 기술과 환경은 이미 충분히 갖춰져 있습니다. 여러 상사와 동료가 사용자 목소리를 듣고 싶어 하면 이 방법을 시도해보세요.

그런데 "나중에 녹화본을 보면 되지"라든가 "그렇다면 각자 PC에서 볼 수 있게 해줘"라고 말하는 사람이 꼭 있습니다. 그래도 나중에 '녹화본을 보거나', '혼자 보지는' 않을 것입니다. 보려면 장소를 정해서 함께 실시간으로 보거나 '상영회' 형식으로 나중에 다시 자리를 마련하는 편이 좋습니다.

❸ 관찰실 외 장소에서도 방심하지 않도록 철저히 주의한다

접수가 무사히 끝났다고 해서 방심하는 것은 금물입니다. 예를 들어 복도에서 업무에 대한 통화를 하는 중에 "○○ 주식회사의 아무개입니다. 항상 감사드립니다"라고 말하는데 이를 우연히 화장실에 가던 사용자가 들을 수 있습니다. 엘리베이터를 사용자와 함께 탈 가능성도 있습니다. 사용자가 퇴실한 후 충분한 시차를 뒀음에도 화장실에 들르거나 통화를 하다가 사용자와 엘리베이터에서 마주친 일도 적지 않습니다.

인터뷰를 관찰한 후 돌아가는 길에 듣거나 본 내용을 선명히 기억할 때 동료들과 함께 되돌아보고 싶을 수 있습니다. 하지만 적어도 건물에서 나오기 전까지는 참으세요. 인간의 뇌는 자신과 관련되거나 흥미 있는 주제는 소음 속에서도 잘 알아듣습니다. '칵테일파티 효과'[8]나 '음성의 선택적 청취' 기능 때문입니다. 조사하면서 들은 내용이나 자신이 말한 내용을 밖으로 나와 주고받는 두 사람의 목소리를 사용자가 들을 가능성을 잊어서는 안 됩니다.

> **외국인과 함께 집을 방문할 때는 조심하자**
>
> 유럽과 미국 기업의 의뢰로 방문 조사를 지원한 적이 있습니다. 생활 습관이나 문화의 차이를 최대한 알리려면 인터뷰실보다 사용자의 생활 환경에서 이야기를 듣는 것이 현명하지만, 외국인을 동반하기는 상당히 힘듭니다. 관련된 에피소드가 매우 많습니다.
>
> 조사가 끝나면 곧장 귀국행 비행기를 타려고 방문지까지 캐리어를 끌고 온 데다가 맨발에 샌들을 신고 헐렁한 운동복은 비에 흠뻑 젖었습니다. 일본 가정집에서는 신발을 벗는 줄 알면서도, 롱부츠를 신고 온 여성과 끈을 풀어야 벗을 수 있는 운동화를 신고 온 남성이 좁은 현관에서 겨우 신발을 벗는 모습을 보며 외국인 동반은 힘들다는 사실을 깨달았습니다.
>
> 집안에서도 거리낌 없이 캐리어를 끌고 다니고 화장실 바닥에 내려놓아서 지저분해진 배낭을 식탁 위에 올려놓기도 했습니다. 사람이 많은 전철을 이용할 것이니 짐을 적게 가져오라고 했는데 "일본에서 한정 발매된 운동화를 봤다"라며 도중에 물건을 사거나 잠깐 한눈을 파는 사이 스타벅스에 들러 테이크아웃 커피를 그대로 들고 방문지에 가려 하거나 스마트폰 충전을 시작하는 사람들이 있어서 조사를 시작도 하기 전에 이미 녹초가 됐습니다.
>
> 참관하러 오는 사람들에게 철저히 규칙이나 예절을 지키도록 안내하는 것처럼, 외국인과 함께 방문 조사를 할 때는 특히 사전 강의를 반드시 해야 합니다.

---

8. 역주: 파티 참석자들이 주변에 시끄러운 소리가 발생하는 장소에 있음에도 상대방 이야기를 선택적으로 집중해서 잘 알아듣는 현상

배후의 준비 네 번째

26. 높은 분 때문에 일을 그르칠 뻔하다

실전에서 좋은 결과를 얻으려면 연습을 반복하는 것이 중요하듯, 사용자 조사도 마찬가지입니다. 실전에 앞서 '파일럿 세션' ['런스루']⁹, '드라이런'¹⁰, 예비 세션, 리허설 등 다양하게 불리지만 이 책에서는 '파일럿 세션' 또는 '파일럿'이라 칭합니다)을 으레 실시하지 못하는 것이 현실입니다.

본 행사 당일 첫 번째 세션을 견학한 의뢰인 중 한 고위 인사가 말투 같은 소소한 것부터 조사 목적 같은 중차대한 것까지 여러 가지를 언급해서 까딱하면 조사를 처음부터 다시 할 뻔한 일이 있습니다. 이후 파일럿 세션은 반드시 실시합니다. 그리고 이왕 하는 김에 능률적이고 효과적인 파일럿을 하고 싶습니다. 이를 위한 대책은 다음과 같습니다.

❶ 파일럿에 앞서 브리핑을 한다

의뢰인도 동석해 파일럿을 할 때는 어떤 목적을 달성하기 위해 어떤 의도로 어떤 질문을 던질지, 행동 관찰의 경우 사용자의 어떤 행동에 주목하고 그 행동이 일어나는 환경이나 맥락 중 어느 부분을 확인할지 가이드를 기반으로 설명하는 '브리핑' 시간을 반드시 가집니다.

"읽어보면 알겠지"하며 대충 훑어본 후 가이드만 건네주고 갑자기 파일럿을 하면 뜻대로 안 되고 우물쭈물하게 되므로 전체 틀에 대해 의문을 가질 수 있습니다.

---

9. 역주: run-through, 처음부터 끝까지 끊지 않고 하는 연습), '드라이런'[역주: dry run, 군대에서 실탄을 사용하지 않는 전투 연습에서 유래해 시험 삼아 진행하는 모의 테스트
10. 역주: dry run, 군대에서 실탄을 사용하지 않는 전투 연습에서 유래해 시험 삼아 진행하는 모의 테스트

❷ 파일럿과 본 행사의 첫 세션 사이에 시간차를 둔다

파일럿 세션을 실시하는 것은 실전을 수행할 준비가 됐는지 확인하기 위함입니다. 가이드를 따라 하나하나 해보고 조사 목적을 달성하기 위해 필요한 조사 설계가 충분히 됐는지 다음 사항을 확인합니다.

- 각 질문이 이해하기 쉽게 표현됐는가
- 질문의 흐름이 사용자의 사고에 의존하는가
- 사용자가 접하는 상품이나 서비스(혹은 프로토타입)가 문제없이 작동하는가
- 예상 시간이 타당한가
- 조사 목적을 달성할 수 있는가

파일럿은 본 행사를 위해 데이터를 모을 생각으로 진행하지만, 조사 설계에 대해 확인하는 것이 가장 중요합니다. 결과에 따라 가이드를 상당량 수정할 수 있으므로 반영할 시간을 예상해야 합니다. 본 행사 당일이 아니라 전날 파일럿을 할 수 있다면 더욱 안심되겠지만 그렇지 않더라도 파일럿과 본 행사의 첫 세션 사이에 시간을 길게 잡아두면 됩니다.

❸ 동료를 대상으로 파일럿을 한다

파일럿 세션에는 여러 단계가 있습니다. 시간 여유가 있는 사내 직원을 대상으로 대충 진행해보는 단계부터 사용자를 한 명 더 모집하고 본 행사를 실시하는 것처럼 시연해보는 단계까지 있습니다. 후자라면 모집하는 단계에서 인원수를 고려해야 하고 비용도 예산에 포함해야 합니다. 전자라면 본 행사 직전에 간략한 형태로 어떻게든 할 수 있습니다.

파일럿을 본 행사 수준으로 실시하면 틀림없이 많은 문제를 찾게 되어 효과적입니다. 하지만 임시 파일럿 수준이라도 아예 하지 않는 것보다는 하는 편이 유익합니다. 아는 동료가 대상이었지만 한번 해봤기 때문에 깨달은 바가 있습니다. 동료 역시 마음 편하게 말할 수 있는 상대이므로 질문의 뜻을 알기 어렵다거나 대답하기 어려운 질문이고 내용이 건너뛰어 당황스럽다는 식으로 솔직하게 말할 수 있습니다.

❹ 파일럿 위상을 정한다

본 행사 첫 세션을 파일럿으로 간주하기도 합니다. "첫 번째 사람은 연습이라 생각하고 편하게 하세요"라고 의뢰인이 말하면 마음의 부담이 줄어듭니다. 그렇다고 정말 마음 편하게 해서

첫 번째 지원자의 데이터가 거의 무용지물이면 곤란합니다. 파일럿 세션 예산을 책정하지 못했기 때문에 첫 세션을 파일럿으로 하기로 내부적으로 정했다고 해도 비용을 지급하는 쪽에서 보면 똑같은 본 행사입니다. 유용한 데이터를 얻기를 기대합니다.

반대로 본 행사와 별도로 마련한 파일럿 세션 데이터도 분석에 포함된다고 생각하는 의뢰인이 있습니다. 모처럼 얻은 데이터이고 가능하다면 전부 사용하고 싶은 마음도 이해하지만, 데이터가 많아지면 분석이나 보고서 작성에 걸리는 시간도 늘어나므로 이때도 역시 비용 문제가 생깁니다.

그래서 ==사전에 파일럿 세션의 위상을 확실히 정해두지 않으면 나중에 분쟁이 일어나게 됩니다.== 마찰이 생기지 않도록 다음의 세 선택지 중 어느 쪽으로 할지 빠르게 논의합시다.

- 파일럿은 … 실전과 다른 형식으로 한다 / 본 행사의 첫 세션에 한다
- 파일럿 사용자는 … 본 행사와 동일하게 모집한다 / 동료 등 가까운 사람으로 대체한다
- 파일럿에서 얻은 데이터는 … 분석 대상으로 한다 / 분석 대상에서 제외한다

배후의 준비 다섯 번째

27. 동의서 서명을 받지 못해 설명하는 데 시간을 낭비한다

조사에 협조할 사용자에게는 먼저 [그림1]과 같은 '동의서'에 서명을 받는 것이 일반적입니다. 대부분 대충 훑어보고 바로 서명해주지만 예외도 있습니다.

"이거, 뭘 말하고 싶은지 모르겠어요. 뭐에 동의하라는 건지도 모르겠으니까 서명하고 싶지 않아요"

그런 말을 듣고 식은땀이 주르륵 흐른 적이 있습니다. 결국 마지못해 서명해줘서 어떻게든 인터뷰를 할 수 있었지만, 설득하는 데 시간을 고스란히 반납했고 이에 따라 인터뷰할 시간이 많이 줄었습니다.

그림1

사용자 '동의서' 견본

'OOOOO에 관한 인터뷰 조사'에 협조 부탁드립니다.

주식회사 XYZ가 실시하는 'OOOOO에 관한 인터뷰 조사'에 협조해주셔서 감사합니다.
조사에 앞서 다음과 같이 동의하시는 분은 서명을 부탁드립니다.

1. 인터뷰 시간은 60분으로 예정돼 있습니다. 원하시는 대로 인터뷰에 협조해주십시오.
2. 인터뷰 모습은 관계자가 별실에서 관찰합니다.
3. 인터뷰 내용을 추후 분석할 목적으로 '음성 녹음·비디오(영상) 녹화'를 합니다. 기록된 '음성' 및 '영상'은 본 조사의 관계자가 열람하지만 그 이외 용도로 게시·이용하지 않습니다.
4. 만약 질문에 답하고 싶지 않았을 때는 대답하지 않으셔도 됩니다. 또 조사를 중단하길 희망하는 경우에는 말씀해주세요. 이때도 어떠한 불이익을 받지 않습니다.
5. 이번 조사를 통해 얻은 정보는 당사로부터 본 조사의 의뢰인에게 보고되지만 여러분의 성향을 비롯해 개인이 특정될 수 없는 형태로 공유됩니다. 최선을 다해 여러분의 프라이버시를 지키겠습니다.
6. 이번 조사를 통해 여러분이 알게 된 조사 내용, 조사 중 제시된 정보 등 조사와 관련된 일체의 정보에 대해서는 조사 종료 후 제삼자(친척, 친구 등)에게 유출되는 일이 없도록 약속해주세요. 홈페이지나 블로그, SNS 등에 글을 올리는 것도 삼가세요.
7. 이 동의서는 당사에서 필요로 하는 동안 엄중히 보관·관리 후 개인정보가 유출되지 않도록 분쇄·파기합니다.

주식회사XYZ
주소: XXXXXXXXXXXXXXXXXXXXXXXXXX
연락처: YYYY@XYZ.co.jp (담당: ZZZ)

동의서

주식회사 XYZ 귀중

위 내용을 충분히 이해하고 승낙한 후 'OOOOO에 관한 인터뷰 조사'에 참여하겠습니다.

년   월   일

서명:

❶ 동의서가 '이해하기 쉬운지' 사전에 확인한다

시작할 때 사무 절차에서 사용자가 심통을 부리게 되면 곤란합니다. 법무 요청으로 동의서에 꼭 기재해야 할 문구나 용어가 있을 수 있지만, 가능한 한 일반적인 말로 다음 내용을 빠짐없이 알기 쉽게 작성하도록 유의하세요.

- 사용자가 참여하는 시간
- 참가는 자의적 결정이며 강제가 아니라는 점과 도중에도 그만둘 수 있다는 점
- 사용자가 보지 못하는 곳에 관찰자가 존재한다는 점
- 사용자가 제공하는 정보(녹화나 녹음 포함)의 취급 방법
- 사용자의 개인정보와 관련된 내용이 제공된다는 점
- 사용자가 조사와 관련된 정보를 유출해서는 안 된다는 점

모두 작성한 다음 조사나 법무에 대해 잘 모르는 동료가 읽었을 때 한번에 이해할 수 있는지 확인한 후 사용자에게 제시합니다.

법무 관련 문제로 이해하기 어려운 문서를 작성한 경우에는 참가자에게 사전에 송부하고 훑어본 다음 서명해 지참하도록 하는 방법을 고려합니다. 또 외국 기업이나 단체가 준비해서 외국어로 작성된 동의서에 서명받아야 할 때에도 사전에 보내는 편이 좋습니다. 자국어로 번역한 문서도 반드시 쌍으로 준비하지만, 당일에 같이 보여줘도 원문을 읽지 못하는 사용자는 그저 믿을 수밖에 없습니다. '똑같이 번역한 서류'라는 사실을 납득할 시간을 주세요.

"제가 이해할 수 없는 문서에 서명해야 한다면 참여하지 않겠습니다"라고 사용자가 반응할 수도 있습니다. 이 점이 우려된다면 동의서를 알기 쉽게 작성하고 번역한 문서에 서명받아도 되는지 의뢰인에게 문의한 후 승인받는 등의 방법을 이용합니다.

❷ 동의받고 싶은 내용을 구두로도 설명한다

동의서 내용이 길고 까다로운 경우에는 특히 "어렵게 작성됐는데 요점은 이러저러합니다"라고 요약해주거나 "읽고 모르는 부분이 있으면 주저하지 말고 물어보세요"라고 한마디를 곁들여 사용자를 배려하는 것이 중요합니다. 이를 위해 중재자는 동의서 내용을 미리 살펴봐야 합니다. 그런 일은 모집이나 접수 담당자의 일이라고 맡겨만 두면, 막상 사용자에게 질문을 받을 때 아무 대답도 하지 못해 신뢰를 잃을 수 있습니다.

❸ 녹화와 녹음에 대해서는 모집할 때 승낙받는다

사실 사용자의 언행을 놓치지 않고 완벽하게 메모할 수 있다면 녹화나 녹음할 필요가 없습니다.

그렇다고는 해도 나중에 재검토할 수 있고 다시 들을 수 있다는 안정감이 현장 업무의 효율을 높입니다. 이에 대해 확실하게 동의를 얻으려면 모집 단계에서 참가 조건에 적어두는 편이 좋습니다. 이를 알고서 응모한 사용자가 당일 현장에서 녹화를 거부하는 일은 거의 없습니다.

의뢰인에게 영상이나 음성 데이터를 제공하는 경우에는 보관 방법과 기한, 차후 폐기 방법 등의 규칙을 사전에 확인해두길 권합니다. "녹화하는 것은 좋은데 그 데이터가 언제까지 어떻게 보관되는지 알려주세요"라는 사용자의 요청을 받고 당황한 경험이 있습니다.

4장

사용자와 마주하기
자, 실전이다! 세션 내 함정

> 마음가짐 첫 번째

28. 말을 빠르게 하다 결국 시간을 더 소비한다

조사 가이드에 엄청난 양의 질문이 있으면 초조해집니다. 그리고 마음이 급해져 인사나 자기 소개를 빠르게 늘어놓다가 실패한 적이 있습니다. 사용자가 이렇게 말했습니다.

"잘 못 알아들었는데 다시 한번 말씀해주세요"

익숙해지기 전이라면 할 수 있는 실수지만, 이를 예측하고 대비할 대책이 있습니다.

❶ 사무 절차나 주의 사항 전달은 '시간 외'에 한다

조사 진행에 관한 유의 사항을 전달하고 동의서를 훑어보고 서명받는 시간을 처음부터 일정 외 계획으로 잡아두는 방법입니다. 지각에 대한 대책도 겸해서 10분 전에 도착하도록 잘 부탁해둡시다.

그러나 대기할 만한 공간이 없는 경우에는 반대로 곤란한 일이 될 수 있습니다. 주의를 준 결과, 간혹 30여 분 전에 도착하는 사용자도 있기 때문입니다. 대기 장소를 확보하지 못했다면 그 사실을 사전에 알리고 시간을 지켜주길 부탁합니다. 어쨌든 「27. 동의서 서명을 받지 못해 설명하는 데 시간을 낭비한다」처럼 준비가 미흡해 예상하지 못한 시간을 쓰게 되므로 만전을 기해 대책을 마련하는 것이 중요합니다.

❷ 상호 신뢰 관계 형성에 걸리는 시간은 양보하지 않는다

사용자 조사에서 가장 중요한 것은 '상호 신뢰 관계'입니다. '관계'나 '연결'을 나타내는 프랑스어로 '라포(rapport)'라고도 합니다. 사용자 조사의 맥락에서 서로 신뢰하고 거리낌 없이 마음을 터놓고 이야기할 수 있는 관계를 상호 신뢰 관계라 하고 사용자를 만나 먼저 이 관계를 만드는 것을 목표로 합니다.

사용자 입장에서 생각해보세요. 불과 한 시간 정도라고 하지만 생면부지 낯선 사람에게 캐묻는 질문을 받는 셈입니다. 행동 관찰이라면 자신의 일거수일투족에 날카로운 시선이 쏠리게 됩니다. 속마음을 털어놓고 진심을 말하라고 하거나 보이는 것을 잊고 평소와 같이 행동하라고 해도 그렇게 하기는 매우 어렵습니다. 결과적으로 무난한 대답이나 절제된 행동을 시종일관 취할 것입니다.

그럼 조사는 실패합니다. 사용자의 진정한 모습을 보여주거나 속마음을 솔직하게 드러내거나 나아가 사용자가 의식하지 못하는 심연까지 파고들려면 여간해서는 무너지지 않는 상호 신뢰 관계를 견고하게 형성해야 합니다.

아무리 숙련돼도 상호 신뢰 관계를 만드는 데는 나름의 시간이 걸립니다. 매번 다른 사용자를 상대하니 당연합니다. 그렇기 때문에 처음부터 그 시간을 필수불가결한 시간으로 생각해두는 것이 갑자기 초조해져서 실패하지 않는 두 번째 비결입니다. 특히 전화 인터뷰를 비롯한 원격 조사에서는 상호 신뢰 관계를 만들 수 있을지를 확인하기도 어렵습니다. 대면 조사를 할 때 충분히 시간을 확보합시다.

자기소개와 그 뒤 이어지는 간단한 질문에는 가능한 한 10분 정도의 소요 시간을 예상합니다. "도입부는 2분 정도로 끝내 달라" 같은 턱없는 말을 하는 의뢰인도 가끔 있지만, 상호 신뢰 관계 형성의 중요성을 알리고 최소한 5분은 사수합시다.

마음가짐 두 번째

29. 높은 분이 관찰하러 많이 와서 긴장이 최고조

<u>중재자의 긴장은 반드시 사용자에게 전이됩니다.</u> 잘못하면 두 사람이 긴장을 고조시킨 결과 상호 신뢰 관계가 형성되지 않아 어색해집니다. 파일럿 세션에서는 긴장이 풀렸는데, 관찰실에 모인 상사들의 모습을 보고 긴장하는 신입의 모습을 여러 번 봤습니다. 많은 사람들의 시선이 일제히 자신에게 쏠린다고 상상하면, 긴장하는 중재자의 심정을 알 수 있습니다.

"아침 일찍 사장님이 참관하러 오시니 잘 부탁드립니다!"

때로는 이렇게 밀어붙이는 사람도 있습니다. 중재자가 쓸데없이 긴장하게 되는 분위기를 조성하지 맙시다. 오히려 참관하러 오는 사람들은 다음 사항들을 전수해줄 정도의 역량을 지니면 좋겠습니다.

❶ 사용자 눈에 비친 자기 모습을 확인한다

사장님같이 높은 분과 그 외 많은 시선이 자기에게 쏠린다고 생각하면 당연히 긴장이 됩니다. 하지만 관찰실에 있는 의뢰인분들은 중재자가 아니라 사용자의 언행을 주시합니다. 중재자가 의식해야 할 것은 오히려 <u>사용자의 시선</u>입니다.

'인터뷰'를 발음 그대로 들으면 본래 의미가 흐려지지만, 원래는 '서로(inter)'와 '보다(view)'라는 두 가지 의미가 결합된 말입니다. '사용자를 인터뷰한다'라고 하면 '중재자가 일방적으로 사용자를 본다'라는 인상을 받기 쉬운데, 다르게 말하면 '사용자도 중재자를 본다'입니다. 그 시선을 의식하는 것이야말로 가장 주된 것이며 관찰실에서 바라보는 여러 시선은 부차적입니다.

그렇다고 해서 사용자가 중재자를 계속해서 날카로운 시선으로 바라본다면 이 역시 긴장이 풀리지 않습니다. 사용자 시선을 누그러뜨리고 따뜻하게 만들기 위해서도 '상호 신뢰 관계'가 중요합니다. 이를 위한 첫걸음은 자신의 모습이나 행동이 사용자 눈에 어떻게 비칠지 신경 쓰는 것입니다.

사용자의 오감을 자극하는 옷차림이나 향기를 피합니다. 카레라이스나 라면, 만두처럼 강한 냄새가 남는 음식을 직전에 먹지 않습니다. 인터뷰가 아니더라도 상대의 치아에 김이 묻어 있다든가, 코털이 삐져나와 있으면 신경이 쓰이죠? 말도 못 하고 안 보려고 할수록 눈에 들어와 이야기에 집중하지 못하면 상호 신뢰 관계가 형성되지 않습니다. 먼저 자기 옷차림부터 단정히 하여 상호 신뢰 관계를 형성하는 데 집중합시다.

❷ 긴장하고 있다는 사실을 사용자와 공유한다

방심하지 않고 사용자를 대하려면 적당한 긴장감도 필요합니다. 그런데 사용자가 그 긴장감을 그대로 느껴서는 안 됩니다. 어쨌든 사용자도 중재자에게 집중하고 있으므로 바로 화를 냅니다. 분명히 말하면 사용자는 상당히 긴장한 상태입니다. '뭘 물을까?', '대답을 못 하면 어떻게 하지?', '나 같은 사람이 도움이 될까?' 같은 불안한 생각이 가득할 것입니다. 그럴 때 중재자가 덜덜 떨거나 어조가 높아지거나 식은땀을 흘리면 사용자의 긴장은 더 고조됩니다.

서로 긴장감을 고조시키는 부정적 연쇄 작용을 피하려면, 반드시 중재자가 휴식을 취해야 합니다. 만반의 준비를 하고 본 행사에 임합니다. 그리고 당일에는 사용자가 오기 전에 다음을 시도해보세요.

- 심호흡하며 기지개를 켜고 몸의 긴장을 푼다.
- 억지로 입꼬리를 올려 웃는 얼굴을 만든다.
- 처음 말을 걸 때 사용할 소재(날씨를 화제로 삼는 것이 확실히 무난합니다)를 정한다.
- 실패해도 '다음이 있다'라고 자신을 다독인다.

그렇지만 아무래도 긴장이 풀리지 않을 때는 "긴장하고 계시죠? 숨기려 했지만 저도 매우 긴장됩니다. (웃음) 같이 힘냅시다." 이런 식으로 어쩔 수 없이 긴장된다는 심정을 사용자에게 알리세요.

입장은 달라도 '나만 그런 게 아니다'라고 생각하면 서로 마음이 편해집니다. 하지만 이쪽이 솔직하게 자신의 약한 면을 인정함으로써, 사용자도 긴장을 애써 감출 필요가 없어져 긴장이 풀리게 됩니다. 웃는 얼굴만이 아니라 웃음소리를 곁들여 쾌활하게 말하면 또 다른 효과를 기대할 수 있습니다.

상호 신뢰 관계 형성 첫 번째

30. 사용자가 긴장을 전혀 풀지 않는다

사용자가 좀처럼 긴장을 풀지 않아서 상호 신뢰 관계를 형성하는 데 시간이 걸리는 것도 흔한 일입니다. 어떤 전자 제품의 out-of-the-box 조사(상품 구입 후 상자에서 꺼내 쓸 수 있는 기본 상태 그대로를 관찰하는 조사로 'OOTB 조사'로 줄여 부르기도 한다)를 할 때의 일입니다. 사용자 중에 30년 차 전업 주부가 있었는데, 제가 보기에도 긴장을 많이 하신 게 역력했습니다. 제품 상자를 손에 들고 이리저리 둘러볼 뿐 좀처럼 열어 보지 않고 말소리도 점점 작아졌습니다. "걱정되는 게 있으세요?"라고 물었을 때 그분의 대답에서 긴장이 풀리지 않는 이유를 알 수 있었습니다.

"망가뜨리면 안 되니까요. 전에 제가 만졌더니 부서진 적이 있어요. 우리 집에서는 남편과 아들이 말리는데 제가 건드리면 망가질지도 모른다는 생각이 들어서요"

이렇게 자신이 실수하거나 오히려 폐를 끼칠까 봐 걱정하는 사용자가 적지 않습니다. 사용자의 긴장을 완화하는 대책 다섯 가지를 소개합니다.

❶ '부서져도 괜찮다!'는 점을 전한다

앞의 전업주부처럼 과거 경험이 트라우마가 되어 행동을 제한하는 경우는 드뭅니다. 하지만 망가뜨리면 미안하고 그런 실수를 하는 것이 부끄럽다는 심정으로 평소보다 더 조심스럽게 행동하는 사용자가 많습니다. 그러면 실태와 동떨어지므로 조사 의미도 반감됩니다.

조사하는 중에 무언가를 사용하거나 만져야 한다면 망가질 일이 별로 없다거나 설사 망가지더라도 사용자가 책임지지 않는다는 사실을 확실히 전합시다. 동의서에도 명시해두면 사용자가 안심하고 조사에 참여할 수 있습니다.

만일의 사태로 망가지는 경우에 대비해 여분을 준비해두는 것도 중요합니다. 예비 물품을 보여주면서 "하나 더 있으니까 망가져도 괜찮아요"라고 말하면 사용자 마음은 더욱 가벼워집니다.

❷ '정답이 없다!'는 사실을 전한다

사용자 긴장은 '평가'받는 데 대한 두려움에서 비롯됩니다. 사람이라면 누구나 자신을 좋게 보여주고 싶고 꼴사나운 모습은 보이고 싶어 하지 않습니다. 그대로 두면 사용자는 무의식중에 '옳은 답'이나 '좋은 답'을 찾습니다. 조사자는 '옳은 답'을 요구하지 않고 요구해서도 안 됩니다. 예상한 답을 듣고 납득하기 위해 조사를 하는 것은 아니니까요. 오히려 예상하지 못한 답을 듣고 깨우치는 데 사용자 조사의 의의가 있습니다.

사용자가 꾸며내지 않고 진솔하게 이야기하도록 서두에 다음과 같이 말해주세요.

"의견에는 정답도, 잘못도 없습니다. 사람마다 의견이 다른 건 당연합니다. 꼭 OOO 씨의 솔직하고 정직한 의견이나 생각을 많이 들려주세요"

이때 알겠다며 고개를 끄덕인 사용자도 질문에 답한 뒤엔 걱정하며 "이렇게 대답해도 되나요?"라고 묻거나 대답하기 전에 "어떻게 대답해야 정답인가요?"라고 물어 확인합니다. 또 정직하지 못한 사용자도 있습니다. 그런 반응이 나올 때마다 반드시 "정답은 없어요"라고 반복해 말해줍니다.

❸ '무슨 말을 들어도 상처받지 않는다'고 선언한다

자신의 발언이 상대에게 상처를 주는 것은 아닌지, 눈앞에 있는 사람(중재자)이 나중에 누군가에게 꾸중을 듣거나 곤란해지는 것은 아닌지 생각하면, 아무리 '솔직하게' 말하라고 해도 나쁘게 말하기 어려운 것이 인지상정입니다.

중재자가 외부인으로서 조사하고 있는 '상품'의 전문가가 아니고 그 상품의 제조나 판매에 직접 관여하지 않는다면, 이 사실을 알려준 뒤 이렇게 말하세요.

"무슨 말을 들어도 상처받지 않을 테니 주저하지 말고 생각한 대로 말씀해주세요"

이런 단순한 말로도 사용자는 긴장을 많이 풀게 됩니다. 다만 중재자가 내부인, 특히 '설계, 제작, 판매에 직접 관여하는 사람'이라면 이 방법을 그대로 따르기 어렵습니다. 어떤 말에도 상처받지 않겠다고 선언했지만, 칭찬받으면 얼굴이 달아오르고 비판받으면 미간에 주름이 잡히며 얼굴에 기분이 드러나기 때문입니다.

제작에 관여한 사람은 강한 확증 편향에 사로잡힐 위험이 크므로 이런 사람들이 중재자를 맡는 것은 애초에 바람직하지 않지만, 사정이 있어 불가피하다면 또 다른 대책으로 잘 대응합시다.

❹ 웃긴다!

사용자 얼굴에 미소가 떠오르면 '상호 신뢰 관계가 생겼다'라고 생각해도 좋습니다. 긴장한 표정으로 의자에 걸터앉은 사용자를 가능한 한 빨리 웃게 해주세요. 이야기 흐름에 따라 웃긴 농담이나 짤막한 이야기를 살짝 집어넣는 것이 좋지만, 이에 실패해 분위기가 어색해진다면 "어라? 재미있지 않았나요?", "지금 웃을 뻔하셨어요", "아까는 웃겼는데 이상하네요" 같은 너스레를 떨어 미소 짓게 합니다.

❺ '꺼림직한 기분'을 느낄 가능성을 고려한다

어떤 소개말이나 우스갯소리도 통하지 않는다면 어쩌면 사용자가 꺼림직한 기분을 느끼고 있을지 모릅니다. 설문에 응답할 때 거짓말을 했거나 그로 인해 앞뒤를 맞추기 위해 취한 행동이 원인일 수 있습니다. 예를 들어 1장의 사전 설문 중 'Q10. 최근에 직접 구입한 책을 알려주세요'가 있습니다. 이 답변에 다음과 같은 거짓말이나 허세가 섞였을 가능성이 있습니다.

- 실은 헌책방에서 샀지만 역내 서점에서 산 걸로 해두자.
- 대략 반년도 더 됐지만 최근으로 해두자.
- 아내가 사 왔지만 내가 산 걸로 해두자.

사용자가 조사에 참여하려고 용의주도하게 설문에 거짓으로 응답하면 알아차리기 어렵습니다. 하지만 거짓말을 했다는 꺼림직한 마음이 생겨 그 사실을 감추려고 또 거짓말을 보태면서 태도나 행동이 부자연스러워집니다. 눈을 마주치려 하지 않거나 질문에 무조건 단답형으로 답하고 서둘러 빨리 끝내려 합니다. 그러나 조사자의 입장에서는 이미 한 거짓말은 어쩔 수 없으니 이에 연연하지 말고 태도를 바꿔서 조사 당일 질문에라도 솔직하게 대답해주는 편이 훨씬 더 고맙습니다.

사용자의 '꺼림직한 기분'이 감지되면 "설문 조사에서 뭔가 잘못 응답한 것이 있나요?"라고 물어보세요. '거짓말'을 '틀린 답변'으로 전환해 (설사 큰 문제라 해도) 큰 문제가 아니라고 은근슬쩍 알려줍니다. "그렇군요. 그럼 이 데이터를 수정해두겠습니다" 같이 가볍게 받아들여 사용자 마음속에 있던 앙금을 제거하면 그 후 반응이 달라집니다.

> 상호 신뢰 관계 형성 두 번째

31. 자리에 앉자마자 불평하는 분노한 사용자

그렇지 않아도 상호 신뢰 관계를 만들기가 어려운데, 사용자가 언짢아하거나 울기도 해서 갑자기 위기 상황에 부닥치기도 합니다.

"보내준 지도를 알아보기 어려워서 헤매느라 더 걸었어요. 덕분에 땀 범벅이 됐네요!"

지각한 사용자가 한 말입니다. 이런 식으로 사용자가 감정적으로 반응한다고 여겨지면, 다음 전략으로 상호 신뢰 관계 형성에 도전합니다.

❶ 사용자와 같은 감정 상태를 유지하며 듣는다

분노의 화살이 조사와 관련된 무언가를 겨냥하고 있다면, 먼저 진심으로 사과합니다. ==사용자가 하고 싶은 말을 원 없이 실컷 하도록 유도하고 중재자는 기꺼이 청취자가 됩니다.== 덩달아 초조해하면 안 됩니다. 감정이 격해진 상태로 인터뷰를 시작하면 감정에 치우친 의견이 많아집니다. 따라서 마음을 가라앉힙시다.

분노의 감정 이면에는 '인지 부조화'[11]가 있습니다. 인정하고 싶지 않아 외면할 때 사람은 스스로 편리한 변명을 만드는 버릇이 있습니다. 이솝 우화 『신포도 이야기』에 등장하는 여우는 맛있어 보이는 포도를 얻지 못한다는 사실을 인정하고 싶지 않은 나머지 "어차피 시고 맛없는 포도니까 안 먹어서 오히려 다행이야"라고 변명하며 자신을 속입니다. 이와 마찬가지로 지각했다는 사실을 인정하고 싶지 않거나 지각이나 하는 형편없는 사람으로 보이고 싶지 않은 사용자는 지도 탓으로 책임을 전가하며 인지 부조화에서 벗어나려 합니다.

---

11. 역주: 두 가지 이상의 상반되는 신념, 생각, 가치를 동시에 지니거나 기존에 있던 것과 모순되는 정보를 접했을 때 받는 정신적 스트레스나 불편한 경험을 말함

이때는 논리가 통하지 않고 설득하더라도 시간 낭비일 뿐입니다. 잘못은 지도를 엉뚱하게 읽은 사용자가 아니라 틀린 지도에 있다고, 지도를 만든 사람 탓이라고 책임 소재를 다른 곳으로 돌려 도망갈 길을 열어주세요. 사용자와 중재자의 상호 신뢰 관계 형성이 급선무입니다. 이를 위해 그곳에 없는 누군가를 공통의 적으로 만들고 함께 화를 냅니다. 슬퍼할 때는 슬픔을 함께 받아들일 생각으로 조용히 대화를 시작합시다. 즐겁거나 기뻐할 일이 있으면 함께 소리 내 웃거나 기뻐합니다.

이렇게 사용자의 희로애락에 공감하는 것이 가장 빠르게 사용자의 평정심을 회복하는 길입니다. 상호 신뢰 관계를 형성할 때만이 아닙니다. 인터뷰 도중 사용자 감정이 크게 흔들리는 순간에 맞닥뜨렸을 때 대응하는 방법도 이와 같습니다.

❷ 은근슬쩍 음료를 권한다

진정시키기 위해서는 심호흡이 간단하고 효과적인 처방이지만, 감정적 흥분 상태인 사람에게 "심호흡하고 진정하세요"라고 말하는 것은 불에 기름을 붓는 격입니다. 잠깐 말없이 듣기만 하다가 "물을 드시면서 말씀하세요"라고 자연스럽게 음료를 권하세요. 감정에 휩쓸려 하고 싶은 말을 쉴 새 없이 하고 나면 목이 마르기 마련이므로, 꿀꺽꿀꺽 시원하게 들이켤 것입니다. 그러면 십중팔구는 평정을 되찾습니다.

그래도 안 되면 깜빡 잊고 온 물건이 있다는 등의 적당한 이유를 대고 잠시 자리를 비워 사용자를 혼자 있게 하세요. 감정이 부딪치는 상대가 있으면 감정이 격해지는 법입니다. 홀로 남아 물을 마시면 분명 진정될 것입니다.

상호 신뢰 관계 형성 세 번째

32. '잘 듣고 있는지' 의심하면 끝장

상호 신뢰 관계가 형성돼도 마냥 안심할 순 없습니다. 한순간의 방심으로 관계가 무너집니다.

"그 질문은 아까 대답했는데 또 해야 하나요?"

사용자가 미간을 찌푸리며 의아하다는 듯 이렇게 말한 적이 있습니다. 무심코 같은 질문을 했나 봅니다. 하루에도 여러 사람과 인터뷰하고 이런 일정이 2~3일 이어지면 사용자에게 어떤 질문을 했는지 확실히 기억나지 않고 흐릿해질 때가 있습니다. 하지만 사용자는 그런 내막을 모릅니다. 열심히 대답했는데, 같은 질문을 하면 '잘 듣고 있는 건지' 신뢰가 가지 않는 것은 당연합니다. 진지하게 들을 생각이 없는 사람에게 성실하게 답변하는 자신이 어리석다고 느낄 수 있습니다. 그러면 상호 신뢰 관계는 붕괴됩니다.

사람은 '부정 편향'[12]이 있어서 한번 나쁜 인상이 생기면 좀처럼 지울 수 없으므로 무너진 상호 신뢰 관계를 다시 만드는 것은 처음 만들 때보다 훨씬 더 어렵습니다. 그 같은 고전을 겪지 않도록 어렵게 형성한 상호 신뢰 관계를 유지해야 합니다. 이를 위한 대책 네 가지를 소개합니다.

❶ 상호 신뢰 관계가 형성된 후에도 방심하지 않는다

상호 신뢰 관계가 생긴 후에도 잡담이나 허물없는 말투 등 사용자에게 예의 없는 태도를 보여서는 안 됩니다. 다만 항상 존댓말로 공손하게 말해야 하는 것은 아닙니다. 한참 어린 사용자에게 존댓말로 말을 걸어서 오히려 사용자가 긴장하게 된다면 약간 친근한 말투가 좋습니다. 인지 능력이 쇠퇴하기 시작한 고령의 사용자는 알기 쉽게 풀어 설명하지 않으면 좀처럼 질문을 이해하지 못합니다. 하지만 지나치게 아이에게 말하는 듯하면 이 역시 그다지 좋지 않습니다.

---

12. 역주: negativity bias, 인간이 중립적이거나 긍정적인 사건보다 부정적인 사건에 더 큰 의미를 두는 경향

인생 선배에 대한 경의와 노약자에 대한 배려 사이에 적절히 균형을 잡는 것이 중요합니다.

그리고 사용자를 접하는 내내 그의 표정이나 태도를 잘 관찰해 불쾌감을 주지 않았는지 확인하면서 다음을 진행합니다.

같은 사용자의 협조를 재차 삼차 받게 되면, 회를 거듭할수록 친밀해지고 이미 상호 신뢰 관계가 생겼다는 생각이 들어서 방심하기 쉽습니다. 하지만 사람 기분은 시시때때로 다르죠? 똑같이 말을 걸어도 즐거운 날과 기분이 나쁜 날에 따라 각각 다르게 받아들입니다. 두 번째, 세 번째 대하는 사용자라도 먼저 상호 신뢰 관계가 형성됐는지부터 확인합니다.

❷ 같은 질문을 되풀이하지 않도록 메모하면서 듣는다

무심코 같은 질문을 반복하지 않으려면 먼저 자신의 기억력을 과신하지 않아야 합니다. 사용자 이야기는 반드시 메모하면서 들읍시다. 메모는 자기가 알아볼 정도면 충분합니다. 여유가 없다면 사용자에게 던진 질문에 특정한 표시를 해두는 정도도 유용합니다.

메모를 봐도 확인되지 않거나 답변이 제대로 기억나지 않을 때는 "아까 들었을 수 있지만 다시 한번 확인 부탁드립니다", "확실히 이해했는지 자신이 없네요. 한 번 더 얘기해주세요" 등의 말로 미리 설명하고 이야기를 꺼내는 편이 안전합니다.

❸ 공감할 수 없는 이야기도 흥미롭게 듣는다

때로는 엉뚱한 의견이 나오기도 합니다. 불법은 아닌지, 윤리적인 문제는 없는지, 의심이 가는 이야기라서 도저히 공감할 수 없을 때가 있습니다. 하지만 그럴 때도 절대 부정해서는 안 됩니다.

"의견에는 정답도, 잘못도 없습니다. 사람마다 의견이나 생각이 다른 건 당연합니다. ○○ 씨의 솔직하고 정직한 의견과 생각을 많이 들려주세요"

우리는 이렇게 말합니다. 중재자는 사용자의 언행을 평가하는 사람이 아닙니다. 사용자는 자기 의견이 거부당했다고 느끼면 확실히 입이 무거워집니다. 그런 느낌을 주지 않으려면 비록 공감하지 못하더라도 흥미롭게 들어주세요. 사적으로 공감할 수 없는 사고방식이나 가치관을 가진 사람의 이야기를 듣는 것이 아닙니다. 조사 덕분에 일상에서는 불가능했을 만남을 체험하고 있다고 생각하면, 흥미가 생기게 됩니다. 자신의 시야를 넓혀줄지도 모르는 소중한 만남이라 생각하고 관심을 기울여 이야기를 들읍시다.

❹ 거짓말을 했다면 끝까지 시치미를 뗀다. 안 되면 아예 거짓말하지 않는다

거짓말은 좋지 않습니다. 사용자에게는 거짓말이나 속임수, 겉치레 없이 솔직한 의견을 들려달라고 부탁하면서 중재자가 거짓말을 한다면 더욱 바람직하지 않습니다.

그런데 말을 못 하는 경우도 있습니다. 조사의 배후에 있는 회사의 이름, 조사의 진정한 목적이나 숨은 의도 등 사용자가 궁금해하며 물어봐도 중재자가 순순히 답할 수 없다는 점이 힘듭니다. 이 사실을 알게 되면 사용자의 반응이나 의견이 변질되거나 왜곡되기 때문입니다. 물어도 '모른다', '듣지 못했다'라고 시치미를 뗍니다.

그렇게 한 거짓말은 끝까지 일관해야 합니다. 거짓말이 들통나면 상호 신뢰 관계가 깨집니다. 끝까지 거짓말할 자신이 없으면 거짓말하지 말고 솔직하게 '알지만 말할 수 없다'라고 하세요. 거짓말이 들통나는 것보다 더 낫습니다.

상호 신뢰 관계 형성 네 번째

33. 그룹 인터뷰에서 사용자끼리 일촉즉발

사용자 인터뷰나 행동 관찰의 어려움을 알게 되면 그룹 인터뷰는 가뿐하리라 생각하기 쉽습니다. 매번 월드컵 경기를 보러 개최지까지 간다는 열성 팬들을 모아 그룹 인터뷰를 한 일이 있습니다. 그룹 인터뷰 계획의 방법 하나로 「7. '목표'가 흔들리는, 그야말로 암담한 그룹 인터뷰가 되다」에서 '대상' 사용자를 확실하게 좁혀야 한다고 귀띔했지만 그만 실수하는 바람에 다음번 개최지인 두바이에 체류한 경험이 있는 남성이 한 그룹에 들어갔습니다. 그분이 너무 의기양양하게 끝없이 이야기하다 보니 참가자분들이 불편하고 몇 분은 싫은 내색을 보이기까지 했습니다. 싸움이 일어날까 봐 조마조마했습니다.

사용자와 일대일이면 자신과 사용자 둘만 상호 신뢰 관계를 만들면 되지만, 그룹에서는 사용자 개개인의 상호 신뢰 관계 외에 그룹 전체의 상호 신뢰 관계를 형성해 유지해야 합니다. 이것이 그룹 인터뷰의 가장 어려운 점으로, 확실한 대책이 필요합니다.

❶ 다른 사람에게 맞추거나 다른 의견을 낼 필요가 없다고 알린다

사용자가 느끼는 긴장은 일대일인 경우와 그룹에 속한 경우가 다릅니다. 자신의 발언이 그 자리에 있는 사람들의 발언과 비교되는 데다 중재자만이 아니라 다른 참가자들에게도 평가받는다고 여기기 때문입니다. 두바이 현지 사정을 잘 아는 사람이 한참을 이야기한 뒤, 아직 방문 경험이 없는 자신이 참견해도 소용없다고 생각하고 입을 닫아도 이상하지 않습니다. 또 다른 사람의 의견에 그저 동조하고 얼버무리거나 반대로 반발심 때문에 반대 의견만 내기도 합니다. 그게 바로 그룹 인터뷰입니다. 그러한 영향을 예측하고, 시작할 때 다음과 같이 주의 사항을 전달하는 것이 첫 번째 대책입니다.

"의견에는 정답도, 잘못도 없습니다. 사람마다 의견이나 생각이 다른 건 당연합니다. 누군가가 말한 의견에 맞출 필요는 없습니다. 반대로 무리해서 다른 의견을 말하려고 할 필요도 없어요. 여러분의 의견을 하나로 취합하거나 다수결로 정할 필요도 없습니다. 여러분 각자의 솔직하고 정직한 의견과 생각을 들려주세요"

그래도 다른 사람의 존재나 의견에 영향을 받을 가능성은 없어지지 않습니다. 인간이 사회적 동물인 이상 오히려 자연스러운 일입니다. '처음에는 이렇게 생각했는데 OO 씨 의견을 듣고 이렇게 생각하게 됐다'라고 솔직하게 말할 수 있도록 그룹 전체의 상호 신뢰 관계를 돈독히 만드는 것이 중요합니다.

다만 인간에게는 모두가 좋다고 하면 자기도 별생각 없이 좋게 생각하는 인지 편향['밴드왜건 효과'[13]라고도 합니다]이 있습니다. 다수 의견에 이끌리기 마련임을 잊지 말고 때를 봐서 반복해 말해주세요. "이야기를 맞출 필요는 없습니다", "다수결로 정하지 않습니다"라고요.

❷ 시작 단계에서 사용자 각자의 대화 유형을 찾는다

그룹 인터뷰에서 지향하는 바는 쑥덕공론입니다. 다른 곳에서 만났다면 친구가 됐을 법한 가치관이 비슷한 참가자들이 마음껏 의견을 나누고 동조하거나 반박하며 개개의 의견을 정교화하고 다시 공유합니다. 중재자는 그렇게 '집단 역학'[14]이 작용하는 그룹을 목표로 합니다.

어렵습니다. 그룹 인터뷰에서는 남의 말에 끼어들어 자기주장을 한다든지 연장자를 제쳐두고 바로 발언하는 일은 드물고 잠자코 기다리다가 눈치껏 호명되거나 순서가 오면 발언하는 형태로 이뤄지기 쉽습니다.

시작 후 10분~15분 이내에 어떻게 진행할지 정리합니다. 중재자의 왼쪽 옆에 앉은 사람부터 순서대로 자기소개를 한 후, 첫 질문에 대한 답변은 오른쪽 옆 사람부터 역방향으로 듣습니다. 이렇게 2회 돌면서 참가자 각 사람의 대화 유형을 살펴봅니다. 순서대로 간단하게 답하는 유형, 순서에 상관없이 떠오르는 대로 말하는 유형, 이야기를 짧게 매듭짓지 못하고 장황하게 늘어놓는 유형 등 여러 사람이 있는데, 이들의 성향을 대충 파악하세요.

그다음 오른쪽(혹은 왼쪽) 순으로 순차적으로 의견을 듣지 않고 건너뛰어 지명합니다. 이런 식으로 몇 번 하면서 참가자의 발언 유형을 더 유심히 살펴봅니다. 앞다퉈 말하려는 유형, 다른

---

13. 역주: bandwagan effect, 다수의 소비자나 유행을 따라 상품을 구입하는 현상
14. 역주: group dynamics, 집단의 기능과 구성원의 행동에 영향을 주는 모든 조건을 그 집단에 작용하는 힘이라 보고 집단 행동의 해명과 그것을 응용해 집단 행동을 강화하는 방법

사람의 의견을 듣고 신중하게 말을 고르는 유형, 웬만하면 말하지 않고 넘어가려는 유형 등을 살펴보고 첫 번째 발언을 독려하기에 적합한 사람을 몇 명 정합니다. 두바이를 많이 아는 참가자처럼 '앞장서서 말하는 유형'은 가급적 후반부에 발언하도록 독려합니다. 질문할 때는 이런 유형과 눈이 마주치지 않도록 하는 잔기술도 사용합니다. 그래도 자꾸 발언하면 "OO 씨에게 모두의 의견을 들은 후 마지막에 묻겠습니다"라고 중요한 마무리를 맡기는 듯 말하고 기다려달라는 최후통첩을 사용합니다.

❸ 지각하는 사람이 있어도 약속 시간에 끝낸다

사용자가 지각하면 언제나 골치가 아프지만 일대일이라면 기다리면 됩니다.

간단하죠. 하지만 그룹 인터뷰라면 마냥 기다릴 수 없습니다. 시간에 맞게 도착한 사용자가 있기 때문입니다. 선택지는 자연스럽게 세 가지로 좁혀집니다.

A. 시간에 맞춰 시작하고 지각한 사람은 참석하지 못하게 한다.
B. 시간에 맞춰 시작하고 지각한 사람은 중간에 들어오게 한다.
C. 지각한 사람이 도착하기를 기다렸다가 시작한다.

A안은 단지 한 명이 줄 뿐이므로 가장 편한 방법이지만, 의뢰인이 인원 감소를 못마땅해하면 취하기 어렵습니다. 지각한 사람이 5~10분 정도 늦는다면 C안이 타당하겠죠. 하지만 이 경우, 5분이면 도착한다고 했는데 15분이 넘고 20분이 지나도 나타나지 않는 난감한 상황에 부닥치기도 합니다. 위가 욱신거립니다. 일단 기다리고 있던 사용자들에게 다과를 제공합시다.

B안의 어려움은 이야기를 중단하고 지각한 사람에게 약간의 시간을 할애해야 한다는 점입니다. 결론적으로, 어쨌든 시간을 써야 한다면 전원이 모여 시작하는 C안이 가장 효율적이지만, 이 역시 앞서 말한 대로 얼마나 지연되느냐에 좌우됩니다.

이때도 가장 우선되는 것은 그룹 전체의 상호 신뢰 관계입니다. 기다린 사용자가 불쾌해하지 않게 하되, 지각한 사용자가 필요 이상으로 발언을 삼가는 일이 없게 신경 써야 합니다. 그러기 위해서는 먼저 도착한 사용자가 '이 사람이 지각해서 늦게 끝나는 거 아니야?'하고 생각하지 않게 해야 합니다. 전원이 모였을 때 늦게 시작하더라도 예정된 시간에 반드시 끝난다고 약속해주세요. 또 늦게 온 사람은 다른 사람들에게 폐를 끼친 점에 신경을 씁니다. 신경 쓸 필요 없다고 말해주세요. 그리고 중재자는 반드시 약속 시간에 끝날 수 있도록 진행하고 반드시 시간에 맞춰 끝냅니다.

> 인터뷰 첫 번째

34. 샛길로 벗어난 사용자를 제 길로 되돌리려면

한번 말을 꺼내면 멈추지 않는 사람이 있습니다. 이야기를 장황하게 늘어놓다가 주제에서 벗어나는 사람도 있습니다. 좀처럼 다음 질문을 꺼내지 못해 곤란해지거나 본 주제로 되돌리느라 애쓰는 등 이런 일은 사용자 조사 시작 후 머지않아 부딪힐 벽입니다.

==주제에서 벗어난 채 그대로 가면 끝내 조사 목적을 달성하지 못할 위험이 커집니다.== 잘 조율해서 약속된 시간 안에 목적을 달성해야 합니다. 동시에 상호 신뢰 관계를 무너뜨리지 않아야 합니다.

사진 촬영에 관한 조사를 했을 때의 이야기입니다. 직접 찍은 사진 두세 장을 가져오기로 했습니다. 사진을 보면서 사진 찍을 때의 모습이나 기분을 떠올리며 이야기하려 했습니다. 하지만 자기소개 후 사진을 보여주더니 엄선한 사진인 만큼 애착도 남달라서 완성하기까지 고생한 이야기만 했습니다.

사용자가 기분 좋게 말하는데 섣불리 가로막으면 상호 신뢰 관계가 망가질 수도 있습니다. 이야기하는 도중에 차단당한 경험 때문에 '어차피 이것도 필요 없는 이야기겠지'하는 생각에 사용자 입이 무거워지면 조사는 실패하고 맙니다. 그렇게 되지 않도록 사용자 이야기에 끼어들 때 사용할 비책이 세 가지 있습니다.

❶ '주제를 바꾼다'라고 선언한 후 말을 꺼낸다

대개는 사용자가 제멋대로 말하는 듯 보여도 실제로는 묻는 말에 열심히 대답할 뿐입니다. 전혀 말하지 않는 사람보다는 말이 많은 사람이 더 고맙지만, 그렇다고 내버려 두면 조사 목적을 완수하지 못합니다.

강제로라도 화제를 바꾸고 싶을 때는 용기를 내서 강행합니다. 단 반드시 화제를 바꾼다고 미리 말씀하세요. 예를 들어 이렇게 합니다.

"가져온 사진 전부 이야기를 들을 시간은 없을 것 같아요. 이쯤에서 잠깐 화제를 바꾸고 싶습니다만…"

이제 화제를 바꾸겠다는 말이 없이 무리하게 방향을 틀 경우, 앞서 한 질문이나 화제가 사용자 머릿속에 남게 됩니다. 이야기가 이어진다고 생각하면서, 다음 질문을 받으면 지금까지의 화제와 연관 지어 답해야 한다고 생각할 수 있습니다. 그러면 가져온 사진 이야기에서 벗어나지 못하고 전략은 실패로 끝납니다.

❷ 주제를 상기시킨다

독서 관련 인터뷰에서 사용자의 자기소개가 좀처럼 끝나지 않고 취미를 이야기할 때도 책이나 독서에 대한 말이 나오지 않았습니다. 슬슬 마무리하고 독서 이야기를 하고 싶다고 생각한 끝에, 다음과 같이 '서점'이란 단어를 일부러 끼워 넣었습니다.

"아까 근무처가 시나가와역 근처라고 하셨죠? 저는 시나가와역 에큐트[15]에 있는 서점을 좋아합니다"

이에 사용자가 좋아한다거나 가본 적이 있다고 반응하면, 거기서 어떤 책을 샀는지, 얼마나 자주 가는지, 자주 이용하는 곳이 어디인지 등 준비한 질문 중 쉽게 연결될 내용으로 이어갑니다. 반대로 그 서점을 모른다고 반응하면, 역내 서점을 이용하지 않는지, 자주 이용하는 서점이 어디인지와 같은 질문을 하여 책이나 서점으로 대화를 몰아갑니다.

직장이 집에서 멀다면, "출퇴근 시간이 꽤 길죠? 이동 중에 뭐 하세요?", "책을 읽어본 적 있어요?"라고 독서를 화두로 꺼냅니다. 어린 자녀가 있다는 이야기를 들었다면 "자녀는 이제 스스로 책을 읽나요? 아니면 아직도 읽어주나요?"하며 가족의 독서 습관에 주의를 기울입니다. 그러면서 '독서에 관한 인터뷰'를 하러 왔음을 상기시킵니다.

---

15. 역주: 동일본 철도 회사가 운영하는 대형 상업 시설로, 역 안에 있는 대형 슈퍼마켓

❸ 질문을 반복한다

이야기가 전개되다가 삼천포로 빠지는 두 가지 유형이 있습니다.

- 질문의 의미를 제대로 이해하지 못한 채 되묻지 않고 계속 이야기해서 도중에 맥락을 알 수 없게 되는 전개
- 질문의 의미를 이해하고 말하기 시작했지만, 기분 좋게 이야기하다 보면 엉켜서 '무슨 이야기였더라?'가 되는 전개

어쨌든 "질문이 뭐였죠?"라고 묻기는 어렵습니다. 질문을 이해하지 못했다거나 이야기하다가 질문을 잊어버렸다고는 좀처럼 인정하지 못합니다. 그리고 많은 사람들은 '이야기하다 보면 생각나겠지'하는 근거 없는 기대를 하기 쉽습니다. 그래서 잘 모르면서도 말하기를 멈추지 않습니다.

"질문이 뭐였는지 기억나십니까?"

이때 이런 말참견을 하면 상호 신뢰 관계가 틀어질까 봐 걱정됩니다. 이 경우 중재자도 잊어버린 것처럼 가장해 이렇게 물어보세요.

"어? 제가 뭘 여쭤봤었죠?"

가이드에서 질문을 확인하고 다시 사용자에게 질문을 던집니다. 그리고 사용자가 한 이야기의 논점을 함께 확인하세요. 샛길로 빠진 것이 아니라 그냥 이야기가 길어졌을 뿐이라면, "즉 이런 말씀인가요?"하며 들은 이야기를 요약해 확인하고 다음으로 넘어갑니다. 분명 이야기가 주제에서 벗어났다면 바로 궤도를 수정합니다. "이야기가 벗어났네요. (웃음) 죄송합니다. 저도 눈치채지 못했어요. 그럼 주제로 다시 돌아갈까요?"라고 말하며 중재자의 역부족이라는 식으로 분위기를 잡으면 상호 신뢰 관계가 무너지는 일 없이 앞으로 나아갈 수 있습니다.

> 인터뷰 두 번째

35. 무심코 유도하지 않기 위해

중재자가 이로운 대로 사용자 발언을 제어하는 것을 '유도한다'라고 합니다. 유도된 발언은 사용자의 본심으로 볼 수 없습니다. 즉 유도된 발언은 데이터로서 쓸모가 없습니다. 계속 유도해서 사용할 수 없는 데이터만 수집된 사용자 조사는 가치를 인정받지 못합니다.

한번은 어떤 앱의 신/구 디자인을 사용자에게 보여주고 이 둘을 비교해 의견을 들으려고 사용자 조사를 했습니다. 관찰하러 온 디자이너에게 다음과 같은 요청을 받았습니다.

"구버전의 어떤 부분에서 오래됐다고 느끼는지 물어봐 주세요"

그대로 사용자에게 "어떤 부분이 오래됐다고 느낍니까?"라고 물으면, 거의 유도하는 것입니다. 앞서 몇 번 언급했지만 중요하니 다시 말하자면, 인간은 자신이 세운 가설이 옳음을 확인하고자 할 때 그 가설을 뒷받침하는 정보를 찾으려는 경향이 있습니다. 바로 '확증 편향'입니다. 요청한 디자이너는 예전 디자인을 쇄신한 새 버전이 선호된다는 가설을 세우고, 이를 입증하기 위해 예전 버전 중 어떤 부분이 오래됐다고 느끼는지 구체적으로 캐묻습니다. 그리고 "이봐요. 역시 사용자들은 예전 버전을 진부하게 여기네요. 쇄신하길 잘했군요"라고 말할 수 있길 무의식적으로 희망합니다.

꼭 확증 편향에 사로잡힌 경우가 아니더라도, 질문할 때 단어를 잘못 선택하는 것만으로도 간단하게 유도하게 됩니다. 이를 피하고 쓸 만한 데이터를 수집하는 대책은 다음 세 가지입니다.

❶ 담당자 자신은 중재자 역할을 맡지 않는다

사용자가 예전 버전이 오래됐다고 말한다 해서 새 버전이 좋다거나 새롭다고 인정한 것이라 볼 수는 없습니다. 어느 부분의 어떤 면에서 오래됐다고 느끼는지 신/구버전을 구분하지 않고

"새 버전에서 오래됐다고 느끼는 부분은 없는가?", "반대로 예전 버전에서 새롭다고 느끼게 하는 면은 없는가?"라고 물으면서 반증해야 가설 검증을 끝낼 수 있습니다.

자신이 만든 것은 분명 사랑스럽습니다. 그래서 디자이너는 확증 편향이 강해지기 쉽습니다. 그 사실을 인식하고 질문할 자신이 없으면, 담당자 자신은 중재자 역할을 맡지 말아야 합니다. 사용자 조사를 외부에 의뢰하는 기업이 많은 이유가 바로 이것입니다.

❷ 한정된 범위로 좁혀 듣는 방법을 피한다

외형이 오래됐다거나 새롭다거나 하는 생각을 미처 하고 있지 않던 사용자에게 "예전 버전의 어떤 부분이 오래됐다고 느껴집니까?"라고 물으면 대다수 사용자는 열심히 화면을 보고 "이 근처의 색이 진부하다고나 할까", "전반적으로 복잡한 부분일까요", "이 아이콘이 오래됐다는 느낌이 들기도 하네요"하며 기꺼이 기대에 부응하려 합니다. 새 버전이야말로 고풍스러운 인상을 준다 해도, 사용자는 그렇게 말하지 않습니다. 왜냐하면 예전 버전으로 한정해 의견을 물었기 때문입니다.

보지 않길 바라는 부분은 되도록 보이지 않게 하고 보이고 싶은 부분에 주의를 기울이게 하면, 간단하게 유도하게 됩니다. 유도하고 싶지 않다면, 한정된 범위에 초점을 맞춰 듣기를 피해야 합니다.

❸ '이렇게 대답해달라'고 바라는 바가 있을 때는 거듭 주의한다

하지만 초점을 맞추는 것을 완전히 피할 수는 없습니다. 한정된 시간 내에서 조사 목적을 달성하려면 사용자가 의식적으로 조사의 대상이나 주제에 집중하게 해야 합니다. 이런 일을 몹시 나쁜 일로 치부해서는 사용자 조사가 이뤄지지 않습니다.

또 사용자 진의를 제대로 이해했는지 확인하고 싶기도 합니다. 그럴 때는 "이렇게 이해한 게 맞나요?"라고 질문해서 재확인합니다. 제한 없이 사용자가 자유롭게 이야기하도록 두면 시간이 아무리 많아도 부족합니다.

사용자 발언을 통제하고 그 데이터를 유리하게 사용하려는 의도가 배후에 숨어 있는지에 따라 유도인지 아닌지 판단할 수 있습니다.

준비 단계에서는 마음을 터놓고 대화하고, 유도해 얻은 데이터는 무가치하며, 어떻게든 듣고 싶은 내용이 있다면 세심한 주의를 기울여 들어야 한다는 점을 이해하고, 중재자가 당일 신중하게 대비할 수 있도록 질문 아래에 '※ 유도 주의'라고 적어두면 유도를 예방할 수 있습니다.

하지만 간혹 어떤 사람은 세션이 끝났지만 유도해서라도 사용자에게 듣겠다는 심산으로 능청스럽게 추가 질문을 합니다. 일단 거절하면 관계에 금이 가고 사용자가 기다리는 상황에서 논의할 시간도 없습니다.

먼저 "예전 버전의 어떤 부분에서 개선이 필요하다고 느끼는지 물어보세요"라고 디자이너가 부탁하면 사용자가 "예전 버전의 디자인은 별로다"라고 말하길 바라는 것이라고 디자이너의 ==진의를 파악하는 것이 첫걸음입니다.==

그리고 질문을 그 자리에서 정리합니다. 예를 들어 다음과 같이 물으면 유도를 피할 수 있습니다.

"UI가 오래됐다거나 새롭다고 느끼는 부분이 있으면 알려주세요"

하지만 아직 부족합니다. 질문하면서 예전 버전으로 시선을 돌리거나 한순간이라도 손가락으로 예전 버전을 가리켰다면, 사용자는 무의식적으로 영향을 받아 예전 버전에 신경을 기울일 공산이 큽니다. 이런 소소한 부분까지 주의하기는 매우 어렵습니다. 가능한 한 반복해 범위를 좁히지 않도록 합니다. 다음과 같이 ==한쪽에 치우치지 않게 공정하게 물으면== 사소한 몸짓에 의한 영향을 최소화할 수 있습니다.

"어느 버전이든 상관없어요. 보기에 오래됐거나 새롭다고 느끼는 부분이 있으면 알려주세요"

추가 질문만이 아니라 ==사용자에게 질문할 때는 '동의해달라'거나 '이렇게 대답해달라'는 생각을 하고 있지 않은지 스스로 점검하는 습관을 들이세요.== 그런 생각을 하고 질문하면 의도치 않게 유도하거나 무의식적으로 특정 동작을 할 위험이 있습니다. 이 사실을 자각하게 되면 사용자 대답을 들은 후 간신히 보완할 기회가 남습니다. 사용자가 흔쾌히 동의했거나 기대한 대로 답하면 잠시 멈춰 다음과 같이 확인합니다.

"동의하길 바라는 것처럼 들렸어요?"

사용자 발언을 의심하는 듯한 분위기가 되지 않도록 조심하면서 "솔직히 말씀해주세요"라고 다시 한번 확인한 후 사용자에게서 "진심이에요", "사실대로 말하면" 등의 대답을 들을 수 있다면 유도하지 않았다고 자신할 수 있습니다.

인터뷰 세 번째

36. "이유는 스스로 생각해라!"라고 말하자 살얼음판이 된 분위기

표면적인 질의응답으로 끝나지 않고 사실 있는 그대로 총망라해 파악하거나 사용자의 심층 심리를 파고드는 것을 목표로 질문을 거듭하는 것을 '심층 분석'이라 합니다. 느슨하게 파고들면 기정사실로 할 것이 적어 분석에 사용할 데이터가 부족합니다. 그래도 추정하면서 억지로 데이터를 분석하면 사용자 조사에 근거한 결론이라고 떳떳하게 말할 수 없고 그 조사 결과로 다음 행동을 취하는 사람들의 신용도 잃게 됩니다. 사용자 조사 자체의 신뢰도에도 금이 가기 때문에 사용자 조사의 진수는 바로 끈질기게 파고드는 것입니다.

"어깨에 옷걸이 자국이 남아 있으면 싫지 않아요? 당신도 싫죠? 그럼 이유를 묻지 않아도 알잖아요. 그 정도는 스스로 생각해요!"

조사에서는 사용자가 직접 말해주는 것이 매우 중요하다고 설명해 간신히 모면했지만 상호 신뢰 관계가 붕괴되기 직전이었습니다. 심층을 파고들려면 상호 신뢰 관계를 유지하면서 능숙하게 이유를 알아내는 방법이 꼭 필요합니다.

❶ 바로 대답해달라고 재촉하지 않는다

일상적인 사소한 행동이나 그 이면에 있는 이유, 기분을 묻는 말에 척척 대답하는 경우는 드뭅니다. 그렇게 세세한 것은 의식하지 못하기 때문입니다. 그리고 평소 의식하지 않았던 것을 떠올리기는 성가시고 힘듭니다. 게다가 다른 사람이 알아듣게 설명까지 해야 하니 사용자도 힘듭니다. 아이처럼 순진하게 "왜?"냐고 연속해서 물으면, 짜증이 난 엄마처럼 "그만!"하고 대화를 중단하기 마련입니다. 사실 이유는 '모르겠다'라며 이야기를 끝내려는 사용자도 많습니다.

"모르겠어요"라고 말한다 해서 "네, 그렇습니까?"라며 물러설 수는 없지만, "모를 리 없잖아요"

라고 사용자를 다그치듯 말하면 상호 신뢰 관계가 무너집니다. 이때는 "왜 그런 것 같아요?", "왜 그런지 생각해본 적 있나요?" 이렇게 물어보세요. 이 질문만으로 바로 대답할 필요 없이 지금부터 곰곰이 생각해도 된다는 뜻이 전달됩니다. 그러면 사용자들은 '생각해보지 않았는데 왜 그럴까?'하며 그동안 의식하지 않았던 이유를 '잠시 생각해보자'라며 긍정적으로 생각하게 됩니다. 평소 의식하지 못한 것을 생각할 수 있는 계기가 생겨 오히려 기뻐하고 좋아하기도 합니다.

단조롭게 '왜'나 '어째서'라고 반복해 물으면 바로 대답하도록 강요하는 분위기가 강해지고 바로 대답을 못 하면 불안해지고 도망가고 싶어집니다. '모르겠다'라며 대충 넘기려는 유감스러운 전개를 피하려면 "함께 이유를 생각해봅시다"하며 서로 양보해 의견을 맞추는 것이 중요합니다.

❷ 이유를 하나로 줄이지 않는다

사용자에게 이유를 물으면 평범한 이유 중 가장 먼저 떠오른 것을 말합니다.

아니면 조금 더 생각해 '정답'을 말하려 하기도 합니다. 이때 사용자가 생각하는 정답은 여러 개입니다. 중재자가 말해줬으면 하는 말을 추측해 알아맞히려는 사람, 다수의 의견이라며 그럴듯한 말을 하는 사람, 반대로 예리하게 말해 자신의 남다름을 과시하려는 사람 등 많은 사람들이 무의식적으로 정답이라고 생각하는 바를 말합니다. 사용자가 정답을 찾는 데 골몰하지 않도록 의견이나 기분에 정답이 없다는 사실을 반복해 알려주는 것이 중요하지만, 또 하나의 대책은 답을 하나만 듣고 끝내지 않는 것입니다.

하지만 "다른 이유도 있습니까?"라고 직구를 날리면 사용자에게 불신이 싹틉니다. '믿지 않는 건가?', '만족스러운 대답을 못 했을지도', '정답이 아니었나?' 이렇게 느낀 사용자는 이후 입을 여는 데 신중해집니다. 그리고 자칫하면 상호 신뢰 관계가 무너집니다. 이를 피하려면 역시 듣는 방법에 신경을 써야 합니다. "매번 같은 이유인가요?", "날이나 장소가 다르면 이유도 달라지나요?", "혼자 있을 때와 누군가 함께 있을 때는 어떤가요?" 이런 식으로 다른 맥락이나 환경을 상상하며 이유가 달라지는지 알아봅니다.

❸ 이유가 아니라 '계기'를 묻는다

행동이나 감정 뒤에 있는 '이유'를 말하려면 가치관이나 판단 기준을 거론해야 하므로 다른 사람의 시선이나 자신에 대한 평가를 신경 쓰는 사람은 심란해집니다. 이때는 '계기'를 묻는 전략으로 전환합니다. "왜 그렇게 생각해요?"가 아니라 "그렇게 생각하게 된 계기를 알려주세요", "왜 그렇게 행동한 건가요?"가 아니라 "그렇게 행동하게 된 계기가 있었나요?"라고 물어봅니다.

감정적 판단이 아니라 환경이나 맥락, 당시의 감정을 불러일으키는 장면을 떠올리면서 말하면 바람직한 것처럼 들리기 때문에 저항이 줄어듭니다. 다만 떠올리는 광경 속에 감정은 포함되지 않기 때문에 말을 해야 떠올리게 됩니다. 상황을 보고 "그때 어떻게 생각했나요?", "어떤 기분이었습니까?"라고 아무렇지 않은 듯 자연스럽게 묻는 방법을 고민해야 합니다.

또 이유처럼 계기도 하나만 있는 것이 아닙니다. "그 이후로 행동은 전혀 바뀌지 않았나요?", "지금 말씀하실 때 다른 사람이 전혀 언급되지 않았는데 다른 사람이 행동을 바꾸는 계기가 된 적은 있었나요?"라고 같은 내용을 다른 각도에서 돌아볼 수 있도록 독려합시다.

> 인터뷰 네 번째

37. 어디까지 파고들어야 할지 모르겠다

"OO에 대한 이야기가 나오면 철저하게 깊이 다뤄주세요"

이런 요청을 하길래 준비한 다른 질문들을 제쳐두고 대부분 시간을 그 주제에 할애했습니다. 그랬더니 이런 응답이 돌아왔습니다.

"철저하게 해달라고 했지만 그것만 하고 끝날 줄은 몰랐네요"

익숙해지기 전에는 심층 분석을 어느 정도까지 해야 할지 몰라 여러 번 시행착오를 했습니다. "조금 더 깊이 조사해주시겠습니까?", "좀 더 파고들어서 물어봐 주세요"라고 요청하는 경우가 많습니다. 하지만 요청하는 자신도 구체적으로 기대하는 바 없이 '조금 더 있으면 뭔가 떠올릴 것 같다'라는 막연한 희망을 근거로 하는 경우가 대부분입니다. 즉 심층 분석의 목표가 없을 수도 있습니다. 하지만 어디까지 파고들지 그 깊이에 대한 제한이 없으면 곤란합니다. 고생 끝에 도달한 제 접근과 판단 기준은 다음과 같습니다.

❶ 답변을 얻었다고 생각한 데서 한 걸음 더 나아간다

사용자에게 이유를 물으면 고르고 고른 정답을 딱 하나 답하려 한다고 앞서 말했는데, 이 말은 이유에 대한 답변에 국한되지 않습니다. 보통 사용자들은 어떤 질문이든 답변 하나를 제공하면 할 일을 다했다고 생각합니다. 그 분위기에 휩쓸려 중재자도 간단하게 다음 화제로 넘어가는 일은 없어야 합니다. 질문의 답을 듣고 '과연'이라고 생각한 데서 한 걸음 더 파고드는 습관을 들이는 것이 첫 번째 방법입니다.

❷ 한 방향에 국한하지 않고 여러 방향으로 파헤친다

'심층 분석'이라는 용어 때문에 안으로 깊숙이 파고든다는 이미지가 연상되지만, 그야말로 하나의 답을 지향하는 일문일답 같아서 이 이미지는 적절하지 않습니다. 좀 더 자유롭게 종횡무진 사방으로 파헤치는 이미지를 떠올려주세요. 상황을 빠짐없이 이해하려면 철저하게 모든 방향에서 다음 세 가지를 살펴야 합니다.

- 사용자가 취하는 행동
- 당시의 환경이나 맥락
- 당시의 사용자 생각이나 기분

어느 하나가 빠진 데이터는 빠진 부분을 주축으로 보완해야 하므로 데이터로서 신빙성이 떨어집니다. 예를 들어 사용자가 "카페에서는 반드시 와이파이(WI-FI)에 연결해요"라고 말합니다. 그래서 바로 "왜요?"라고 이유를 물었더니 "와이파이에 연결하면 요금을 신경 쓰지 않아도 돼서 안심되니까요"라고 대답합니다. 행동(와이파이에 연결)과 당시의 환경이나 맥락(카페라면 반드시) 그리고 사용자의 생각이나 기분(비용을 신경 쓸 필요가 없어서 안심되므로)에 대해 다 알아냈으니 최소한의 조건은 충족했습니다.

여기서 한 걸음 더 나아가 전방위적으로 살펴보려면 어떤 질문을 해야 할까요? "카페에서 와이파이를 연결하려고 하는데 잘 안된 적이 있나요?"라고 물어보면 "아, 그러고 보니 개인정보를 넣어야 하는 경우가 있잖아요. 나이나 이메일 주소 등을 넣어야 연결되는 페이지가 뜨니까 귀찮아서 카페를 바꾼 적이 있어요" 같은 이야기를 들려줄지도 모릅니다. 이 예에서 사용자는 비슷한 환경에서 목적을 이루는 과정에 번거로운 절차가 끼어들면 환경을 바꾸겠다는 선택지를 골랐습니다.

"요금 문제가 없어지면 완전히 안심되나요?"라고 물으면 "물론 배터리도요. 콘센트 근처 자리가 비어 있지 않으면 그 근처에 앉아 있다가 자리가 비자마자 재빨리 옮깁니다"처럼 다른 상황에 대해서도 말해줄지 모릅니다. "하지만 아까 휴대용 배터리를 갖고 다닌다고 하지 않았나요?"라고 꼬집으면 "그건 바깥을 걷고 있을 때나 전철 안에서 쓰려고 웬만하면 카페에서는 사용하지 않아요"라고 다른 환경의 상황에 대해 이야기를 이끌어갑니다.

이렇게 무한한 행동, 환경과 기분의 조합을 시간이 허락하는 대로해내는 것이 심층 분석입니다.

준비해온 질문 중 이야기 흐름에 연결할 만한 질문(물론 그 자리에서 새로 떠오른 질문도 좋습니다)을 합니다. 가이드에 정렬한 질문 순서는 상관하지 않습니다. 칼럼 「질문의 흐름은 '잠정 결정'으로 충분하다」(→ 104쪽)에 말한 대로 질문은 어차피 잠정 결정된 것이기 때문입니다. 인터뷰가 끝난 후 준비한 질문 모두 포괄하고 더 이상 파헤칠 내용이 없을 정도로 폭넓게 살피는 것을 목표로 파고들어 갑니다.

❸ 사용자에게 공감하고 사용자 입장에서 생각한다

이 주제나 섹션에 대해 충분히 확인했다고 판단되면, 화제를 크게 전환할 국면이 필요합니다. 이를 판단하지 못하면 시간만 낭비하고 이전의 제 의뢰인처럼 화를 내게 됩니다. 이렇게 판단할 수 있으려면 사용자에 대한 공감이 필수입니다.

간병에 대한 조사를 예로 들어 어느 정도 '공감'하는지 생각해봅시다. "끝이 보이지 않는 것이 무엇보다 괴롭다", "형제가 이해해주지 않아서 슬프다" 이런 말로 눈물을 글썽이며 간병의 힘겨움을 토로하는 사용자의 말은 주관적입니다. 이 말을 듣고 '생각만 해도 눈물이 날 정도니 상당히 괴롭겠군'이라고 객관적으로 느끼고 이해하는 데서 그치면 공감의 경지에 이르렀다고 할 수 없습니다.

사용자와 같은 입장이나 처지에 선 자신을 상상하고 사용자 이야기를 마치 자기 경험처럼 주관적으로 느낄 수 있어야 '공감'하는 것입니다. 공감에 이른 후에는 사용자가 "슬프다"고 하면 형제에게 다른 감정도 있을 테니 그 부분을 좀 더 들여다보거나, "너무 힘들다"라고 하면 주변을 더 파고드는 게 힘들다고 판단해 화제를 돌립니다.

사용자에게 공감하고 사용자의 머릿속에 들어간 것처럼 그 사고나 마음을 자신의 것으로 상상할 수 있게 되면 그 흐름에서 어떤 말을 듣게 될지 무의식적으로 예상할 수 있는 경지에 이르게 됩니다.

> **칼럼**

> **사용자에게서 '통찰력'이 보이지 않는다면?**

사용자에게 물어보면 '통찰력'을 얻으리라고 착각하는 사람이 많습니다. 통찰력의 의미는 '사물의 본질을 꿰뚫어 보는 힘'이지만, 마케팅이나 사용자 조사의 맥락에서는 '사용자가 가진 잠재적 요구'란 의미로 통용됩니다.

사용자 자신도 의식하지 못하는 심층 심리이기 때문에 사용자 입장에서 보면 잠재적이지도 않고 통찰력도 아닙니다. 통찰력은 깊은 공감 끝에 스스로 찾는 것이지 사용자가 들려주는 것이 아닙니다. 공감 능력이 부족하면 사용자 이야기를 몇 시간 내내 들어도 아무것도 찾지 못하고 끝납니다.

"능력을 높이려면 역시 경험 횟수를 늘려야 할까요?" 이 질문을 자주 받는데, 단지 횟수를 늘리는 것으로는 부족합니다. 더 깊이, 더 오래 공감할 수 있도록 훈련해야 숙달됩니다.

그 방법의 하나로 소설 읽기를 추천합니다. 주인공이 되어 이야기에 몰입하면서 타인의 시점에서 보는 훈련을 하게 됩니다. 저자가 공들여 흩어놓은 복선을 주워 가며 이야기를 쫓아가면, 전체 상황을 조망하는 훈련도 하게 됩니다.

다 읽고 나서 '감쪽같이 속았다', '설마 그런 전개라니' 이런 생각이 들면 저자가 어떻게 독자인 자신을 혼란스럽게 했는지, 인간의 어떤 인지 특성을 활용했는지 돌아보게 됩니다. 소설을 읽고 주인공, 저자, 독자의 세 관점을 한꺼번에 경험하면 공감 능력만이 아니라 상상력이나 메타인지 능력(자신의 인지 활동을 더 높은 시각에서 인지하는 능력을 말합니다)도 좋아집니다.

인터뷰 다섯 번째

38. 사용자가 갖은 수단을 다해 정답을 찾는다

사람이라면 당연히 다른 사람에게 잘 보이고 싶고 꼴사나운 모습을 보이고 싶지 않아 합니다. 많은 사용자들은 대가를 받는 이상 도움이 되는 의견을 말하려는 선의가 있습니다. 하지만 이런 감정은 정답이나 좋은 의견을 말해야 한다는 압박으로 바뀌어 갖은 수단을 다해 답을 찾으려는 행위로 이어집니다.

"다음 질문은 OOO이지요?"

사용자에게 이 질문을 받고 놀란 적이 있습니다. 어떻게 알았냐고 물었더니 "거기에 쓰여있어서요"라는 것입니다. 그 자리에서 가이드를 읽다니… 시력이 매우 좋다고 생각할 때가 아니지만 감탄했습니다. 사용자는 중재자가 힐끗 보는 가이드에 관심이 매우 많습니다. "그건 몇 페이지에 있었나요?" 사용자가 이런 질문을 한 적도 있고 잠깐 자리를 비운 사이 슬쩍 본 때도 있었습니다.

꾸밈없이 솔직한 의견을 원한다고 아무리 말해도 믿지 않고 나름의 정답을 찾으려 하는 사용자에게 적당한 대비책이 필요합니다.

❶ 가이드를 노출시키지 않고 읽을 수 없게 한다

가이드를 들여다보는 사용자에게 "보지 말아주세요"라고 하기 어려우니 가이드를 드러내지 않거나 보더라도 읽기 어렵게 합니다. 볼 수 없게 하려면 책상에 바로 올려놓지 않고 클립보드에 끼워 사용자가 볼 수 없는 각도로 둬둡니다. 그렇게 하면 아무리 시력이 좋아도 보이지 않습니다. 사정이 생겨 자리를 비울 때는 잊지 않고 가이드를 들고 갑니다. 읽기 어렵게 하려면 글자 크기를 줄입니다. 작지만 읽을 수는 있는 크기를 선택하세요.

해외 업무로 가이드를 번역할 시간이 없어 영어 가이드로 인터뷰를 한 적이 있습니다. 사용자가 읽을 수 있다는 걱정은 줄었지만 사용자의 주의를 너무 끌어서 곤란했습니다. 그런데 사용자가 한 말을 듣고 식은땀이 났습니다. "영어를 능숙하게 읽을 수 있다니 대단하네요. 외국 회사의 의뢰인가 봐요" 나중에 의뢰인도 화를 냈지만 번역할 시간(비용)을 고려하지 않은 점이 아쉬웠다고 (부드럽게) 말했습니다.

❷ 동의해달라는 사용자 요청에 무심코 고개를 끄덕이지 않는다

"이걸 만든 사람은 ~하려는 의도일까요?", "즉 ~인 걸까요?", "아마도 ~라고 말해달라는 의미겠죠?" 중재자에게 함박웃음을 지으며 이렇게 운을 띄워 자기가 찾은 답에 은근히 동의를 구하는 사용자가 있습니다. 이때 무심코 고개를 끄덕이거나 맞장구를 쳐서 사용자가 동의한 것으로 여기지 않게 해야 합니다. 오히려 "어때요?", "왜 그렇게 생각하세요?"라고 되묻습니다.

그래도 "아닌가요?", "달리 생각나는 것은 없어요?"라며 다시 질문으로 되묻기도 해서 참을성을 시험하게 될 수도 있지만 지면 안 됩니다. 제조나 디자인에 관여하지 않았다면 제작자의 의도 등에 대해서는 모른다는 자세로 일관합니다.

❸ 천천히 생각할 시간을 준다

"그럴 때는 어떻게 해요?"라고 물으면 "그렇지요. 당신이라면 어떻게 하겠어요?"라고 대답하고 "그때는 어떻게 생각했어요?"라고 물으면 "어떻게 생각했을 것 같습니까?"라고 답변합니다. 이런 식으로 질문으로 대답하는 사용자가 가끔 있습니다. 사용자가 질문으로 답변할 때는 무심코 대답하면 안 됩니다. 대답해버리면 사용자는 "저도 마찬가지입니다"라고 간단하게 이쪽 의견에 동의할 수 있게 됩니다. 이러면 모처럼 사용자 의견을 들으려고 열린 질문을 했는데 닫힌 답변만 듣게 됩니다.

열린 질문은 자유 응답 형식이고 닫힌 질문은 선택 응답 형식입니다. 좋아하는지 싫어하는지, A인지 B인지 C인지 선택하면 되는 닫힌 질문은 대답해도 괜찮습니다. 내친김에 간단하게 집계할 수 있으니 분석하기도 편합니다. 하지만 그렇게 하려면 설문으로만 해도 됩니다. 일부러 사용자를 만나는 것은 가능성을 열어두고 사용자가 자신의 언어로 말하도록 질문하고 듣기 위해서입니다. 사용자 조사의 묘미는 사전에 준비할 수 있는 답변과 달리 뜻하지 않은 반응을 얻는 것이므로, 무심코 닫힌 질문을 하지 않도록 주의해야 합니다.

사용자가 질문으로 답변하는 것은 바로 답변할 내용을 찾지 못해 단순히 고전하는 상황으로 이해할 수 있습니다. 악의가 있어서가 아니라 단지 시간을 끌려고 하는 것입니다.

또는 중재자의 말투나 모습에서 시간을 신경 쓰고 있음이 암암리에 드러나서 사용자가 빨리 대답해야 한다고 생각했을 가능성도 있습니다. 천천히 시간을 두고 생각해도 좋다는 사실을 알게 되면, 질문으로 답변하는 횟수가 줄지 모릅니다. 말하는 속도를 늦추거나 확실하게 간격을 두고 진행해서 시간이 천천히 흐르도록 합시다. "천천히 생각해도 괜찮습니다"라고 분명하게 말하는 것도 방법입니다.

❹ 간단한 예를 들지 않는다

질문의 의미나 의도를 몰라서 대답이 척척 나오지 않을 때 "예를 들어서요?"라고 되묻는 사용자도 많습니다. '역시 그런 의미로 한 질문인가' 이렇게 이해하고 냉철하게 자기 의견이나 생각을 정리해 말해주면 좋지만, 예를 드는 바람에 시야가 좁아진다면 중재자가 유도한 것과 다름없습니다.

사용자가 "예를 들면요?"라고 물을 때는 바로 대답하지 않는 것이 가장 중요합니다. 시간을 버세요. "예를 들라는 말씀이지요. 어떤 것을 고려할 수 있을까요?"라며 이쪽도 모르겠다는 분위기를 풍겨 함께 생각하는 듯 가장합니다. 그 사이에 사용자의 머릿속에서도 사고가 진행되므로 잘 되면 뭔가가 나옵니다.

그래도 안 되면 예를 하나만 듭니다. 한 번에 두세 개나 들어선 안 됩니다. 한꺼번에 알려주면 질문이 닫힌 질문으로 전환됩니다. 그래도 안 될 경우, 알려준 예에 동감하기만 하고 자기 의견을 내지 않는 것은 질문이 부적절하기 때문일 수 있으니 사용자에게 답을 듣기는 무리입니다. 명쾌하게 결론을 지어 그 질문은 마무리하고 다른 질문을 다시 파헤칩니다.

❺ 중재자 이야기는 뒤로 미룬다

순수한 호기심에서 질문으로 답하는 사용자도 있습니다. 다른 사람은 어떤지 궁금해서 묻는 솔직한 반응입니다. 조사에 즐겁게 협력한다는 증거이기도 합니다. 사용자가 "당신은 어떻게 생각하세요?"라고 물으면 "제 이야기는 접어둡시다"라고 먼저 받아칩니다. "글쎄요. 제가 어떻게 생각하느냐 하는 거죠? 그렇군요"라고 순조롭게 나아가면 성공입니다.

호기심이 이겨서 자기 의견을 말한 후 "그래서 당신은 어떤가요?"라고 되묻는 경우도 있습니다. 답하기를 완강히 거절하면 상대도 그다지 좋게 생각하지 않을 테니 별 지장이 없는 한 이쪽의 생각을 말합니다. 다만 조사 초중반까지는 다음 질문에 영향을 미칠 수 있으므로 "내 이야기는 마지막에 할게요"라고 말해 미뤄두세요. 제 이야기를 나중에 들려준다고 말하기만 해도 당분간 호기심이 억제될 것입니다.

> **조사 가이드는 검은색으로만 작성하는 편이 가장 좋다**
>
> 질문이 쭉 나열되기만 하고 강조점이 없는 가이드는 사용하기가 매우 어렵습니다. 저 개인적으로는 사용자와 대화하면서 힐끗 눈을 돌렸을 때 보고 싶거나 봐야 할 부분이 금세 눈에 들어오는 정도면 좋겠습니다.
>
> 글자 크기를 바꾸거나 굵은 글씨나 밑줄을 긋는 등 나름대로 궁리해서 자기 스타일을 개발하되, 색은 사용하지 않는 편이 좋습니다. 그냥 지나쳐서는 안 될 부분을 빨간색으로 표시하기 쉽지만, 그 때문에 가이드를 컬러로 인쇄해야 하니 좋은 방법은 아닙니다. 아주 비싸기 때문입니다. 제가 인색하다고 생각할지도 모르겠습니다. 하지만 총 20페이지 가이드로 인터뷰 세션을 30번 하는데 참관자가 연달아 바뀌어 20명이 되면, 인쇄할 페이지 수가 점점 많아지겠죠? 빨간색 글자가 사용자 주의를 지나치게 끌 우려도 있습니다. 사용자는 가뜩이나 가이드 내용을 신경 쓰니 시선을 강하게 끌 요소가 없어야 좋습니다.
>
> 필기구로는 컬러 펜을 사용합니다. 흑백으로 인쇄한 조사 가이드에 검은색 펜으로 쓰면 인쇄된 글자와 손 글씨 메모가 뒤섞여 읽기 어려워집니다. 메모를 확인해 질문하려 하는데 메모가 눈에 띄지 않는 일이 없도록 메모는 컬러 펜으로 쓰기를 추천합니다.

> 인터뷰 여섯 번째

39. 닫힌 질문을 해야 할 때도 있다

사용자 조사에서 닫힌 질문은 절대 하면 안 된다고 생각하는 사람이 가끔 있습니다. 그야말로 오해입니다. 남은 시간 10분을 채우지 못한 시점에서 "말씀하신 내용을 요약하면 즉 A란 말씀인가요? 아니면 B인가요?"라고 질문했더니 의뢰인이 화를 낸 적이 있습니다.

"그렇게 닫힌 질문을 하면 유도되니까, 그렇게 하지 마세요"

닫힌 질문이 유도의 시발점인 것은 확실합니다. 제시한 선택지 외의 것을 생각하지 못하게 하면 틀림없이 유도하게 되므로 배제해야겠지만, 닫힌 질문이 필요할 때는 과감하게 사용하세요.

❶ 자신이 틀림없이 이해했다는 사실을 확인한다

처음부터 닫힌 질문을 하면 유도한다는 말을 들어도 마땅하지만, 내내 열린 질문을 해서 진의를 살피고 정중하게 깊이 파고들었습니다. 그런데 아직 확실하지 않습니다. 이런 상황이라면 '확인'하기 위해 닫힌 질문을 하는 것은 괜찮습니다. 특히 얼마 남지 않은 막판에 관찰실에서 지켜보는 참관자들의 추가 질문에 응할 시간도 남겨야 하는 시점이라면 오히려 닫힌 질문이 바람직합니다.

"즉 A라는 건가요? 아니면 B라는 말인가요?"
"지금 하신 말씀은 ~이라고 이해했습니다만, 맞나요?"

자신이 이해하거나 해석한 바에 100% 자신이 없을 때는 이런 식으로 물어보며 틀린 부분이 있는지 확인합니다. '그건 뭐였을까?' 같은 의문을 남긴 채 사용자와 대화를 마무리하면 아쉽습니다.

❷ 사용자 입이 무거울 때 대화 실마리로 삼는다

여러 가지 방법으로 사용자 마음을 알아내려고 애썼지만 사용자가 입이 무거워 아무 말도 하지 않습니다. 바로 닫힌 질문을 할 때입니다.

대화에서 얻은 실마리로 선택지를 제시하세요.

"예를 들어 A, B와 C의 내용이 다르다면 어느 것이 그때 기분에 가장 가깝습니까?"

이렇게 물으면 사용자는 간단하게 선택만 하면 되므로 선택할 것입니다. 이때 핵심은 선택으로 끝내지 않는 것입니다.

"그중에서는 B랄까요"

이 대답에서 '굳이 고르자면 B'라는 것은 속내를 100% 말하지 않았다는 방증입니다. 그 부분을 파고듭니다. A와는 무엇이 다른지, C가 맞지 않은 이유는 무엇인지, A나 C를 선택할 여지는 전혀 없는지, B보다 더 어울리는 표현은 없는지, 질문을 거듭하면서 사용자의 머릿속을 함께 탐험합니다.

> 인터뷰 일곱 번째

40. 말하지 않는 사용자가 가장 난처하다

사용자가 수다를 멈추지 않거나 주제에서 벗어나도 힘들지만, 말을 하지 않으면 더 어렵습니다. 인터뷰를 시작하려고 하니 "네? 혼자요? 혼자서 60분이나요? 정말인가요?"라고 하고는 입을 닫은 사용자가 있었습니다. 그룹 인터뷰로 알고 왔다고 합니다. 대여섯 명으로 이루어진 그룹에 섞여 적당히 맞장구만 칠 생각으로 왔는데, 중재자와 한 시간 동안 이야기해야 한다면 확실히 불안할 것입니다.

사용자가 말을 하지 않게 되는 상황과 그런 상황을 방지할 대책을 소개합니다.

❶ 설문에 '대충한 응답'이 섞인 후보자는 배제한다

「30. 사용자가 긴장을 전혀 풀지 않는다」에서도 언급했지만, 사용자가 설문에 일부 거짓말로 답하거나 대충 응답해 꺼림칙하다면 들킬지도 모른다는 두려움에 말수가 줄기 쉽습니다. 흥분해서 떠들면 무덤을 파게 될지도 모르니까요. 어떤 기분인지 압니다.

109쪽에 사용자 목록이 있습니다. P1 사용자의 데이터를 보세요. 이상한 점은 없습니까? 사용자가 최근 구입한 책인데 '전자책'을 '역내 서점'에서 구입했다고 답변했습니다. 일반적이지 않습니다. 이처럼 의심스러운 답변을 한 사람은 모집 단계에서 과감하게 떨어뜨리는 것이 첫 번째 대책입니다.

악의가 있어서가 아니라 무심코 저지른 실수일 가능성이 있지만, 깊이 생각하지 않고 적당히 답변했다고도 볼 수 있습니다. 고작 설문이라 해도 정확하게 답변하려고 노력한 사람이 조사 당일에도 성실하게 임하리라 생각하는 것이 타당합니다.

거짓 응답했으나 이외에 모든 조건이 이상적이고 꼭 참여하길 원하는 후보에게는 응답할 때 실수하지 않았는지 확인하기 위해 전화를 겁니다. 대화를 해보고 신뢰할 수 있을 것 같으면 합격시키고, 불안하면 다른 후보를 알아보는 편이 좋습니다. 모집 단계에서 배제하지 못했다면 긴장을 푸는 전략과 같은 방식으로 대처합니다. 거짓말은 실수로 정리하고, 상호 신뢰 관계를 견고하게 형성해 또 다른 거짓말을 봉쇄합니다.

❷ 그룹 인터뷰보다 일대일 인터뷰가 더 편하다고 전한다

그룹 인터뷰에 참여하는 사용자는 대부분 애초에 적극적으로 말할 생각이 없습니다. 실제로 그룹 인터뷰에 수다스러운 사람이 한 명 있으면, 그 외 사람들은 거의 말하지 않고 끝나도 이상하지 않습니다. 이 문제도 결국 모집 단계에서 처리하는 편이 가장 좋습니다. 그룹이 아니라 일대일 인터뷰라는 사실을 확실히 알리면, 그룹 인터뷰를 간절히 원하는 사람은 응모하지 않을 것입니다.

그래도 앞의 참가자처럼 혼잡한 틈에 그룹 인터뷰에 잘못 섞인 경우에는 "일대일이 편하고 좋아하는 것을 말할 수 있어서 오히려 좋아요"라거나 "저와 수다를 떨기만 하면 되니까 괜찮아요"라고 일대일의 편안함을 알려주세요. 사용자가 다른 사람의 태도나 반응을 살필 필요 없이 하고 싶은 말을 원하는 대로 하고 중재자가 제멋대로 늘어놓은 사용자의 말을 깜짝 놀랄 정도로 진지하게 들어주는 경우가 의외로 많습니다. 마지막에 "눈 깜짝할 사이에 끝났네요. 너무 즐거웠어요"라고 말할 수 있도록 즐겁게 인터뷰합시다.

❸ 남은 시간을 확실히 파악하고 있음을 전한다

좋은 감정으로 대화를 이어가다가 갑자기 사용자 입이 무거워질 수 있습니다. 아마 중재자가 실수를 저질러 상호 신뢰 관계가 무너진 것이겠죠. 이때는 「32. '잘 듣고 있는지' 의심하면 끝장」에서 소개한 대책을 돌아보고 행동에 옮깁니다.

사용자 입이 무거워진 또 다른 이유는 시간에 신경 쓰기 때문입니다. 끝난 후 약속이 있어서 어떻게든 예정된 시간에 끝내고 싶은 사용자는 종료하기 15분 전부터 안절부절못하기 시작합니다. 시계를 찾거나 스마트폰을 꺼내 자주 들여다봅니다. 무의식중에 말이 줄고 대답이 퉁명스러워집니다.

그런 모습을 보이면 "15분 남았으니 조금 서두를게요" 또는 "남은 15분 동안 OO에 대해 묻고 싶습니다"라는 말로 남은 시간을 확실히 파악하고 있음을 은근히 전하세요. 중재자가 시간을 가늠하고 있으며 예정대로 끝낼 생각으로 진행하고 있다는 사실을 알면 사용자는 안심하게 됩니다.

> 참관자와의 소통

41. 5분 남았을 때 효율적으로 사용하기 위한 대책

5분 정도 남았을 때 관찰실에서 지켜보던 참관자들에게 추가 질문이 있느냐고 물으면 거의 틀림없이 "이 부분을 물어봐 주세요", "그 내용도 확인해주세요"라고 요청합니다. 하지만 그런 요청을 듣고 "그것에 대해서는 아까 들었잖아요?"라고 반문하는 경우가 많아 놀랍습니다. "제대로 들었어요?"라고 꼬집고 싶은 경우도 종종 있습니다. 하지만 모처럼 참관하러 온 사람(게다가 의뢰인)에게 그렇게 말해봤자 팀 분위기만 깨질 테고 솔직히 시간도 아깝습니다. 그와 같은 시간 낭비를 막고 남은 귀중한 시간을 효율적으로 사용하기 위한 대책이 있습니다.

❶ 쪽지에 써달라고 한다

"5분 남았는데 추가로 물어볼 게 있나요?"라고 갑자기 물으면 정곡을 찌르는 질문을 바로 말하기 쉽지 않습니다. 그럴 수 있다는 사실은 미리 알고 있어야 합니다.

==마지막에 그런 시간을 배정했음을 가이드에 명시한 후 말로 전달하고 쪽지도 건네서 질문을 써달라고 부탁해둡니다.== 쪽지 한 장에 질문을 하나만 작성하게 하면 쪽지 개수로 추가 질문 개수를 대략 파악할 수 있습니다. 많으면 그중에서 중요도가 높은 질문이 적힌 쪽지를 선택합니다.

중재자가 쪽지를 그대로 가져갈 수 있다는 점도 큰 장점입니다. 그 자리에서 메모하거나 기억할 필요가 없으니 인지 부하가 걸리지 않고 외우는 시간도 절약하게 됩니다.

❷ 관찰실내에 정리하는 역할 담당자를 둔다

그렇다고 해도 5분을 남겨둔 시점에 수많은 쪽지 중에서 고르려면 역시 시간이 걸립니다. 또 질문 중에는 중복되거나 불과 5분 만에 답할 수 없는 무거운 질문도 있습니다. 이때 관찰실내에 질문을 정리하는 사람이 한 명 정도 있으면 도움이 됩니다.

- 중복되는 질문
- 조사 목적에서 벗어나는 질문
- 남은 시간 동안 처리할 수 없는 질문
- 사용자에게서 답을 들을 수 없을 것 같은 질문

이런 질문을 배제하고 가장 효과적인 질문을 골라내는 역할을 관찰실에 있는 누군가가 담당하게 합니다.

❸ 실시간으로 요청을 받아들인다

지금까지는 중재자가 관찰실에 가서 추가 질문을 받아왔지만 자리를 비우지 않고 관찰실에 있는 참관자들의 요청을 실시간으로 받는 것이 이상적입니다. 질문을 실시간으로 받으면 이야기 흐름 속에 잘 끼워 넣을 수 있습니다. 그러나 마지막에 추가하면 "아까 ○○라고 말씀하셨던 이야기입니다만" 등의 말로 사용자가 이야기의 흐름이나 내용을 떠올리게 하는 데 시간이 또 소요됩니다.

인터뷰 도중에 쪽지를 중재자에게 전달하는 아날로그적 방법을 취하기도 합니다. 하지만 쪽지를 받기 전에 다음 화제로 넘어갔다면 화제를 중단하고 이전으로 되돌리게 되므로 역시 시간을 낭비하게 됩니다. 이 방법은 뒤에서 누군가가 지켜보고 있음을 사용자에게 상기시키기 때문에 그다지 바람직하지 않습니다.

한편 중재자의 스마트폰에 문자를 보내는 방법도 있지만, 메시지가 도착한 순간 눈치채지 못하면 오히려 성가십니다. 메시지를 보내는 쪽은 너무 급하게 보내느라 앞뒤 문맥을 생략하고 알고 싶은 것만 바로 작성하므로, 엉뚱한 시점에 읽게 되면 메시지를 전혀 파악하지 못해 곤란합니다. 스마트폰을 보기 쉬운 곳에 두거나 알람을 켜서 알아차리기 쉽게 하면, 사용자도 눈치챕니다. 사용자 이야기를 들으면서 스마트폰을 힐끗 보는 것도 실례이니 가능하면 사용하고 싶지 않은 방법입니다.

텍스트로 요청받는다면 사용자가 읽기 어려운 각도로 중재자 옆에 노트북을 두고, 읽는 데 부하가 걸리지 않게 할 방법을 생각해냅니다. 예를 들어 추가로 하고 싶은 질문 앞에 '+'를 붙이거나 주제를 더 깊이 들여다보길 바라는 질문에 '화살표' 아이콘을 붙이는 등 약간의 수고만으로도 읽기가 매우 쉬워집니다.

동시 통역용 무전기나 무선 통신기를 사용해 관찰실에서 관찰 중인 참관자들에게서 음성 지시받는 방법도 추천합니다. 한쪽 귀에 이어폰을 꽂은 중재자는 익숙하지 않을 때는 지시에 대답하거나 되물어서 사용자에게 의아한 시선을 받습니다(신입 시절에 여러 번 경험했습니다). 하지만 익숙해지면 사용자와 이야기하면서도 알아듣게 됩니다. 지시를 내리는 사람은 상황을 지켜보다가 대화가 끊긴 시점에 말하세요.

방법은 차치하고 팀워크가 중요합니다. 사용자와 대화하면서 오감과 사고를 완전히 가동하는 중재자의 인지 부하를 이해하고 몇 가지 방법을 시도해서 중재자에게 가장 쉬운 방법을 선택합니다.

❹ 한 번 나온 요청은 한 번으로 끝내지 않는다

관계자는 꼭 물어보고 싶은 질문을 사용자 한 사람에게 하는 것으로 만족하지 못하고 대개 다음 사람, 그다음 사람, 결국에는 전원에게 물어보는 경우가 많습니다. 가이드에 나열된 질문과 별 관계가 없다면 반드시 마지막에 추가로 묻지만, 이야기 흐름 중에 해도 될 만한 질문이면 중간에 넣습니다. 쪽지를 적절한 페이지에 붙여두면 잊어버릴 걱정도 줄어듭니다. 가이드를 업데이트하는 것이 좋지만, 세션 사이에 문서를 출력하고 기존 문서와 교체하기엔 번거롭고 많이 출력해둔 경우라면 종이도 아까우므로 쪽지를 활용해 해결합시다.

그보다 걱정되는 것은 시간입니다. 준비 단계에서 질문 범위를 어렵게 좁혔는데 당일이 되어 질문이 자꾸 추가되면 다시 마무리되지 않을 것 같아 걱정됩니다. 하지만 사실 서너 사람과 인터뷰를 거듭하다 보면 시간에 여유가 생깁니다. 질문하는 데 요령이 생기고 대화를 매끄럽게 이어가면서 조금씩이지만 각 질문에 걸리는 시간을 조절하고 화제가 어떻게 흘러갈지 예상하게 되어 원활하게 진행되기 때문입니다. 그리고 남은 시간에 추가 질문을 하면 됩니다. 좋은 느낌으로 마무리할 수 있습니다.

> **관찰하면서 기록할 때 주의 사항**

더 묻고 싶은 질문을 적어야 할 쪽지에 인터뷰를 들으면서 알아냈거나 궁금했던 내용까지 메모하는 경우가 있습니다. 이 쪽지를 붙여 공유하면 분석과 해석을 효율적으로 할 수 있을 것 같기 때문입니다. 하지만 각자 자기 방식으로 무작정 적어둔 메모는 그 순간만 유용할 뿐 그 후 작업의 효율까지 높이진 못합니다. 이왕 쪽지를 쓰려면 적어도 두 가지 규칙을 정합시다.

- 이용자 식별번호(P1 등)를 반드시 기재할 것
- 쪽지 색을 바꾸는 등의 방법으로 사실과 해석을 나눠 쓸 것

관찰하면서 일일이 쪽지 색을 확인하고 메모하기는 힘듭니다. 구분 없이 노트에 메모하는 것이 간단하므로 익숙해지기 전에는 쪽지보다 노트를 사용할 것을 추천합니다.

그림1
관찰자용 시트

월 일		기록자:

세션	관찰한 내용	관찰하면서 알아낸 내용
P.		
P.		
P.		
P.		
P.		

[그림1]과 같이 시트를 준비하는 것도 좋습니다. 보기 좋게 작성하는 데 최선을 다하기 쉬우므로, 관찰 중에는 무엇보다 사실을 있는 그대로 받아쓰는 것을 우선시해야 한다고 미리 알려줍니다. 사용자와 중재자의 대화가 계속 이어지기 때문입니다. 약간 신경 쓰이는 언행을 해석하고 메모하려 하는 그 순간에 사용자가 또 다른 중요한 말을 할 수 있습니다. 이를 놓치지 않기 위해 해석을 나중으로 미룹니다. 해석하는 시간은 차후에 충분히 들이면 되니까요.

> 행동 관찰 첫 번째

42. 시점을 구분하여 동선만 충실하게 기록한다

사용자 조사의 목표는 언제든지 '이용 현황(context of use)'을 제대로 파악하는 것입니다. 인터뷰에서 이 목표를 실현하려면 인간의 인지 특성을 고려해 신중하게 대화해야 합니다. 행동으로 드러난 사실을 관찰해 파악하면 거짓말이나 속임수가 없다기보다 진실에 가까운 데이터를 얻으리라 생각해 행동 관찰이라는 방법을 선택했다고 합시다. 행동 관찰을 해보니 조사팀 전원이 사용자의 행동과 시점을 쫓은 결과, 흠잡을 데 없이 완벽한 동선(사용자가 움직인 궤적) 기록은 얻었지만 그 외 시점은 빈약해 도움이 되지 않습니다. 결국 원점으로 돌아가 다시 시작해야만 하는, 되돌릴 수 없는 실수가 됐습니다.

여러 절차를 극복하고 행동 관찰을 하기로 했다면, 다음과 같이 세 가지 관찰 시점으로 볼 수 있도록 세 명 이상으로 조사팀을 구성하는 것이 이상적입니다.

❶ 사용자가 보고 있는 것을 같이 본다

계산대 직원의 업무 개선을 목적으로 행동 관찰을 한다고 생각해봅시다. 우선 없어서는 안 될 시점으로 계산대 직원(이 절에서 '사용자'는 계산대 직원을 가리킵니다)이 있습니다. 사용자가 계산대에 서서 일할 때 받는 자극 정보를 지각하고, 머릿속으로 어떻게 사고하며 어떻게 판단하고 어떻게 행동하는지(전반적인 인지 활동입니다)를 마치 자신이 사용자가 된 것처럼 사용자 체험을 자기 것으로 받아들이는 것이 첫 번째 관점입니다. 조사팀 중에서도 공감 능력이 높은 사람이 중재자 역할을 겸합니다.

이 역할은 '그림자'처럼 사용자에게 밀착해 관찰하기 때문에 '섀도잉(shadowing)'이라는 이름이 붙었습니다. 사용자는 그림자 존재를 잊고 평소처럼 행동하도록 합니다. 덧붙여 말하면, 간혹 이 명칭 때문에 햇빛이 비치는 야외 조사에서만 사용하는 수법으로 오인되기도 하는데, 그렇지 않습니다.

새도잉은 사용자에게 감정을 이입해 사용자 주관으로 상황을 보는 것이 관건입니다. 그리고 사용자 오감(시각, 청각, 후각, 미각, 촉각)에 호소하는 정보나 정보가 활용되는 맥락과 시점을 자세히 파악해 기록합니다. 기본적으로는 동선 기록도 맡습니다.

사용자 입장으로 보려면 사용자 바로 뒤에 서는 것이 효과적입니다. 하지만 그러면 사용자 시선이 어디를 향하는지 안 보이고 사용자 정면의 상황이 완전한 사각지대가 될 수 있으므로 비스듬한 대각선 방향에 있되 사용자의 눈가와 입가가 보일 정도의 위치가 가장 좋습니다.

또 계산대 같은 근무 환경에서는 관련 경험이 없으면 알 수 없는 행동이 많습니다. 사전 답사할 시간을 확실히 배정하거나 행동 관찰 전후에 사용자 인터뷰를 조합해 보완할 방법을 궁리해봅시다.

❷ 사용자가 처한 환경을 밖에서 객관적으로 바라본다

사용자에게 공감해 눈앞의 상황을 주관적으로 보고자 하는 ❶ 시점 담당자는 세부적 측면에 의식이나 주의를 기울이게 됩니다. 이를 보완하기 위해 전체를 조감하는 관점이 필요합니다.

이 관점은 사용자가 머무는 공간이나 그곳에 존재하는 객체(사물), 다른 사람과의 상호 반응(주고받기) 등을 집중적으로 관찰하고 기록합니다. 남을 몰래 관찰하는 모습에서 '벽에 붙은 파리(fly on the wall)'라는 이름이 붙었습니다.

비디오카메라를 반입할 수 있는 경우에는 전체 상황이 한눈에 들어오는 위치에 카메라를 장착합니다. 그리고 필요에 따라 촬영 각도를 조정하면서 현장을 폭넓게 관찰하고 깨달은 현상을 노트에 기록합니다. 이 사례에서는 계산대를 이용하는 고객의 모습, 계산대 직원과 고객의 상호 반응, 다른 계산대 직원과의 관계 등에 초점을 맞춥니다.

카메라를 장착할 수 없다면, 손수 찍어야 하니 기록하지 못합니다. 인원에 여유가 있으면 기록을 전담할 사람을 추가하는 편이 안전하지만, 조사팀 인원이 늘면 상황에 영향을 미쳐 사용자나 그곳에 있는 사람들의 행동이 왜곡될 우려가 있습니다. 경우에 따라 녹화 영상을 나중에 확인하고 재검토하는 시간을 갖기로 합시다.

카메라를 아예 반입할 수 없는 경우는 전체를 조감하는 관점에서 본 사실 그대로 기록합니다.

조사팀에 영상 기억력(눈에 찍힌 대상을 영상 그대로 기억하는 능력)이 탁월한 사람이 있다면 금상첨화지만, 그런 사람이 드물어서 현실적으로 스케치할 수 있는 사람이 맡는 것이 좋습니다. 본 것을 모두 문자로 기록하기보다 삽화로도 그릴 수 있다면 기록되는 내용이 많아질 것입니다.

❸ 사용자와 접하는 제삼자 눈으로 사용자를 본다

같은 공간이나 객체(사물)를 사용하는 제삼자 입장에서 그 체험을 직접 관찰하는 것이 세 번째 관점입니다. 명칭은 없지만, 굳이 붙인다면 '어쨌든 참여 관찰'이랄까요. 이 사례에서는 사용자와 직접 반응을 주고받는 '고객'이 되어 자리를 비집고 들어가면 됩니다. 고객 관점에서 사용자 언행을 보며 깨달은 바를 기록해야 하지만, 진행하는 중에는 체험하는 데 전념하고 이후에 얻은 깨달음을 기록하는 별도의 절차가 필요합니다.

❶이나 ❷ 관점을 담당한 사람이 다른 날을 골라 ❸ 관점을 맡을 수도 있지만, 이 경우 사용자 눈에는 순수한 고객이 아니라 조사원으로 비치게 되어 사용자 행동이 매우 왜곡됩니다. ❶이나 ❷ 관점 담당자가 아닌 사람이 맡거나, 인원이 부족하다면 조사 실시 이전에 일반 고객으로 가장해 몰래 관찰하는 방법이 좋겠습니다.

행동 관찰 방법은 이처럼 경험이 있는 여러 사람이 팀을 이뤄 다양한 역할을 분담하는 것이 이상적입니다. 하지만 혼자라도 속수무책인 것은 아닙니다. 카메라를 장착할 수 있다면 나중에 영상을 보고 전체를 바라보는 관점을 보충할 수 있고, '어쨌든 참여 관찰'도 조사에 앞서 몰래 실시하면 어떻게든 됩니다. 다만 여러 사람이 팀을 이뤄 진행하면 단기간에 끝내고 현장에서 행동 관찰도 끝낼 수 있지만, 중재자가 단독으로 맡으면 시간이 걸립니다. 많은 인원(그렇다고 해도 3~4명 정도가 한도)이 함께 동시에 주력해 단시간에 마칠지, 아니면 중재자와 조사원 한 명씩 짝을 이뤄 매일 관찰하는 편이 더 좋을지 조사에 협조해줄 실무 담당자들과 상의해 결정합시다.

행동 관찰 두 번째

43. 행동을 설명하게 하는 바람에 행동이 왜곡된다

행동 관찰에서는 상호 신뢰 관계를 형성하기 위해 간단한 속성 정보를 확인하며 소소한 대화를 나눕니다. 그런데 관계 형성이 잘 안되면(혹은 단시간에 달성할 자신이 없으면) 무심결에 이것저것 알아내고 싶어집니다. 행동 관찰을 확실하게 성공시킬 욕구에서 자주 하는 실수 하나는 관찰할 행동을 대놓고 묻는 것입니다. "○○할 때는 항상 어떻게 하세요?" 같은 식으로요.

드디어 행동 관찰을 시작할 때 사용자가 다음과 같이 말하면, 분명 쓸데없는 질문을 한 것입니다.

"아까 말한 대로 하면 되지요?"

이렇게 묻기라도 하면 아직 수정할 여지가 있지만, 그렇지 않으면 사용자의 왜곡된 행동을 자연스러운 행동으로 간주하게 되어 조사는 실패하게 됩니다. 이런 사태를 피할 확실한 방법을 마련합시다.

❶ 사용자에게 행동을 '선언'시키지 않는다

인간은 말과 태도, 행동을 일관되게 유지하려는 강한 욕구가 있습니다. 이를 '일관성 원리'라 합니다. 언행이 일치하지 않는 사람은 겉과 속이 다른 사람으로 간주되고 반대로 일관된 사람은 지적 수준이 높고 인품이 뛰어난 사람으로 간주됩니다. 자기가 한 말에 따라 행동을 바꾸는 경향은 무의식적으로 발생합니다.

"○○를 할 때는 항상 어떻게 하시나요?"라는 질문에 "앞서 말한 대로 행동하겠습니다"라는 사용자의 대답은 선언과도 같으므로 물어보면 안 됩니다. 사용자에게서 먼저 들어두는 편이 관찰이나 기록하기 쉽지만, 꾹 참으세요.

참고로, 이 점은 사용자 인터뷰 중에 프로토타입을 전달해서 의견을 듣거나 가설을 검증할 때도 마찬가지입니다. 사용자 행동을 관찰해 실태를 파악하려 할 때는 먼저 불필요한 질문을 하지 않는다는 철칙을 준수해야 합니다.

❷ 행동에도 '정답이 없다!'는 사실을 전한다

사용자가 '아까 말한 대로 하면 된다'라고 생각하는 두 번째 이유는 사용자에게 요구되는 행동이 있다고 생각해서, 즉 정답을 찾고자 하기 때문입니다. 사용자가 의도치 않게 선언하고 "아까 말한 대로 하면 되나요?"라고 말하면, 인터뷰 때처럼 무심코 고개를 끄덕여선 안 됩니다. 다음과 같이 맞받아칩니다.

"여러 가지 방법이 있다고 생각하니 아까 말씀하신 대로가 아니어도 괜찮습니다. 그때그때 마음먹은 대로 해주세요"

행동 선택지는 한 개가 아니라는 점을 암시하고 선언대로 행동할 필요가 없음을 알려줍니다.

❸ 언행이 일치하지 않으면 '행동'을 믿는다

자기 말대로 행동하는 것과 반대로 행동을 말로 설명할 때도 그것에 맞게 감정을 일치시키려는 무의식적 작용이 일어납니다. 자신이 취한 행동이 비효율적이거나 비생산적이더라도 솔직하게 인정하고 반성하기보다는 다분히 효율적이고 생산적인 행동이라 여기고 결과에도 만족한다고 스스로 믿는 것이 편안하기 때문입니다. 인간은 그처럼 편한 길을 택하려는 욕구가 있기 때문에 행동 관찰을 한 후에 결과에 대한 생각을 물어도 진의를 말하지 않을 수 있습니다. 관찰한 사용자 행동과 인터뷰에서 사용자가 한 말이 일치하지 않을 때, 신빙성이 더 높은 데이터는 행동입니다.

어떻게든 확인하고 싶다면, 사람의 기억을 신뢰할 수 없다는 사실을 역이용해 시차를 두고 전혀 다른 질문을 합니다.

당일 마감

44. 듣고도 생각나지 않아 초조해진다

"오늘 두 번째 사용자분이 '뭐라고' 말씀하셨죠?"

하루의 일을 마감할 때 이런 말을 듣고 전혀 생각나지 않아 막막해지는 경우가 적지 않습니다. "그런 이야기를 했었나요?"라든지 "어떤 사용자였죠?"라고 묻자 의뢰인이 '이 사람, 괜찮을까?'하는 표정을 지은 적도 있습니다.

가장 좋은 위치에서 사용자 이야기를 들었으니 중재자는 모든 내용을 상세히 기억하고 미세한 표정 변화도 놓치지 않으리라 기대하지만, 그런 초인적 능력은 불가합니다. 인간의 기억 용량은 한계가 있기 때문입니다. 게다가 인지 능력이 다 소진되어 사용자와 대화를 반복한 직후에는 녹초가 됩니다. 하지만 "잊어버렸습니다", "기억나지 않습니다"라는 대답은 도움이 되지 않습니다. 이때는 무엇이든 생각해내도록 재빠르게 데이터를 확인하고 대답할 수 있게 사전 대비책을 마련합시다.

❶ 가이드에 쓴 메모를 대강 정리한다

같은 질문을 반복해서 상호 신뢰 관계를 무너뜨리는 일이 없도록, 메모하면서 사용자 이야기를 들었을 것입니다. 하지만 휘갈겨 쓴 메모를 그대로 두면, 자기도 무슨 말인지 전혀 알아보지 못하는 유감스러운 일이 생깁니다. 다음 사용자가 올 때까지 쉬는 시간에 깔끔하게 정리합니다.

읽기 어려운 부분은 잘 읽히게 고치고 다음과 같은 부분에 별표를 붙이거나 동그라미를 치거나 마커로 선을 긋는 등 나름의 방법으로 표시합니다.

- 조사에서 밝히고 싶은 것과 직결될 만한 이야기
- 여러 사용자에게 공통되는 행동이나 감정
- 다른 사용자와 차별화되는 특징적 언행
- 자신의 상상을 초월하는 놀라운 발견

특히 마지막 항목이 중요합니다. '왠지 중요한 일인 것 같지만 아직 설명할 순 없다'라고 하더라도 명확해진 무언가가 있으면 모아둡니다. 그러다 표시하는 행위로 기억이 강화되고 다른 사용자가 비슷한 이야기를 할 때 떠올라 깊이 파고들기에 유리해집니다.

❷ 사용자 특징을 덧붙인다

사용자의 캐리커처를 그릴 수 있다면 더할 나위 없이 좋습니다. 그림을 잘 그리지 못하는 저는 사용자 특징이나 인상을 말로 간단히 적어두기로 했습니다. '구찌 안경이 어울리는 커리어우먼'이라든지 '눈사람 모양 넥타이와 안 어울리는 험상궂은 얼굴', '노트를 갖고 다니며 메모하길 좋아하는 아저씨' 이런 식으로 외모 특징이나 조사 태도를 적어두면 대화를 떠올리기 쉽습니다.

여유가 있으면, 더 나아가 조사 주제와 관련된 특징적인 행동이나 태도를 덧붙입니다. 예를 들어 독서에 관한 조사에서는 '노트를 갖고 다니며 메모하길 좋아하는 아저씨는 독서할 때도 줄을 긋고, 그래서 종이책만 본다'와 같이 작성합니다.

사실로 확인된 것에만 주목하고 자신의 해석을 덧붙이지는 않습니다. 어디까지나 나중에 기억을 더듬기 위한 사전 준비 수준에 그칩니다.

❸ 전자 데이터를 정리한다

녹음이나 녹화 데이터는 사용자마다 폴더를 만들어 각각 저장합니다. 어느 것이 어느 사용자의 데이터인지 알 수 없는 상태로 방치하면, 나중에 원하는 데이터를 찾을 때 번거롭기 때문입니다. 사용자가 해온 숙제나 조사 중 메모해 공유한 내용이 있으면 즉석에서 사진을 찍어 폴더에 넣어둡니다. 혹시 모를 분실에 대비하기 위함입니다. 촬영하기 전에, 칼럼 「사용자 식별 번호」(→ 114쪽)에 소개한 기호를 그 문서에 반드시 써둡시다.

조사 중에 찍은 사진은 시간순으로 정렬하고 일일이 열지 않아도 어떤 사진인지 짐작할 수 있도록, 메타데이터를 붙이거나 분류 기준에 따라 폴더를 구분하면 참조하기 쉬워집니다.

5장

데이터를 읽고 이해하기
분석과 해석의 함정

> 데이터 정리 첫 번째

45. 원천 데이터를 확인하느라 지옥을 경험한다

마지막 사용자를 배웅할 때 느끼는 성취감은 대단합니다. 차질 없이 조사를 완료한 듯한 착각에 빠지기도 합니다. 하지만 여러 번 말했듯이 거기서 안도하거나 만족해서는 안 됩니다. 조사에서 얻은 데이터를 정리, 분석하고 데이터에서 무엇을 얻을지 해석해서 다음에 이어질 행동을 결정하고 담당할 사람들에게 넘겨야 하므로 한숨 돌릴 틈이 없습니다.

게다가 인간의 기억은 시간이 지나면 희미해지거나 다른 기억과 섞여 재구성됩니다. 그리고 인간은 자신이 가진 지식을 중심으로 판단하려는 '자기중심 경향'도 있습니다. 사용자 조사에서 얻은 지식만을 추출하고 그것을 바탕으로 판단을 내리면 좋겠지만, 인간의 뇌는 그렇게 작동하지 않습니다. ==한숨 돌리고 싶은 마음은 알지만, 인지 약점에 대항하기 위해서라도 가능한 한 틈을 두지 않고 바로 분석하는 것이 합당합니다.==

그다음 기세 좋게 분석과 해석까지 마치고 의뢰인에게 보고하러 갔을 때의 일입니다.

"이 해석의 바탕이 된 데이터를 확인하고 싶군요"

어떤 맥락에서 어떤 말을 했는지 확인하고 해석의 타당성을 판단하겠다는 뜻입니다.

"어느 사람이었는지 바로 알 수 없지만 분명히 여성 사용자가 OOO이라고 했는데 원문대로 하면 이렇게 말했을 것 같습니다만"

이런 모호한 답변밖에 하지 못해 아찔해진 경험이 있습니다. 그 자리에서 더 따져 물어도 소용없다고 생각한 의뢰인은 나중에라도 상관없으니 확인해서 알려달라고 했습니다. 돌아가서 녹화본을 수없이 많이 돌려본 일은 최악의 쓰라린 추억입니다.

==데이터를 분석할 때는 원천 데이터(가공하지 않은 데이터)를 언제든 참조할 수 있게 하는 것이 철==

칙입니다. 그 준비를 소홀히 하면서 미리 분석을 시작하면 며칠이고 밤새 녹화본을 재검토하는 지옥을 경험하게 됩니다. 다음과 같은 대책을 세우고 언제든 원천 데이터를 다시 볼 수 있다는 안도감을 안고 분석하러 갑시다.

❶ 음성 데이터를 남긴다

순수한 원천 데이터는 녹화나 녹음된 자료이지만, 확인할 것이 있을 때마다 재검토나 재청취를 하면서 느긋하게 분석을 진행할 수 있는 상황은 없습니다.

분석 숙련자가 있는 조사팀에서 자신들의 인지가 편향됐다는 사실을 자각해 데이터를 편파적으로 보지 않는다고 장담할 자신감과 실적이 있다면 음성 데이터 녹취('발언록'이라고도 합니다)는 생략해도 되지만, 그렇지 않다면 반드시 해야 합니다.

비용이 들겠지만, 전문가에게 맡기면 빠르고 확실합니다. 더불어 녹음 데이터의 녹취록만이 아니라 조사에 동석해 즉석에서 속기해줄 서기 역할도 맡깁시다. 마무리가 빨라질 뿐만 아니라 알아듣지 못한 부분이나 의미를 몰라 작성하기 어려운 단어 등을 중재자나 그 자리에 있는 사람에게 확인할 수 있기 때문에 더욱 정밀해집니다. 인터뷰실 대여나 구인 회사에 '서기'나 '속기사'를 파견해줄 수 있는지도 문의하세요.

예산이 없으면 직접 기록할 수밖에 없지만, 한 시간 분량 녹음을 글로 작성하는 데 세 시간 이상이 걸린다고 보면 됩니다. 참고로 구글이나 아마존에서 음성 데이터를 텍스트로 변환하는 서비스를 제공하니, 서비스 정확도가 높아지면 비용과 시간이 단축될 것입니다. 다만 전적으로 믿고 맡기기까지는 좀 더 시간이 걸릴 것 같습니다.

중재자가 직접 녹취록을 작성할 때는 인지 부조화를 회피하지 않도록 세심하게 주의를 기울입니다. '왜 이 부분에 대해 더 꼬치꼬치 캐묻지 않았어', '여기는 유도하는 것처럼 들리는군', '왜 같은 걸 여러 번 듣고 있지?' 이런 자기 실패담이 떠오르자 녹음이 잘 안되어서 못 들은 걸로 하자고 내면의 악마가 속삭이면, 들은 그대로 작성한다는 원칙에서 무심코 도망치고 싶어지기 때문입니다. 도망치지 않고 마주 볼 자신이 없으면 중재자가 아닌 사람에게 작성하게 합니다.

방법이야 어떻든 음성 데이터를 문서로 작성하면 [그림1]과 같이 됩니다. 여기에 누구의 말인지 써넣고 빠진 부분을 중재자가 남긴 기록 등으로 채우면 [그림2]와 같습니다. 이 정도면 되는데, 외주를 줄 경우 이 작업까지 의뢰하면 상당히 효율적입니다. 별것 아닐 수 있지만 60분 분량의 인터뷰를 글로 작성하면 30페이지 내외가 됩니다. 이 작업을 사용자 수만큼 해야 합니다. 직접 작성할 생각을 하니 아찔하죠. 어차피 외주를 이용한다면 희망 사항을 전달해 활용하기 쉽게 마무리해달라고 합시다.

❷ 녹화 데이터나 메모에 행동을 쓰기 시작한다

녹화 데이터에 음성 데이터로 쓸 수 없는 내용이 포함됐다면 재검토해 써둬야 합니다. 녹화할 수 없는 상황이라면, 중재자가 가진 메모나 따로 배치된 관찰 담당자의 기록 등을 기반으로 씁니다.

그림1
모 서점에서 실시한 맥락 인터뷰[16]의 음성 데이터를 기반으로 작성한 초안 예시 (발췌)

> 그럼 자유롭게 말씀하세요.
> 네
> 근데 그걸 손에?
> 엄청 재미있겠다. 음, 꽤, 이처럼 읽고 싶지만 읽을 수 없는 것이 일본 고사기[17]죠. 뭐, 실제로는 안 읽지만요. 근데 이건 쉽게 읽을 수 있을 것 같고 저번에 역사책으로 비슷한 걸 샀는데 너무 재미있었고 남편도 좋은 평가를 줬거든요. 꽤 괜찮겠다 싶어서 살까도 했지만 지금은요. 지금 들기엔 무거워서.
> 『(들리지 않음)』 원서인가. 흠. 원서란 이런 느낌이군요.
> 원서라고 하셨는데 원서 말고 번역서는
> 아, 벌써 샀네요.
> 아, 그렇군요.
> 그래요.
> 음.
> 이 사람은 별로야.
> 그건, 어떤 점이 신경 쓰이셨나요?

---

16. 역주: contextual inquiry, 맥락에 따라 실시간으로 반응하며 유연하게 대응하는 열린 조사 방법
17. 역주: 일본에서 가장 오래된 역사책으로 상중하 세 권으로 구성됨

음, 문화기술지[18]인 것은 제목으로 알았지만 이건 읽기가 좀…
무슨 뜻인가요?
사회학적인 분야에서의 문화기술지 조사 결과를, 아니 결과랄까 경위를 포함해서 전부 정리한 책은, 음.
이거 얼마 전에 산 거예요.
그렇군요.
이거 너무 재미있었어요. 가장 재미있었달까.
나츠메 소세키[19]였던가. 나츠메 소세키가 말이죠.

그림2

[그림1]의 초안에 발언자를 표시하고 누락된 내용을 보완 (발췌)

P5 (2019년 4월 7일 실시 @시부야)

M: 그럼 자유롭게 말씀하세요.

P5: 네

M: 근데 그걸 손에?

P5: 엄청 재미있겠다. 음, 꽤, 이처럼 읽고 싶지만 읽을 수 없는 것이 일본 고사기죠. 뭐 실제로는 안 읽지만요. 근데 이건 쉽게 읽을 수 있을 것 같고 저번에 역사책으로 비슷한 것을 샀는데 너무 재미있었고 남편도 좋은 평가를 줬거든요. 꽤 괜찮겠다 싶어서 살까도 했지만 지금은요. 지금 들기엔 무거워서.

P5: 『팩트 풀니스(Fact fulness)』 원서인가. 흠. 원서란 이런 느낌이군요.

M: 원서라고 하셨는데 원서 말고 번역서는

P5: 아, 벌써 샀네요.

M: 아, 그렇군요.

P5: 음.

P5: 이 사람은 별로야.

---

18. 역주: ethnography, 인간 사회와 문화의 다양한 현상을 정성적, 정량적 조사 기법으로 현장 조사를 하여 기술하고 연구하는 학문 분야
19. 역주: 일본의 최초 근대문학 작가이자 평론가, 영문학자. 1984년부터 2004년까지 일본 1천엔 지폐 모델이었으며, 대표작으로 『나는 고양이로소이다』 등이 있다

M: 그건, 어떤 점이 신경 쓰이셨나요?
P5: 음, 문화기술지인 것은 제목으로 알았지만 이건 읽기가 좀…
M: 무슨 뜻인가요?
P5: 사회학적인 분야에서의 문화기술지 조사 결과를, 아니 결과랄까 경위를 포함해서 전부 정리한 책은, 음.
P5: 이거 얼마 전에 산 거예요.
M: 그렇군요.

예를 들어 앞의 예처럼 중재자가 질문하면서 행동을 쫓는 맥락 인터뷰라는 방법으로 실시한 조사라면, [그림3]과 같이 대화 전후에 있는 행동을 추가할 수 있습니다. 밑줄 부분이 더해진 행동 데이터입니다.

이때도 인정하고 싶지 않은 실수가 있으면 인지 부조화와 싸움이 일어납니다. 중재자가 '유도'로 인정될 만한 행동을 취했다면 솔직하게 적어두어야 합니다. 예를 들어 중재자가 앞장서서 사용자를 이끌거나 가로막는 등의 행동을 하는 바람에 사용자 향방이 바뀌었을 가능성이 있는 경우입니다.

인지 부조화를 이길 자신이 없으면 제삼자에게 행동 데이터를 포함해 녹취록을 작성해달라고 부탁합니다. 다만 행동 데이터의 첫머리는 들은 대로 쓰는 역할을 하는 서기에게 작성해달라고 부탁할 수 없습니다. 조사 내용이나 틀을 이해하고 필요하다고 생각되는 데이터를 쓸 수 있는 사람에게 부탁하는 편이 좋습니다.

그림3
음성 데이터 기록에 행동 데이터를 보완 (발췌)

P5 (2019년 4월 7일 실시 @시부야)

M: 그럼 자유롭게 말씀하세요.
P5: 네
계산대 앞 화제의 도서 코너로 바로 간다.
책꽂이에서 『그림으로 보는 고사기』를 집어 든다.
M: 근데 그걸 손에?

범례
M: 중재자
P5: 사용자
행동 데이터

P5: 엄청 재미있겠다. 음, 꽤, 이처럼 읽고 싶지만 읽을 수 없는 것이 일본 고사기죠. 뭐 실제로는 안 읽지만요. 근데 이건 쉽게 읽을 수 있을 것 같고 저번에 역사책으로 비슷한 것을 샀는데 너무 재미있었고 남편도 좋은 평가를 줬거든요. 꽤 괜찮겠다 싶어서 살까도 했지만 지금은요. 지금 들기엔 무거워서.

『그림으로 보는 고사기』를 책꽂이에 돌려 둔다.

『팩트 풀니스』를 집어 든다.

P5: 『팩트 풀니스』 원서인가. 흠. 원서란 이런 느낌이군요.

M: 원서라고 하셨는데 원서 말고 번역서는

P5: 아, 벌써 샀네요.

M: 아, 그렇군요.

P5: 음.

『인생이 빛나는 정리의 마법』을 집어 든다.

P5: 이 사람은 별로야.

『인생이 빛나는 정리의 마법』을 책꽂이에 꽂고 『양키와 지력』을 집어 든다.

데이터 정리 두 번째

46. 인상적인 데이터가 머리에서 떠나지 않는다

조사팀이 아닌 의뢰인이 인지 부조화의 약점에 대항하기 위해 바로 분석을 진행하려 하는 경우가 많습니다. 성취감을 느낄 새도 없이 다음 질문을 던지기도 합니다.

"마지막 사용자의 '어쩌고저쩌고'라는 한마디가 너무 강렬해서 머리에서 떠나지 않는데 그런 비슷한 말을 한 사용자가 또 있었나요? 전부 몇 명입니까?"

'최소한 데이터를 정리할 때까지 기다려달라'는 것이 본심이지만, 정성 조사이므로 숫자를 신경 쓰는 것은 무의미하다고 반박할 수 있습니다. 하지만 떠올리기 쉬운 정보에 치우쳐 판단하는 '이용 가능성 휴리스틱'[20]이라는 인지 편향을 생각하면, 의뢰인의 질문은 결코 나쁜 질문이 아닙니다.

마지막 사용자의 인상적인 한마디가 강렬하게 기억나는 경우 이용 가능성 휴리스틱에 의해 그 한마디의 비중이 커질 수 있고 실제 말한 인원보다 그 수가 더 많다고 기억이 뒤바뀔 위험 마저 있습니다. 이런 인지 왜곡에 저항할 준비를 하고 정성 데이터에 해당하는 부분은 개수를 확인합시다. 이처럼 한 사람의 분량이 수십 페이지에 이르는 녹취록 문서를 작성하지 않아도 신뢰하고 참고할 수 있는 데이터를 만들어 대책으로 삼습니다.

❶ 사용자 목록과 메모를 활용해 데이터 일람표를 만든다

발언록은 귀중한 분석 토대입니다. 하지만 '대화' 형식 그대로는 일일이 읽기 힘들고 원하는 발언이나 문맥을 찾아내기도 힘듭니다. 여기서 중재자가 직접 작성한 메모나 다른 조사자가 조사 모습을 관찰하면서 촬영한 기록 등으로 데이터 일람표를 만듭니다. 이때 녹취록 문서가 이미 완성됐다면 사용하겠지만, 전문가에게 의뢰하더라도 납품까지 하루 이틀은 소요되기 때

---

20. 역주: availability heuristic, 문제나 이슈에 직면해 머릿속에 바로 떠오르는 내용에 의존하거나 중요하다고 생각하는 경향

문에 기다리기에는 시간이 아깝습니다. 초안은 나중에 검증할 때 사용하고 수중에 있는 메모를 위주로 작성하기 시작합니다.

「24. 사용자를 알아보지 못해서 관찰실의 존재를 들켰다」 같은 충격적인 실수를 방지할 대책으로 작성한 사용자 목록을 바탕으로 합니다. 예를 들어 간병에 대한 조사에서 모집을 완료하고 설문 결과를 [그림1] 같은 사용자 목록에 정리했다고 합시다.

그림1
'간병에 관한 조사' 사용자 목록 (발췌)

		P1	P2	P3
실시 일시	실시 일자	4월 26일(금)	4월 26일(금)	4월 26일(금)
	실시 시간	10:00~11:30	13:00~14:30	15:00~16:30
참가자 속성	성별	남	여	여
	연령	52	55	50
	직업	제조업	사무직	전업 주부
		회사원	계약직	-
동거 가족(환자 = 배경색 있음)[21]	배우자(남편 또는 아내)	아내	남편	남편
	자녀	아들	딸	-
	본인의 아버지	본인의 아버지	-	-
	본인의 어머니	-	-	본인의 어머니
	배우자의 아버지	-	-	-
	배우자의 어머니	-	-	-
	기타	-	-	-
환자	참가자와의 관계	아버지	아내	어머니
	연령	82	58	80
	거주 형태	동거	동거	동거
간병의 주요 원인	뇌혈관 질환	-	-	O
	치매	-	O	-
	노환	-	-	-
	암	-	-	-
	기타	O 골절로 보행 어려움	-	-
간병 서비스 이용 현황	현재의 요양 등급	1급	3급	3급
	이용 중인 서비스	없음	낮 돌봄(주4)	재활(주1)
간병의 괴로움	가장 괴로운 것	언제 뭘 도우면 좋을지 모르겠다.	끝이 보이지 않는 점, 재정적 불안	최근 생긴 건망증

---

21. 역자: 원서 표 중 배경색 표시가 된 부분을 가리킴

사용자 목록을 바탕으로 하는 이유는 틀을 만드는 번거로움을 줄이고 동시에 연령과 가족 구성 등의 속성 데이터를 함께 보기 위함입니다. '이 사용자가 어떤 사람이었을까?'하고 기억을 더듬을 때는 연령과 성별 등 기본 속성이 매우 큰 도움이 됩니다. 앞으로 보충할 데이터와 떼어놓지 말고 항상 함께 참조할 수 있게 해두세요.

다만 사용자가 잘못 대답했거나 설문에서 빠뜨린 내용을 인터뷰하면서 확인하는 경우도 적지 않습니다. 틀린 부분은 수정하고 추가할 수 있는 정보는 덧붙입니다. 간병에 관한 조사의 예에서는 다음과 같이 추가 수정해서 사용자 목록을 [그림2]와 같이 경신합니다.

- 가족 연령
- 이용하고 있는 간병 서비스 내용(P2)
- 두 번째 환자에 관한 정보(P3)
- 간병 분담 상황

재택 간병의 실태를 파악해 지원 방안을 모색할 목적으로 실시한 조사였기 때문에, 모집 단계에서 별거하고 있는 가족까지는 고려하지 않았습니다. 하지만 형제자매 우애가 돈독한 가족, 원근에 거주해 여의찮은 가족 등의 존재가 밝혀지자 그런 가족의 지원이나 부담을 줄여주어야 한다는 사실을 알 수 있었습니다. 그런 내용을 기반으로 '간병 분담 상황'이라는 항목을 추가합니다.

그림2
인터뷰에서 확인한 정보로 수정한 사용자 목록 (발췌)

		P1	P2	P3
실시 일시	실시 일자	4월 26일(금)	4월 26일(금)	4월 26일(금)
	실시 시간	10:00~11:30	13:00~14:30	15:00~16:30
참가자 속성	성별	남	여	여
	연령	52	55	50
	직업	제조업	사무직	전업 주부
		회사원	계약직	-

		P1	P2	P3
동거 가족(환자 = 배경색 있음)[22]	배우자 (남편 또는 아내)	아내(50)	남편(58)	남편(57)
	자녀	아들(19)	딸(28)	-
	본인의 아버지	본인의 아버지(82)	-	-
	본인의 어머니	-	-	(1) 본인의 어머니(80)
	배우자의 아버지	-	-	-
	배우자의 어머니	-	-	-
	기타	-	-	-
환자	참가자와의 관계	-	-	(2) 배우자의 어머니
	연령	-	-	85
	거주 형태	-	-	별거(나고야시 거주)
간병 분담 상황	동거 가족/별거 형제자매와의 간병 분담 상황	여동생(50)이 시즈오카시 거주. 주말에 상경해 간병을 대신한다. 그 사이 부부는 외출해 기분 전환한다. 주요 간병인은 참가자의 아내.	부부 모두 외동으로 의지할 데 없고 참가자가 대체로 혼자 간호를 전담한다. 동거 중인 자녀가 돕지만 결혼을 앞두고 있어서 부담을 주고 싶지 않다.	(1) 전철로 약 1시간 거리에 사는 올케[오빠(55)의 아내 (50)]에게 청하면 대신해주지만 부탁하기 어려워 참가자가 대부분 혼자 간호를 전담한다. (2) 배우자의 누나(60)가 환자와 동거, 매월 1~2회 배우자가 혼자 상태로 보러 간다. 본인 어머니의 간호를 핑계로 동행하지 않으므로 뒤에서 험담할 것 같다.
간병의 주요 원인	뇌혈관 질환	-	-	(1) 뇌졸증 + 오른쪽 반신마비
	치매	-	알츠하이머 치매	(2) 알츠하이머 치매
	노환	-	-	-
	암	-	-	-
	기타	골절로 보행 어려움	-	-
간병 서비스 이용 현황	현재의 요양 등급	1급	3급	2급 3급
	이용 중인 서비스	없음	낮 돌봄(주4) 도우미(주2)	(1) 재활(주1) (2) 불명
간병의 괴로움	가장 괴로운 것	언제 뭘 도우면 좋을지 모르겠다.	끝이 보이지 않는 점, 재정적 불안	(1) 최근 생긴 건망증

게다가 '간병 서비스 이용 현황'이나 '간병의 괴로움' 등 설문에서는 간단하게 알아볼 수밖에 없

---

22. 역자: 원서 표 중 배경색 표시가 된 부분을 가리킴

었던 부분을 인터뷰하면서 자세하게 확인했기 때문에 그런 내용을 목록의 아래쪽에 계속 추가하면 [그림3]과 같습니다. 이렇게 데이터를 목록으로 정리하는 방법 세 가지를 소개합니다.

첫째, 확인하지 못한 부분은 솔직히 그렇게 기록합니다. [그림3]에서 P3 '요양 등급 취득에 대한 환자 반응'란에 (미확인)이라고 적힌 부분이 해당합니다. 다만 빈칸으로 두는 것은 좋지 않습니다. 그러면 원래 데이터가 존재하지 않는 것인지 입력하기를 잊은 것인지 구분하지 못하므로 번거롭게 메모나 녹취록을 다시 확인해야 합니다.

둘째, 좋은 말이라고 생각하는 발언은 보고서 등에서 그대로 인용할 수 있도록 '괄호'로 표시합니다. 메모부터 쓰고 있다면 나눈 이야기 그대로 기록되지 않을지 모르지만, 녹취록 문서 초안이 완성된 시점에는 해당 부분을 복사해 넣습니다. 그전까지는 '대강 이런 발언이었다'라고 쓰고 '(나중에 교체)'와 같이 표시해두면 좋습니다.

그림3
데이터 표 (발췌)

		P1	P2	P3
장기 요양 서비스 이용 현황	최초에 인정받은 시기	약 1년 전	약 1년 전	(1) 2년 전 (2) 불명
	인정받은 계기	요양보호사의 조언	웹 조회로 같은 처지 사람들의 경험담 등을 읽고 문의	요양보호사의 조언
	최초의 요양 등급	1급	1급	(1) 2급 (2) 불명
	현재의 요양 등급	1급	3급	(1) 3급 (2) 2급
	요양 등급 취득에 대한 환자 반응	'아내와 요양보호사가 자세히 설명해서 그다지 거부감을 느끼지 않는 상태'	'설득하는 데 반 년 걸렸다'	(미확인)
	이용하고 있는 서비스	없음	낮 돌봄(주4) 도우미(주2)	(1) 재활(주1) (2) 불명
	행정 서비스에 대한 이해	요양 등급 인정이나 간병 서비스에 대한 지식은 매우 낮다. 적극적으로 간병하고 있다고 생각하는 듯한 발언을 많이 했지만 지식수준과 발언을 종합적으로 고려한 결과, 아내나 여동생 의존도가 꽤 높다고 추측된다.	서비스 이용 현황을 설명하는 태도부터 여러 내용을 직접 조사해 서비스를 활용해온 듯 보이지만 전부 조사하지 못했다고 느끼는 것으로 보인다. 가장 신뢰해야 할 행정 서비스에서 입수한 정보를 신뢰할 수 없다는 점이 원인으로 생각된다. 일과 간병을 같이 하므로 정보는 온라인을 통해 수집할 수밖에 없고(평일에 복지 센터에 갈 수 없다) 생각한 대로 정보를 얻지 못해 정신적으로 피곤하다.	긴급히 간병해야 했고 아무것도 모르던 때부터 직접 조사해서 지식수준이 꽤 높다고 생각된다. 복지 센터의 대응에는 불만이 많고 재택 간병 지원 사업이나 파견 나온 요양보호사의 대응에도 불만이 보인다.

		P1	P2	P3
행정 서비스에 대한 의견		'인정 기준을 좀 더 확실히 쉽게 알기 바란다. 어떻게 하면 요양 등급 2급을 인정받는지 아직 모르겠다', '어쩐지 수상하다', '잘 모르겠지만 저희 요양 보호사는 좋다고 아내가 말했어요'	'도우미분이 정말 열심히 해주는 건지 잘 모르겠어요. 남편이 말하길 일하는 중에 스마트폰을 만지작거린 적도 있다는 것 같아요. 직접 본 적이 없어 불평할 수도 없고 남편이 말해도 슬쩍 넘어가니까요', '도우미에게 부탁할 수 있는 일과 부탁할 수 없는 일의 경계가 세부적이고 엄격하다. 유연하게 응해주는 도우미가 있으면 좋겠지만 우리 집에 오는 사람은 전혀 그렇지 않다' '좀 더 좋은 서비스 활용 방법이 있을지도 모르겠지만 정보가 너무 많아서 어떤 것을 믿어야 할지 모르겠다. 행정 사이트는 쉽게 이해하기 어렵다', '결국 밤에는 가족이 보살펴야 하지 않나? 밤에도 보살펴주는 서비스가 있으면 주에 한두 번 정도는 푹 잘 수 있을 텐데요'	'벌써 여러 번 요양보호사를 바꿨습니다. 왠지 좋은 사람이 배정되지 않아서', '어떻게 하면 좋은 요양보호사를 찾을 수 있을지 가르쳐주면 좋겠다. 이런 것을 복지 센터에서는 전혀 가르쳐주지 않는다', '시어머니 집에는 좋은 사람이 오는 것 같아서 기뻐요' '치매도 심하면 요양 시설에 들어가는 걸 생각할 수밖에 없지만 복지 센터 평가가 좋은 곳은 만원인 것 같습니다. 애초에 시설 수가 부족하다고 생각해 행정상 그런 부분을 지원해줘야 한다'
가장 힘들다고 느끼는 부분		'언제 어떤 시기에 도와주면 좋은지 아직 잘 모르겠어요. 내가 남자라서 그런지 모르겠지만', '아내가 역시 힘들 거라서 가끔 여동생이 오는 것이 도움이 됩니다'	'언제까지 계속해야 할지 모른다는 점이 가장 불안하다. 절대로 죽기를 바라지는 않지만 자기 혼자 마지막까지 정신적이자 경제적 버팀목도 돼야 한다는 점이 끝이 보이지 않아 가끔 눈물이 멈추지 않는다. 남편 앞에서는 울지 않으려 하지만 남편이 미안하다고 말하면 결국 눈물이 흐른다', '이대로 수십 년 계속하기는 무리니까 어떻게든 방법을 마련해야 한다고 생각해서 시간이 있으면 웹 검색을 하지만 행정 웹 사이트는 정말 이해하기 어려워요'	'시누이는 직업이 있어요. 저는 전업주부긴 하지만 동시에 두 사람을 돌보는 건 무리입니다. 제가 나고야에 가있는 동안 남편이 어머니를 돌봐주지도 않아요' '저쪽은 치매만 걸렸어요. 끝이 보이지 않는다는 점이 꺼림칙하지만 저희 어머니도 최근 건망증 기미가 있는 듯해서 치매가 오면 어떻게 해야 할지 모르겠다고 생각하면서도 생각하지 않으려고 합니다'

마지막은 [그림3]에 굵은 글씨로 강조된 부분입니다. <mark>데이터를 입력하면서 조사에서 밝히고 싶은 것과 직결될 만한 부분이나 차분히 분석해야 하는 부분 등을 눈에 잘 띄게 표시해 둡니다.</mark> 굵은 글씨가 아니더라도 색을 입히거나 밑줄을 긋는 등 자기에게 쉬운 방법으로 해도 상관없습니다. 데이터 가독성을 높일 나름의 방법을 생각해보세요. 다만 눈에 띄게 하면 읽기는 좋아지지만 동시에 그 외 부분이 묻힙니다. 이 명단을 조사팀의 구성원이나 의뢰인과 공유할 예정이라면 일부 내용에만 주의를 기울이지 말고 받은 사람이 각자 중요하게 생각하는 부분을 강조하는 순서대로 정리하세요.

❷ 데이터를 가로 순으로 읽기 쉽게 정리한다

표에서 사용자별 데이터 입력이 끝나면, 데이터를 순서대로 읽기 쉽게 정리합니다. 예를 들어 '행정 서비스에 대한 의견'은 몇 가지로 분류하기 위해 [그림4]와 같이 행을 나눕니다. 언급하지 않은 부분은 공백 상태로 두고 셀의 색상을 바꾸는 방법을 생각해봅시다. 그러면 엑셀의 COUNTA 함수를 사용해 관련 발언을 한 사용자 수를 자동으로 계수할 수 있습니다.

이 예에서는 간병의 주요 원인 등도 개수를 셀 수 있습니다. 서두에도 언급했듯 정성 조사이므로 개수로 결론을 내지는 않습니다. 그래도 들은 의견이 다수인지 소수인지는 논의하는 데 참고가 되며 대세가 되는 의견에 끌려가지 않도록 조심하기 위해서도 중요한 데이터가 됩니다. 분석이나 해석을 하기 전에 셀 수 있는 것은 모두 합산해 언제든 확인하도록 하세요.

그림4
계수하기 쉽게 분류해 정리한 데이터 표 (발췌)

			사람수	P1	P2	P3
장기요양서비스 이용현황	행정 서비스에 대한 의견	정보 제공 측면	6	※ 인정에 대해서도 해당	'좀 더 좋은 서비스 활용 방법이 있을지도 모르겠지만 정보가 너무 많아서 어떤 것을 믿어야 할지 모르겠다. 행정 사이트는 쉽게 이해하기 어렵다'	
		판정 측면	3	'인정 기준을 좀 더 확실히 쉽게 알기 바란다. 어떻게 하면 요양 등급 2급을 인정받는지 아직 모르겠다. 어쩐지 수상하다'		
		서비스 내용 측면	4		'결국 밤에는 가족이 보살펴야 하지 않나요? 밤에도 보살펴주는 서비스가 있으면 주에 한두 번 정도는 푹 잘 수 있을 텐데요'	
		요양 시설 측면	2			'치매도 심하면 요양 시설에 들어가는 걸 생각할 수밖에 없지만 복지 센터 평가가 좋은 곳은 만원인 것 같습니다. 애초에 **시설 수가 부족하다**고 생각해 행정상 그런 부분을 지원해줘야 한다'
		요양보호사 측면	7	'잘 모르겠지만 **저희 요양보호사는 좋다**고 아내가 말했어요'		'벌써 여러 번 요양보호사를 바꿨습니다. 왠지 좋은 사람이 배정되지 않아서', '**어떻게 하면 좋은 요양보호사를 찾을 수 있을지 가르쳐주면 좋겠다**. 이런 것을 복지 센터에서는 전혀 가르쳐주지 않는다', '시어머니 집에는 좋은 사람이 오는 것 같아서 기뻐요'

		사람주	P1	P2	P3
간병의 괴로움	도우미 측면	3		'도우미분이 정말 열심히 해주는 건지 잘 모르겠어요. 남편이 말지길 **일하는 중에 스마트폰을 만지작거린 적도 있다**는 것 같아요. 직접 본 적은 없어 불평할 수도 없고 남편이 말해도 슬쩍 넘어가니까요', '**도우미에게 부탁할 수 있는 일과 부탁할 수 없는 일의 경계**가 세부적이고 엄격하다. 유연하게 응해주는 도우미가 있으면 좋겠지만 우리 집에 오는 사람은 전혀 그렇지 않다'	
	불만없음	1			
	가장 힘들다고 느끼는 점		언제 어떤 시기에 도와주면 좋은지 아직 잘 모르겠어요. 내가 남자라서 그런지 모르겠지만', '아내가 역시 힘들 거라서 가끔 여동생이 오는 것이 도움이 됩니다'	'**언제까지 계속해야 할지 모른다는 점**이 가장 불안해요. 절대로 죽기를 바라지는 않지만 '이대로 자기 혼자 마지막까지 정신적이자 **경제적 버팀목이 돼야 한다**는 점이 끝이 보이지 않아 가끔 눈물이 멈추지 않는다. 남편 앞에서는 울지 않으려 하지만 남편이 미안하다고 말하면 결국 눈물이 흐른다', '이대로 수십 년 계속하기는 무리니까 어떻게든 방법을 마련해야 한다고 생각해서 시간이 있으면 웹 검색하지만 행정 웹 사이트는 정말 이해하기 어려워요'	'시누이는 직업이 있어요. 저는 전업주부긴 하지만 동시에 두 사람을 돌보는 건 무리입니다. 제가 나고야에 가 있는 동안 남편이 어머니를 돌봐주지도 않아요', '저쪽은 치매만 걸렸어요. **끝이 보이지 않는다는 점**이 꺼림칙하지만 저희 어머니도 최근 건망증 기미가 있는 듯해서 치매가 오면 어떻게 해야 할지 모르겠다고 생각하면서도 생각하지 않으려고 합니다'

❸ 행과 열 각각에 소견과 소감을 적어넣는다

녹취록까지 거슬러 올라가지 않고 데이터를 확인하려는 것이 표를 정리하는 목적이므로 여기까지 끝나면 그대로 분석을 진행해도 괜찮습니다. 단, 시간과 체력에 여유가 있다면 조사자로서 소견이나 소감을 적어두는 것이 좋습니다. 분석할 때 꼭 필요한 정보는 아니지만 「19. '가르쳐달라'고 하면 화를 낸다」에서 소개했듯 인간은 '지식의 저주'로 불리는 인지 특성이 있습니다. 분석을 시작하면 분석 전의 상태로 돌아갈 수는 없습니다. 분석을 반복하는 사이에 지식과 사고가 점차 확장됩니다. '일단 초기화하자'라고 생각해도 그렇게 간단하게는 초기화할 수 없는 것이 사람의 뇌 구조입니다. 조사 직후의 솔직한 소감과 분석 전 단계에서 느낀 점이나 깨달은 바를 적어두면, 반대로 분석해야만 보이는 것이 어떤 것인지 차이를 알게 됩니다.

먼저 데이터를 세로로 읽습니다. 사용자 얼굴, 분위기, 중재자와 대화 모습을 떠올리며 사용자의 데이터를 통해 말할 수 있는 것과 사용자에 대해 느낀 점을 [그림5]와 같이 기록합니다.

그림5
사용자별 소견 및 소감을 최하단에 추가 (발췌)

		P1	P2	P3
간병 분담 상황	동거 가족	여동생(50)이 시즈오카시 거주. 주말에 상경해 간병을 대신한다. 그 사이 부부는 외출해 기분 전환을 한다. 주요 간병인은 참가자의 아내.	부부 모두 외동으로 의지할 데 없고 참가자가 대체로 혼자 간호를 전담한다. 동거 중인 자녀가 돕지만 결혼을 앞두고 있어서 부담을 주고 싶지 않다.	(1) 전철로 약 1시간 거리에 사는 올케[오빠(55)의 아내 (50)]에게 청하면 대신해주지만 부탁하기 어려워 참가자가 대부분 혼자 간호를 전담한다.
	이해		정보는 온라인을 통해 수집할 수밖에 없고(평일에 복지 센터에 갈 수 없다) 생각한 대로 정보를 얻을 수 없으므로 정신적으로 피곤하다.	
간병의 괴로움	가장 괴롭다고 느끼는 점	'언제 어떤 시기에 도와주면 좋은지 아직 잘 모르겠어요. 내가 남자라서 그런지 모르겠지만', '아내가 역시 힘들 거라서 가끔 여동생이 오는 것이 도움이 됩니다'	'언제까지 계속해야 할지 모른다는 점이 가장 불안하다. 절대로 죽기를 바라지는 않지만 자기 혼자 마지막까지 정신적이자 경제적 버팀목도 돼야 한다는 점이 끝이 보이지 않아 가끔 눈물이 멈추지 않는다. 남편 앞에서는 울지 않으려 하지만 남편이 미안하다고 말하면 결국 눈물이 흐른다', '이대로 수십 년 계속하기는 무리니까 어떻게든 방법을 마련해야 한다고 생각해서 시간이 있으면 웹 검색을 하지만 행정 웹 사이트는 정말 이해하기 어려워요'	'시누이는 직업이 있어요. 저는 전업 주부이긴 하지만 동시에 두 사람을 돌보는 건 무리입니다. 제가 나고야에 가 있는 동안 남편이 어머니를 돌봐주지도 않아요' '저쪽은 치매만 걸렸어요 끝이 보이지 않는다는 점이 꺼림칙하지만 저희 어머니도 최근 건망증 기미가 있는 듯해서 치매가 오면 어떻게 해야 할지 모르겠다고 생각하면서도 생각하지 않으려고 합니다'
	참가자별 소견/소감	장남으로서 간병이 필요한 부친과 동거하며 나름대로 노력하고 있는 것 같지만, 발언에서 추측하기로는 자신은 어디까지나 지원하는 역할이고 아내나 동생(여성)이 간호하는 쪽을 부친도 좋아한다고 생각하는 경향이 있습니다. 주요 간병인이 아니니 간병 내용이나 행정 서비스에 대한 이해 등 발언에 신빙성이 떨어지는 면이 몇 번 보입니다.	치매로 간병이 길어지는 경향이 강한데다 P2 환자는 초로기 알츠하이머가 원인이므로 미래가 보이지 않아 불안이 더 큰 것으로 보입니다. 행정 서비스를 직접 조사해서 깊이 이해하고 있습니다. 다만 그래도 '다 조사하지 못했다'라는 느낌은 행정 서비스를 좀 더 활용하고 싶다는 요구사항의 발현이라고 생각합니다. 다만 행정서비스에 기대기보다 같은 처지의 간병인이 공유하는 현명한 처신 방법이나 요령을 요구한다는 느낌이 강합니다.	요양보호사에 대한 불만이 특히 현저합니다. 시누이 경우와 비교해 불만을 더 많이 느끼는지도 모르겠습니다. 시누이와 정보를 교환하면 필요한 정보를 얻을지도 모르는데, 하지 않는 것은 긁어 부스럼이 될까 봐 두려워하는 걸까? 형제자매와의 관계에 문제가 있습니다. 현재 상황으론 거의 공유하지 않습니다.

추가한 부분

[그림5]에 항목별로 모든 사용자 데이터를 가로로 처음부터 끝까지 내리읽어서 전반적 경향이나 두드러지게 작성해야 할 사실, 어떤 분석이 필요하다고 느끼는지 등을 정리한 것이 [그림6]입니다.

이처럼 소견이나 소감을 적어두면, 조사팀 업무 범위가 조사 보고 정리까지일 때 이를 바탕으로 보고서를 작성할 수 있습니다. 또 "초안 수준도 괜찮으니 내일 주세요"라는 요청에도 이를 대충 정리하는 정도로 끝낼 수 있습니다. 게다가 사용자 목록을 토대로 틀을 미리 만들어뒀기 때문에 세션 틈틈이 데이터를 입력해 무리한 요청에도 응할 수 있게 됩니다. 힘들지만요.

❹ 초안과 대조한다

데이터는 손으로 쓴 메모를 디지털화하고 소견과 소감을 추가하는 과정에서 왜곡될 수 있습니다. 초안을 목록 내용과 대조하면서 과도하게 요약했거나 적당히 말을 바꾸거나 한 부분이 있는지 확인합니다. 안심할 수 있도록, 목록을 만든 자신만이 아니라 제삼자도 훑어보게 하세요. 처음부터 이런 목록을 작성할 계획이 있다면, 먼저 틀을 만들고 서기(없으면 조사팀원)에게 틀에 맞춰 발언을 작성해달라고 하는 편이 빠르고 효율적이리라 생각할 수 있지만, 이 방법은 추천하지 않습니다. 저도 처음에는 그렇게 생각해서 서기에게 작성을 맡겼지만 실패했습니다. 이유는 간단합니다. 사용자 조사 인터뷰는 미리 정한 대로 순서에 맞춰 질문하는 구조화 인터뷰가 아니라 사용자와 대화하면서 그때그때 방향을 잡는 반구조화 인터뷰이기 때문입니다.

그림6
항목별 소견이나 소감 추가 (발췌)

		항목별 소견 / 소감	P1	P2
간병 분담 상황	동거 제자매의 간병 분담 상황 가족별로	P10이나 P7처럼 '주요 간병인'이 달리 있는 경우 인터뷰에서 말할 수 있는 내용에 한계가 있고 신빙성이 떨어지는 발언도 섞이므로 다음 조사에서는 모집 요건에 '간병을 주로 하는 분'을 추가한다.	여동생(50)이 시즈오카시 거주. 주말에 상경해 간병을 대신한다. 그 사이 부부는 외출해 기분 전환한다. 주요 간병인은 참가자의 아내.	부부 모두 외둥으로 의지할 데 없고 참가자가 대체로 혼자 간호를 전담한다. 동거 중인 자녀가 돕지만 결혼을 앞두고 있어서 부담을 주고 싶지 않다.
간병 서비스 이용 현황	행정 서비스에 대한 이해	이해도 측면에서는 간병인에 따라 차이가 꽤 있다는 점을 확인했다. 간병의 필요 정도나 인정받기까지의 일수 등 요인은 여러 가지 생각할 수 있다. (분석 필요) P8처럼 간병 서비스를 받을 환자를 책임지면서 정보가 부족해 서비스를 접하지 못하는 사람도 있으므로 개선해야 한다.	요양 등급 제도나 간병 서비스에 대한 지식은 매우 낮다. 적극적으로 간병한다고 생각하는 듯한 발언을 많이 했지만 지식수준과 발언을 종합적으로 고려한 결과, **아내나 여동생에 대한 의존도가 꽤 높다**고 추측된다.	서비스 이용 현황을 설명하는 태도부터 여러 내용을 직접 조사해 서비스를 활용해온 듯 보이지만 **전부 조사하지 못했다고 느끼는 것**으로 보인다. 가장 신뢰해야 할 행정 서비스에서 입수한 정보를 신뢰할 수 없다는 점이 원인으로 생각된다. 일과 간병을 같이 하므로 **정보는 온라인을 통해 수집할 수밖에 없고**(평일에 복지 센터에 갈 수 없다) 생각한 대로 정보를 얻지 못해 정신적으로 피곤하다.

간병의 괴로움	가장 힘들다고 느끼는 점	치매가 원인인 경우는 5명 전원이 '끝이 보이지 않는 간병'에 대한 정신적 괴로움을 든다. 경제적 측면의 불안이 겹친 사람도 세 명 있다. 네 명의 간병인(P1, P4, P5, P10)이 환자에게 더 좋은 지원을 제공할 수 있도록 공부할 의지가 있다는 점을 시사한다(다만 P1은 아내나 여동생에 대한 의존도가 높아서 신뢰도가 낮다). 침대에서 자고 일어나거나 차좌석과 침대 사이의 이동 등을 보조할 때 안심할 수 있고 안전한 방법 등 구체적인 간병 기술을 손쉽게 배울 수 있는 장소나 기회가 필요하다는 요구사항이 접수됐다. 지역에 따라 이런 기회를 적극적으로 제공하는 곳도 있지만 정작 필요로 하는 사람에게는 닿지 않고 정보가 부족하다는 사실을 판단할 수 있다.	'언제 **어떤 시기에 도와주면 좋은지 아직 잘 모르겠어요**. 내가 남자라서 그런지 모르겠지만...', '아내가 역시 힘들 거라서 가끔 여동생이 오는 것이 도움이 됩니다'	'**언제까지 계속해야 할지 모른다는 점이 가장 불안하다**. 절대로 죽기를 바라지는 않지만 자기 혼자 마지막까지 정신적이자 **경제적 버팀목도 돼야 한다**는 점이 끝이 보이지 않아 가끔 눈물이 멈추지 않는다. 남편 앞에서는 울지 않으려 하지만 남편이 미안하다고 말하면 결국 눈물이 흐른다', '이대로 수십 년 계속하기는 무리니까 어떻게든 방법을 마련해야 한다고 생각해서 시간이 있으면 웹 검색을 하지만 **행정 웹 사이트는 정말 이해하기 어려워요**'

└─ 추가한 부분

각 질문의 답변을 기재할 틀을 먼저 준비하려면 발언을 입력하기 전에 '이 이야기는 어디에 기재해야 하는지' 바로 정해야 합니다. 적절한 위치를 찾아 표 위아래로 오르락내리락하는 동안에도 사용자가 계속 말하기 때문에 발언을 못 듣거나 기록하는 것을 놓치게 됩니다.

또 전후의 맥락을 알 수 없게 되는 것도 우려됩니다. 어떤 이야기 흐름으로 어떤 발언이 있었는지 나중에 더듬어볼 수 있게 해두지 않으면, 안타깝게도 다시 녹음을 들어야 합니다. 어쨌든 이런 재작업을 피하고 언제라도 원천 데이터로 돌아갈 수 있다는 안정감을 느끼려면, 발언 그대로 끈기 있게 기록하는 것이 중요합니다. 효율보다 확실성이 우선됩니다.

분석 첫 번째

47. '외부화'가 부족해 분석으로 끝난다

분석은 '데이터를 객관화하고 사고를 심화'합니다. '외부화(externalization)'란 머릿속에서 이뤄지고 있는 인지 과정을 관찰 가능한 형태로 만들어 밖으로 내보내는 것을 말합니다. 분석에서는 '가시화(visualization)'란 말도 같은 의미로 사용합니다.

신입 시절 선배의 조언대로 데이터 가시화에 도전해 여러 번의 시행착오 끝에 그림을 완성했습니다. 그림을 보여주면서 어떤 결론을 도출할지 자신만만하게 말하고 있는데, 갑자기 무슨 생각이 떠오른 듯 선배가 이렇게 말했습니다. "고마워. 뭔가 보이기 시작했으니 이제 괜찮아" 그 말에 깜짝 놀랐지만, 제가 그린 그림에서 선배가 깊은 생각과 깨달음(insight)을 얻었다니 돌아보면 그 그림이 제 기능을 톡톡히 발휘한 셈입니다.

가시화는 중요한 분석 단계입니다. '이용 가능성 휴리스틱'이나 확증 편향을 비롯한 자신의 인지 편향을 의식하면서 시행착오를 반복한 후에야 깨닫기 시작합니다. 그리고 바로 뭔가를 알아차린다면 그건 순간적으로 스친 직감일지 모릅니다. '이렇게 해석하고 싶다는 생각이 앞서서 그에 맞는 데이터만 나열한 그림이 된 건 아닐까?'라고 자문자답하면서 외부화를 많이 시도하는 것이 겉핥기식 분석으로 얼버무리지 않는 대책입니다.

❶ 시계열로 정렬할 수 있는 것을 나열한다

사용자의 과거 경험이나 행동을 시계열로 기술하고, 사용자가 목표를 달성하기까지 환경이나 맥락에 따른 제약으로 샛길로 빠지거나 의도치 않게 하게 되는 불필요한 수고를 통제하는데 활용하는 모델을 '시계열 모델'이나 '시퀀스 모델(sequence model)'이라 합니다. 명칭이나 용도는 차치하더라도, 어떤 조사든 반드시 현재에 이른 경위를 파악해야 합니다. 왜냐하면 사용자의 생활은 면면히 이어져 왔고 과거의 경험이나 기억은 틀림없이 현재나 미래의 의사 결정에 적잖은 영향을 미치기 때문입니다.

가령 간병 실태를 파악하는 조사라면 [그림1]처럼 환자가 간병이 필요해진 계기부터 다음 요양 등급 갱신 계획까지의 흐름을 그릴 수 있습니다. 이를 전체 사용자별로 만들어 정렬하면 다음과 같은 경향이 있음을 알게 됩니다.

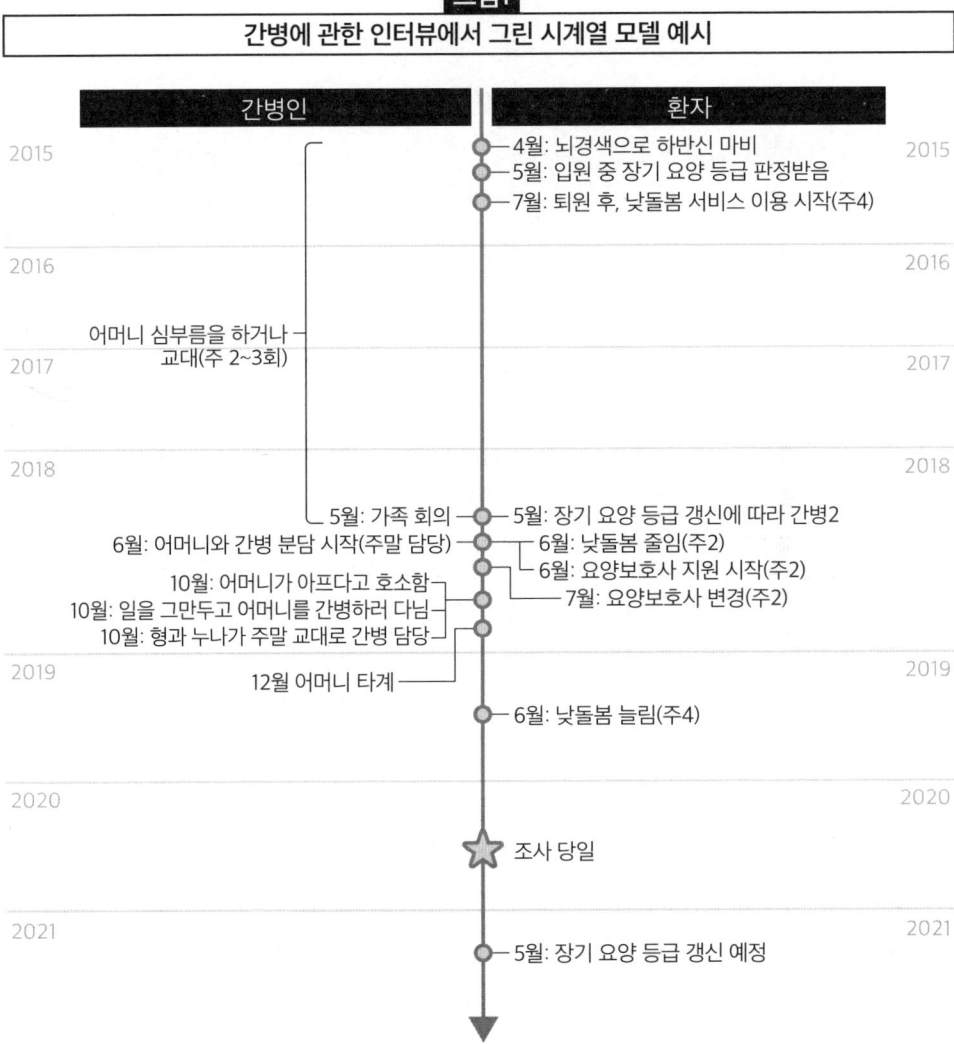

- 입원을 거쳐 간병이 필요한 경우는 최초 장기 요양 등급을 인정받기까지 기간이 짧다.
- 반대로 치매인 경우는 장기 요양 등급을 인정받기까지 기간이 길다.

그러자 장기 요양 등급에 대한 정보의 취득 경로가 무엇인지 새로운 의문이 들고 다음엔 정보 취득 경로에 대한 데이터에 주목해 외부화하겠다는 생각이 듭니다. 또 [그림1] 시계열 모델은 연 단위의 긴 간격에 주목하지만, 하루 단위 간병의 흐름이나 내용에 대해서도 인터뷰하면 시간축을 짧게 잘라 1시간으로 간격을 좁혀 그릴 수 있습니다. 이처럼 어떤 흐름에 주목하는지에 따라 같은 데이터에서 여러 개의 시계열 모델을 그릴 수 있습니다. 하나 그리는 데 만족하지 말고 여러 시점으로 시도합시다.

❷ 환경과 사용자 관계를 그린다

환경에 내재된 물리적 제약을 확정하거나, 환경을 바꿀 때 조심해야 할 것을 찾아내기 위해 그리는 관계도는 '물리 모델(physical model)'이라 합니다. [그림2]는 모 서점에서 실시한 행동 관찰 조사 데이터로 사용자 동선과 구입할 상품 위치를 그린 물리 모델입니다. 사용자가 책장 배치를 외우고 있어서 이동 동선이 짧다는 사실을 알 수 있습니다. 또 인기 게시판이 사용자 주의를 끄는 것 같다는 점도 읽어낼 수 있습니다.

여러 사용자의 동선을 겹쳐보면 '데드 스페이스'[23]나 사각지대를 확인하고 개선할 방법을 생각하기가 쉬워집니다. 또 그 장소를 잘 알고 있는 사용자군과 처음 그 장소를 방문한 사용자군의 두 데이터를 비교해 속성별 경향을 살펴보거나, 반대로 동선이 비슷한 사용자의 속성 데이터나 대화를 꼼꼼하게 분석해 발견할 수도 있습니다.

이렇게 입체 공간을 평면도로 표시하면 보기 쉬워진다는 큰 장점이 있지만 입체 공간임을 잊게 된다는 단점도 있습니다. 그런 함정에 빠지지 않으려면 사용자가 시선을 돌린 곳(이 경우에는 주로 책장)을 사진에 담아 물리 모델과 함께 참조합니다. 좀 더 신경 써서 레고와 골판지 등으로 입체 모형을 만들고 벽이나 선반 높이를 알아보기 쉽게 하는 등의 방법도 효과적입니다.

❸ 사용자가 사용하는 '도구'를 보이게 한다

사용자가 목표를 달성하기 위해 활용하는 도구와 그 사용법, 영향을 미치는 주변 사물을 표현

---

23. 역주: dead space, 방의 구석이나 층계 밑 등 거의 쓸 수 없는 건물 공간

한 것을 '아티팩트 모델(artifact model)'이라 합니다. 이를 그리는 목적은 충족되지 않은 잠재적 요구를 살펴보고 새로운 기능이나 서비스로 이어질 수 있는 힌트를 얻는 것입니다.

그림2
모 서점에서 실시한 조사에서 그린 어떤 사용자의 물리 모델 예시

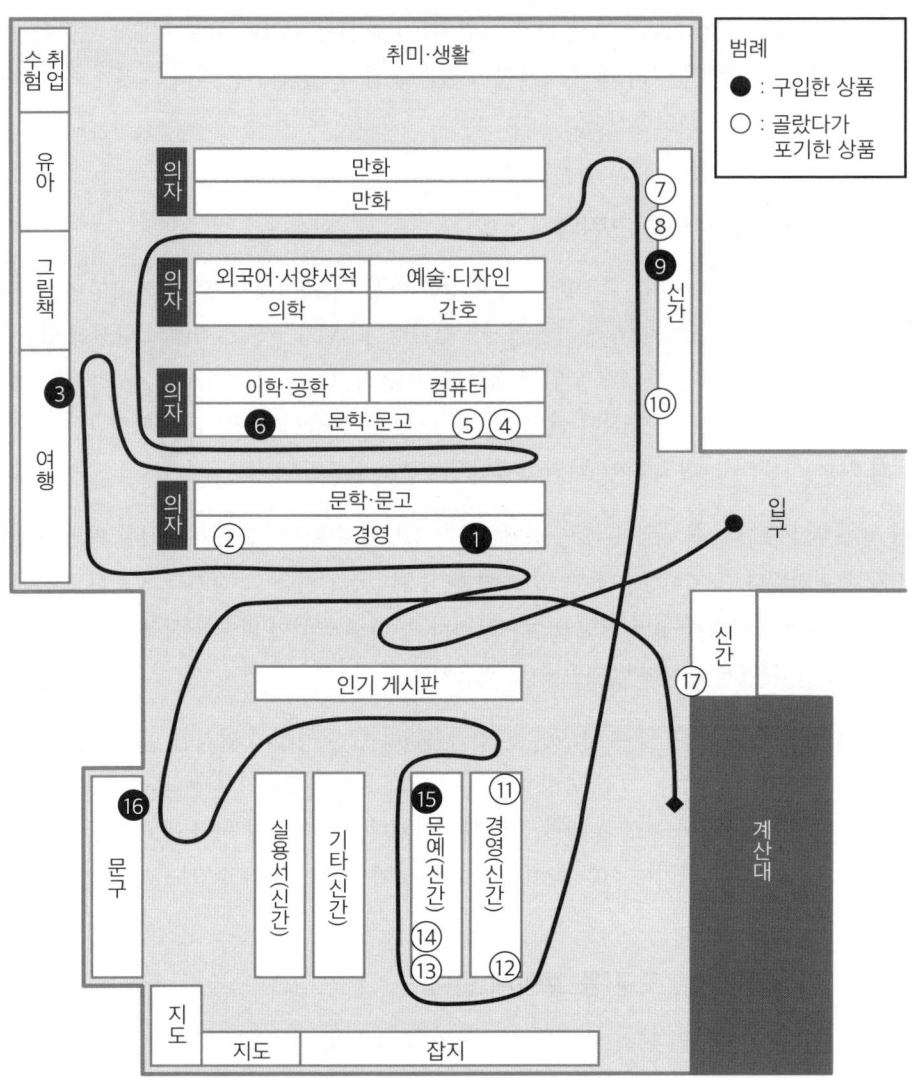

다만 그 명칭처럼 실체가 있는 사물 이상으로 확장해서 보기 어려운 것이 이 모델의 약점입니다. 사용자가 감각 기관으로 수신하는 정보나 사용자의 머릿속에 있는 기억, 다른 사람과의 대화 등도 포함해 '도구'를 폭넓게 이해하도록 하세요. 이 책에서는 실체가 없는 정보나 기억 등을 포함한 넓은 의미에서 '도구와의 상호작용(interaction)'을 보여주는 그림이라는 의미로 '인터랙션 모델(interaction model)'이라 부르겠습니다.

예를 들어 모 서점에서 실시한 행동 관찰 조사 데이터로 [그림3] 같은 시계열 모델을 그렸다고 합시다. 원하는 책을 찾아 구입하기까지 흐름을 나타낸 것입니다. 사용자가 원하는 책을 찾기 위해 활용한 '도구'는 각각의 큐브로 여겨집니다. 다양한 상황이나 맥락에서 책을 찾는 방법을 그리고, 거기에서 큐브를 모아 [그림4] 같은 인터랙션 모델을 만들었습니다.

이것을 사용자마다 만들어 나란히 비교하면 '어떤 사람은 활용하는데 다른 사람은 활용하지 못하는 이유는 무엇인가?', '이 도구를 이 사용자가 활용하면 어떻게 될까?', '형태가 달라도 동일한 기능을 하는 도구가 있을까?', '출현 빈도가 높은 도구의 사용법을 더 자세히 살펴보자'라는 등의 논의 소재를 얻습니다. 또 서점이 제공한 정보 중에 간과해 활용하지 못한 것은 없는지 서점으로 돌아가 다시 살펴보는 경우도 있습니다.

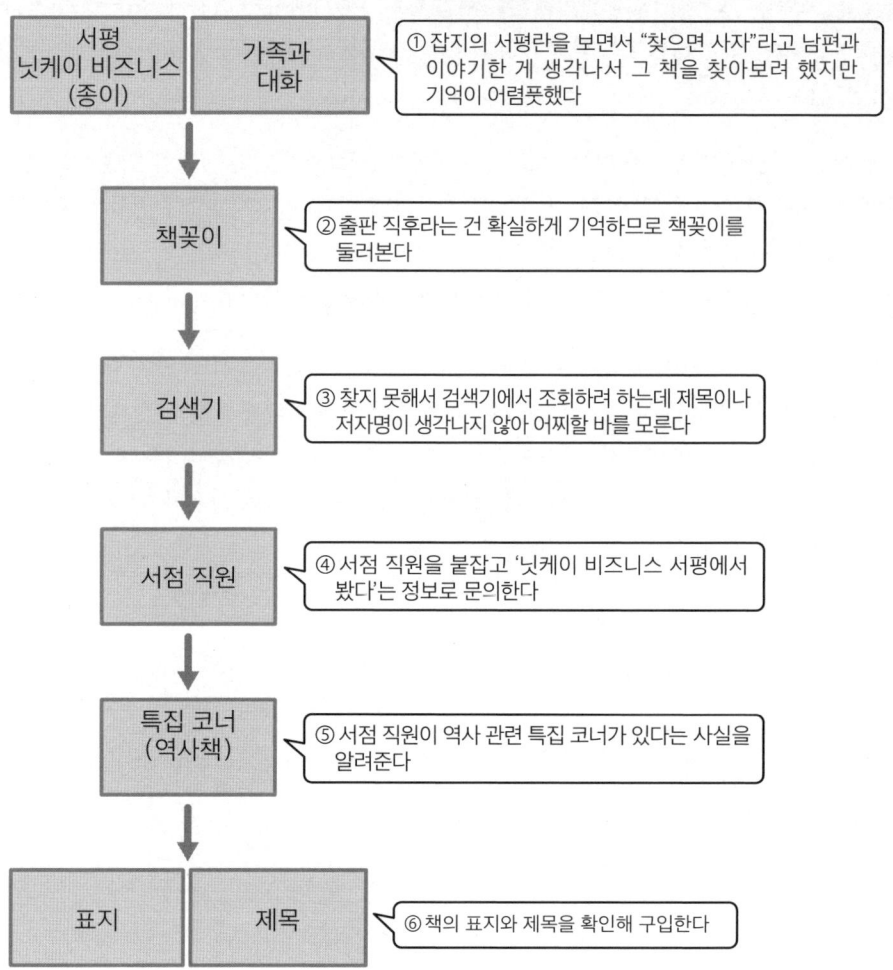

그림4
한 사용자가 서점에서 활용하는 '도구'를 가시화한 인터랙션 모델 (발췌)

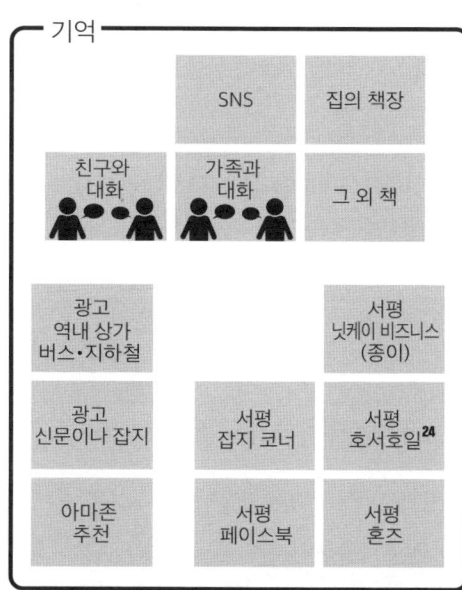
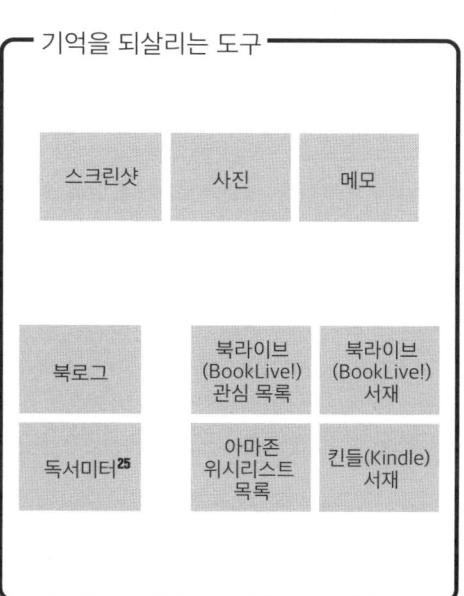
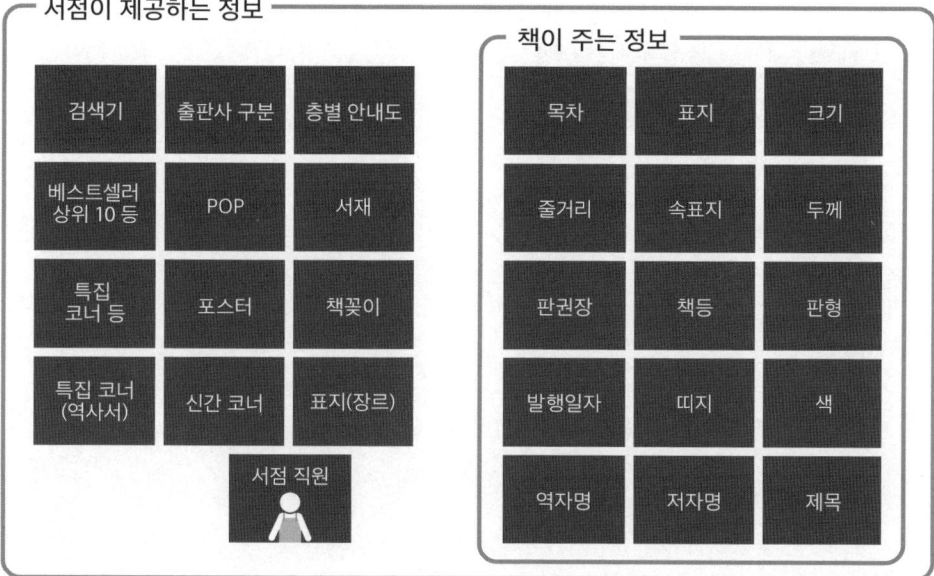

---

24. 역주: 아사히 신문의 책 정보
25. 역주: 이미 읽은 책을 기록하고 서재를 정리하거나 독서가들끼리 대화할 수 있는 사이트

❹ 사용자 행동을 뽑아 분류해 의도를 탐색한다

인터뷰에서는 사용자의 행동 이면에 있는 의도나 욕구를 모두 알아채지는 못하는데, 「36. "이유는 스스로 생각해라!"라고 말하자 살얼음판이 된 분위기」에도 언급했듯 사람들이 일일이 의도나 이유를 신경 쓰면서 행동하는 것이 아니기 때문입니다. 그래도 신중하게 계속 깊이 파고들면 행동의 이유나 계기를 어느 정도 알아낼 수 있습니다.

하지만 사용자 마음속에서 어느 정도까지 표면화되고 있는 내용을 듣는 데 그칩니다. 무의식 중에 '사실은 ○○하고 싶다'라든지 '나는 ○○면 좋겠다'라는 욕구가 잠재됐다 해도 사용자 자신이 이 사실을 깨닫기까지 파고들 시간이 필요하고 언어로 말하기는 솔직히 어렵습니다. 여기서는 데이터를 분석해 겨우 알아차리는 수준이라고 생각해봅시다. 거듭해 말하지만, 이것이 바로 통찰력입니다.

통찰력을 얻기 위한 분석 방법으로 자주 사용되는 것이 'KJ법'(혹은 '친화도 분석 기법')입니다.

사례부터 살펴보겠습니다. [그림5]는 틈틈이 시간을 보내는 방법에 관한 조사에서 작성한 친화도 중 통근과 관련된 부분을 발췌한 것입니다. 먼저 대화에서 행동과 관련된 부분을 뽑아 맥락과 함께 요약하고 덧붙여 씁니다. 모든 사용자 데이터를 쓰고 나면 비슷한 것을 묶어 그룹을 만들고, 가까운 관계끼리 모아 배치하거나 큰 동그라미로 묶어둡니다. 그리고 상관관계나 인과 관계가 보이는 것은 선으로 연결합니다.

그림4
한 사용자가 서점에서 활용하는 '도구'를 가시화한 인터랙션 모델 (발췌)

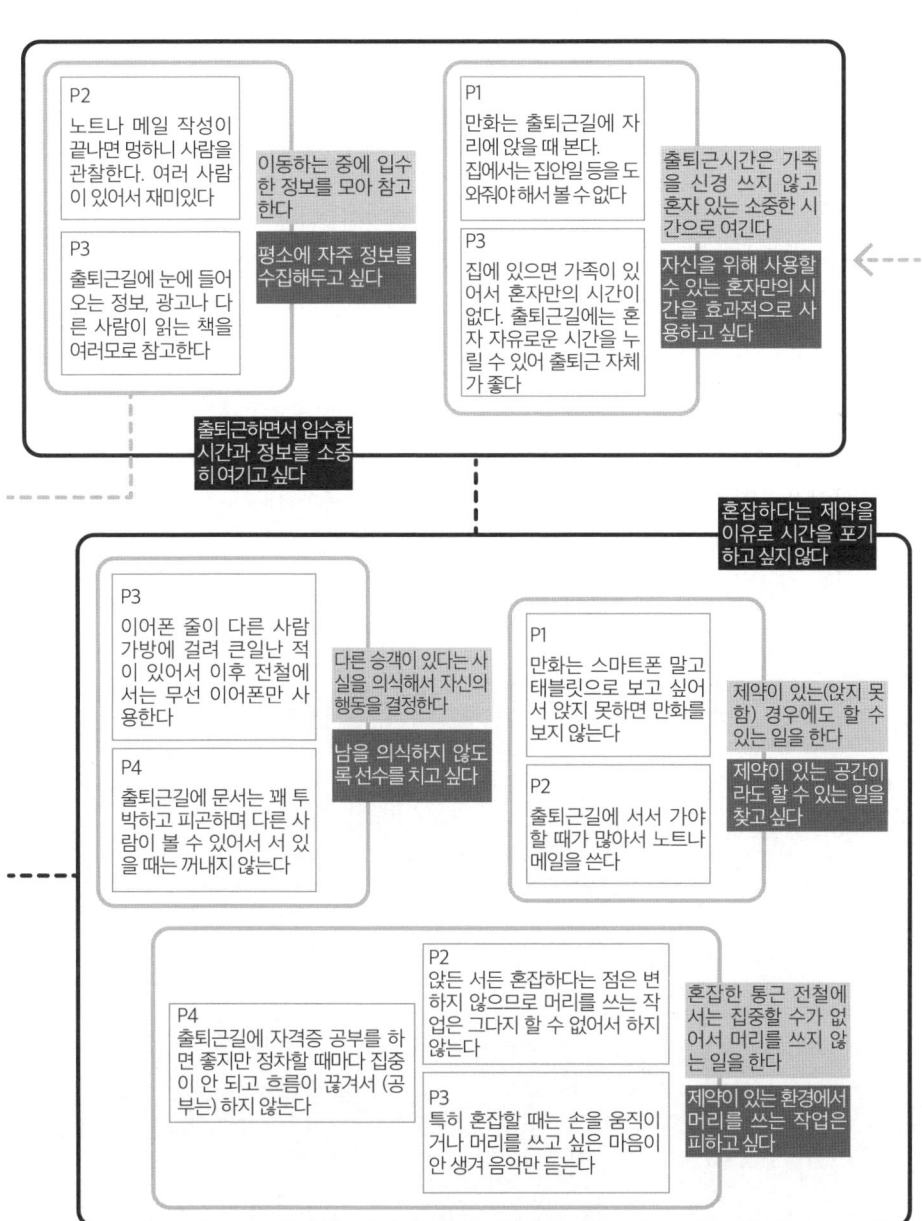

다음은 그룹으로 묶인 쪽지 내용을 요약해 다른 색 쪽지에 쓰고, 나아가 그 행동 뒤에 있는 의도를 또 다른 색 쪽지에 쓰는 식으로 점차 계층을 늘려갑니다([그림5]는 계층을 한 단계씩 늘릴 때마다 쪽지 색이 진해집니다). 이를 통해 언뜻 보기에 각각의 행동 뒤에 숨어 있는, 여러 사용자에게 공통된 욕구를 알아내려는 것이 KJ법(친화도 분석 기법)입니다.

친화도를 그릴 생각으로 설계한 60분짜리 인터뷰라면 100~200개 행동 데이터를 쓸 수 있습니다. 몇몇 세션 동안 사용자 10명을 인터뷰하면 1,000~2,000장의 쪽지와 사투를 벌이게 됩니다. 미로(miro) 같은 온라인 화이트보드 서비스의 등장으로 대량의 쪽지나 벽(과 메모지)이 없어도 가능해졌지만, 디스플레이상에서는 전체를 보기 어렵고 벽에 붙여 진행하는 경우보다 시간이 훨씬 더 많이 걸리므로 공간이 있다면 벽을 이용할 것을 추천합니다.

이 분석 방법의 가장 큰 어려움은 문서를 간단하고 명확하게 요약하는 능력이 없으면 어림짐작으로 그칠 위험이 있다는 점입니다. 이 위험을 방지하려면 결코 혼자 도전하지 않아야 하며 휴식을 확실히 취하고 휴식 후에는 담당자를 교대합니다. 'P1의 담당은 ○ ○ 씨' 같이 고정하지 않고 의식적으로 반복해 교대하세요. 아무튼 힘들기 때문에 '대충해도 괜찮겠지'하는 악마의 속삭임과 여러 번 싸우게 됩니다. 각오하고 도전하세요.

분석 두 번째

48. '혼자 척척 완벽하게 분석할 수 있다'라는 환상에 도취된다

분석하는 데는 시간이 걸립니다. 사용자와 대화나 행동 관찰로 얻는 데이터의 양은 조사의 질을 높일수록 방대해지니까요. 솔직히 말하면 분석 방법은 데이터를 보면서 결정하고 싶습니다. 앞서 언급한 대로 여러 가지 방법으로 해보면서 잘 되는 분석 방법이 보이기 시작할 때 "좋아, 이걸로 가자!"하고 판단하는 것이 이상적입니다. 하지만 실제로는 서두릅니다.

"분석은 며칠이면 돼요? 2~3일 이내에 끝내주세요"

이런 말을 듣고 '그건 당연히 무리지!'하고 생각하면서도 무심코 허세를 부려 경솔하게 떠맡습니다. 인간에게는 '평균 이상 효과' 또는 '워비곤 호수 효과(The Lake Wobegon effect)'라는 인지 편향이 있습니다. 자기 실력을 과대평가하는 일반적 오류입니다. 게다가 능력이 낮거나 경험이 적으면 더 과대평가하기 쉬운 '더닝-크루거 효과(Dunning-Kruger effect)'라는 인지 편향도 있습니다.

이런 인지 편향에 치우쳐 "3일 안에 끝내겠습니다"라고 경솔하게 떠맡았다면, 2~3일 내에 끝내는 간단한 방법을 택하게 됩니다. 분석의 핵심이라 할 수 있는 시행착오를 거칠 여유가 거의 없을 것입니다. 그야말로 짝퉁 분석입니다. 이런 사태를 피하려면 '경솔하게 떠맡지 않아야' 하지만 그 밖에 다음과 같은 대책을 고려합니다.

❶ 혼자 하지 않는다

KJ법은 절대 혼자 해서는 안 됩니다. 매우 힘듭니다. 하지만 그 외 방법이라 해서 혼자 해도 되는 것은 아닙니다.

우리 머릿속에 있는 지식은 전적으로 옳다고 할 수 없으며 기대나 애착이 강하면 확증 편향이 작용해 왜곡된 시각이나 사고방식이 강해집니다. 여러 번 말했듯 조사자는 이러한 인간의 인지 특성에 대한 지식('메타인지 지식'이라 합니다)을 근거로 자신의 인지 상태를 돌아보고 왜곡이 있으면 수정하거나 상황에 맞춰 목표를 변경('메타인지 활동'이라 합니다)해야 합니다. 이를 '메타인지'라 하는데, 이는 데이터를 분석할 때도 중요합니다. 메타인지는 조금이라도 방심하면 느슨해지고 때마침 데이터를 보면 인지 습관이 불쑥 나옵니다. 그 결과 혼자만 좋아하는 설득력 없는 분석에 그칠 수 있습니다.

피곤하면 사고가 멈추고 생각대로 되지 않으면 인지 부조화가 생겨 도망가고 싶어지기도 합니다. 시간 압박도 서서히 늘어납니다. 안팎으로 조여오는 다양한 압박에 굴하지 않고 효율적으로 올바르게 분석하려면 혼자 감당하지 말고 다른 사람의 눈과 머리를 빌려 함께 진행하는 것이 가장 좋습니다.

5~10명을 모을 필요는 없습니다. 한두 명 정도 함께 분석해줄 동료를 찾아보세요. 그것만으로도 인지 편향이나 피로와의 싸움에서는 승산이 있습니다.

❷ 계획과 중간 현황을 공유한다

분석이라고 하는데 뭘 하는지 확실히 모르니 2~3일 만에 척척 끝낼 수 있다고 착각합니다. 이를 위한 대책으로 '이런 형태로 가시화해서 이렇게 고려하겠다'라는 식으로 계획을 세워 사전에 공유합니다. 사용자 전원의 시계열 모델과 물리 모델을 그리고, 이들을 통합해 KJ법으로 한층 더 숨어 있는 요구사항을 찾아내는 순서가 계획됐음을 알고 나서도, 2~3일 이내에 끝내달라고 요구할 사람은 없을 것입니다. 상대가 이해한다면 좀 더 시간을 줄 것입니다.

그러나 계획은 계획일 뿐 중간에 바뀔 수 있다는 점도 잊지 말고 전달해야 합니다. 분석하면서 시각을 바꾸고자 할 때 궤도를 수정할 수 없으면 곤란합니다.

또 "이렇게 가시화하겠습니다"라고 선언해버리면 이를 달성하는 것이 목표가 될 수 있습니다. 인간은 자신의 말과 태도, 행동을 일관되게 유지하려는 강한 욕구(「43. 행동을 설명하게 하는 바람에 행동이 왜곡된다」에 등장한 '일관성 원리'입니다)가 있으므로 중간에 바뀔 수 있다고 미리 말해두면 궤도 수정의 여지를 남기고 인지 편향에 굴복할 위험을 줄이는 데도 도움이 됩니다.

변경 여부와 관계없이 중간에 진척 상황을 공유하는 것도 좋은 대책입니다. 시간을 많이 소모하고 나서 이런 말을 듣는 것보다 도중에 의견을 받는 편이 더 빨리 궤도를 수정하고, 무엇보다 다른 사람의 시각이 보태지면 자신의 인지 편향을 깨닫는 효과도 기대할 수 있습니다.

❸ 완벽을 목표로 하지 않는다

데이터를 가시화하는 분석 작업은 제대로 하고자 하면 쉽게 끝나지 않습니다. 수많은 관점을 시험하는 것보다는 못하지만, 무한정 시간을 들일 수 없고 데이터를 한눈에 보이게 하는 것이 목적이 아니라 해석, 발상, 의사 결정에까지 이르는 것이 목표입니다. 그래서 완벽을 목표로 해서는 안 됩니다. 이것이 세 번째 대책입니다.

가시화하거나 완성된 결과물을 공유할 때는 다음 두 가지 규칙을 제시하세요.

- 겉모습에 구애받지 않는다.
- 계속해서 보충하거나 수정한다.

의뢰인에게 제출하거나 보여주려면 확실히 아름답게 마무리해야 한다고 생각하기 쉽습니다. 하지만 추구해야 할 것은 '알기 쉬움'이나 '옳음'이지, 외형의 '아름다움'이 아닙니다. 외형을 깔끔하게 완성하는 데 지나치게 많은 시간을 들이지 않기, 해석하는 중에도 새로운 깨달음이 있으면 보충하거나 수정하기를 전제로 합시다.

> ### 〉 분석 경험을 쌓는 것이야말로 조사의 질을 높인다
>
> 칼럼 「사용자에게서 '통찰력'이 보이지 않는다면?」(→ 153쪽)에서 중재자가 성장하려면 독서를 거듭해야 한다는 지론을 소개했습니다. 여기서는 좀 더 현실적이고 직접적인 공부 방법의 하나로 '분석' 경험 쌓기를 추천합니다.
>
> 시계열 모델이나 친화도를 그리려면 '행동'을 제대로 봤는지 의문이 듭니다. 전혀 보지 못했다는 사실을 깨닫고 식은땀을 흘리는 경험을 하게 된다면 그다음 인터뷰에서는 정밀하고 깊게 파고드는 정도가 달라집니다.
>
> 행동 관찰을 하다 보면 별 어려움 없이 물리 모델을 그릴 수 있을 것 같은데, 제대로 기록되지 않아서 비디오를 여러 번 다시 보거나 현장으로 돌아와 확인하게 됩니다. 이후 제대로 기록을 남기면서 사용자 시각에서 상황을 보려면 어떻게 해야 할지 더 깊이 생각하게 되고, 자신의 역부족을 인식하면 팀 분담을 염두에 두고 실패를 줄일 방안을 고려하게 됩니다. 부족한 데이터를 보며 직접 분석해 고심해본 경험이야말로 조사자를 성장하게 합니다.

해석

49. '모두 좋다'고 하는 것을 생각 없이 무조건 받아들인다

분석이 완료된 후 분석 결과를 해석하기 위해 '아이데이션[26]'이나 '워크숍'이라 불리는 활동을 합니다. 여기서 해석부터 의사 결정까지 완료하는 경우도 있고 나눠서 하는 경우도 있습니다. 어느 쪽으로 할지는 참여하는 팀원에 따라 결정하게 됩니다. 예를 들어 저와 같은 외부 조사자가 들어가서 아이데이션을 실시할 때는 의사 결정 단계를 제외하는 경우가 많습니다. 「4. 조사팀 업무는 어디까지?」에도 언급했듯 사내의 여러 제약을 바탕으로 중장기적 비즈니스 목표도 내다보고 의사 결정하는 데는 외부인이 방해되기 때문입니다.

외부인이 있든 없든 해석이나 의사 결정할 때 '밴드왜건 효과'라는 인지 편향을 주의해야 합니다. 자신의 가설을 지지하는 분석 결과 때문에 기분이 좋아진 누군가가 그대로 단숨에 결정까지 해버리자고 기세 좋게 말하자 '확실히 결과도 맞고 그런 전개가 타당하다'라며 동조하는 사람들이 있어 개발까지 척척 진행됐지만 결과적으로 사용자 반응은 그다지 좋지 않았던 경우도 있습니다.

'모두 좋다'고 하는 것을 생각 없이 무조건 받아들이고 좋다고 느끼게 되는 인지 편향을 '밴드왜건 효과'라 합니다. 조사에 관여하는 정도가 깊든 얕든 상관없이, 앞선 예와 같이 확실한 가설을 바탕으로 확증 편향이 강하거나 고위직에 있는 사람이 낸 아이디어에 모두가 동조해 다수파를 형성하면 남은 사람은 밴드왜건 효과에 굴복하거나 분위기에 동조하는 것이 무난하다고 생각해 발언을 삼갈 수 있습니다. 사전에 이렇게 진행되지 않도록 막을 방안이 필요합니다.

---

26. 역주: ideation, 아이디어가 만들어지는 과정

❶ 다음 행동을 할 담당자를 반드시 끌어들인다

해석이나 의사 결정할 때 주의할 인지 편향은 밴드왜건 효과만이 아닙니다. '자기중심적 편향(self-centered bias)'이나 확증 편향에도 대비하기 위해 해석할 때 다음 사람들을 끌어들입니다.

- 조사 결과에 따라 실제로 작업할 디자이너나 엔지니어
- 비용 지출 여부를 판단하는 경영진
- 최종 성과물을 판매하는 마케팅이나 영업 담당자

조사를 관찰하러 온 사람으로 한정하지 말고 오히려 '조사에 참여하지 않은 사람'도 적극적으로 부르세요. 전혀 색다른 눈으로 분석 결과를 볼 수 있는 사람이 합류하면, 인지 편향에 맞설 든든한 방안이 됩니다.

그중에서도 특히 중요한 사람은 조사 결과를 받고 실제로 작업할 디자이너나 엔지니어입니다. 반론 기회 없이 이해되지 않는 것을 만들려면 고통이 따릅니다. 그러면 200% 이상의 성과를 내지 못하고, 역시 조사 따위는 무의미하고 분석이 허술하고 해석이 잘못됐다며 자신이 관여하지 않은 영역으로 화살을 돌리고 발뺌하게 됩니다. 인지 부조화를 회피할 여지를 남기지 않기 위해서라도 반드시 실무자를 끌어들여야 합니다.

❷ 조사에 깊이 관여하지 않은 사람이 진행촉진자 역할을 한다

사용자를 직접 접한 중재자나 데이터 외부화를 억척스럽게 진행한 사람은 조사 결과를 깊이 이해한다는 이유로 해석할 때 진행촉진자(facilitator)를 맡기 쉽습니다. 하지만 밴드왜건 효과의 방아쇠를 당길 가능성이 높다는 점 때문에 곤란합니다. 가능하면 진행촉진자는 조사 업무와 거리가 조금 있는 사람이 맡도록 합니다.

그렇다고 해도 즉석에서 갑자기 역할을 맡기는 힘들고 아무도 맡지 않으면 난처하므로 미리 정해두는 편이 좋습니다.

❸ 모두 같이 의견을 말할 수 있는 시간을 마련한 후 논의한다

갑자기 논의를 시작하면, 조사 결과를 잘 아는 사람이 발언을 많이 하며 주도하기 쉽습니다. 따라서 가시화된 데이터를 보고 드는 생각이나 번뜩이는 아이디어를 각자 최대한 써내는 시간을 마련해 전부 취합한 후 논의하는 단계가 중요합니다.

개인별로 숫자나 내용에 구애받지 않고 깨달은 내용을 정리하는 작업부터 먼저 해서 결과물을 받는 것이 중요합니다. 작성한 내용을 한 문서에 계속 덧붙여나가면 다른 사람이 쓴 내용을 보게 되고 그것이 생각에 영향을 미치기 때문입니다(즉, 커닝을 말합니다).

❹ 아이디어에 비판할 점이 있는지 점검한 후 갖고 온다

아이디어를 떠올리고 공유하는 단계에서 어떤 아이디어가 나오든 비판하거나 부정하지 않는다는 브레인스토밍 규칙을 지키는 것이 중요합니다. 하지만 아이디어에 대해 아예 비판이나 부정하지 않을 수는 없습니다. 반드시 다음과 같은 질문에 정면으로 부딪칠 시간이 필요합니다.

- 이 아이디어가 사용자가 안고 있는 문제를 정말 해결할 수 있는가?
- 더 좋은 아이디어를 놓친 것은 아닌가?
- 이 아이디어를 구현했을 때 다른 곳에 미칠 부작용이나 악영향은 없는가?
- 애초에 이 아이디어는 실현 가능한가?
- 경쟁에서 우위를 선점할 수 있는가?

비판이나 부정하기 어려운 자리에서 갑자기 비판할 내용이 있는지 점검하면 익숙하지 않은 사람들은 힘들어합니다. 적어도 잠시 쉴 시간을 줍니다. ==가능하면 다른 날에 다시 모이기로 하고 각자 비판할 내용이 있는지 점검하도록 합니다.== 이후 점검한 내용을 토대로 최종 의사 결정을 위한 논의를 하는 흐름이 이상적입니다.

> 회고

50. '조사한 의미가 없었다'로 끝나버린다

차분히 시간을 들여 조사 결과를 분석하고 많은 관계자를 끌어들여 아이데이션을 합니다. 그래도 100% 자신할 수 있는 아이디어가 나오지 않거나 가설이 뒷받침되지 않는 경우가 있습니다. 이때는 결론을 내지 못했다거나 이번 조사에서 말할 수 있는 것은 여기까지라고 보고할 수밖에 없습니다. 그러고 나서 이런 말을 들었을 때는 울 뻔했습니다.

"사용자 조사는 그다지 할 필요가 없군"

인간은 결론이 타당하면 거기에 이르기까지의 논의나 과정도 옳다고 생각하는 '신념 편향(belief bias)'이 있습니다. 즉 반대로 결과가 좋지 않으면 과정까지도 부정합니다. 사용자 조사 결과를 한번에 내지 못하면, 이에 따라 제작 절차에 사용자 조사 과정을 끼워 넣기를 꺼리는 상황이 생길 수도 있습니다.

이번에 잘 진행됐다고 해서 그 과정에서 개선할 것이 하나도 없을 리 없고, 실패했다고 해서 전체 과정을 망친 것도 아닙니다. 신념 편향에 떠밀려 간단하게 흑백논리로 가지 않고 사용자 조사의 정확도를 높이기 위해서는 매번 꼭 되돌아봐야 합니다. 대책으로 회고할 때 살펴봐야 할 사항을 정리했습니다.

❶ 조사 목적에 망설임이나 흔들림이 있었는가

사용자 조사에 대해 회의적인 사람이 의사 결정하는 경우, 조사의 가치를 확실히 전하려는 의지를 갖고 애초의 목적을 거창하게 기록할 가능성이 있습니다. 사용자 조사의 의의가 아직 사내에 공감대를 형성하지 못한 단계에서는 소규모 조사로 결과를 내고 성과를 쌓아가는 편이 이상적이지만, 무심코 허세를 부린 거죠.

그럴 가능성도 염두에 두고 먼저 조사 목적을 다음 세 가지 관점에서 회고합니다.

- 본래의 목적을 적절하게 설정했는가
- 설정한 목적이 필수적이며 충분했는가
- 목적이 도중에 변경됐을 가능성은 없는가, 있다면 어떤 요인을 생각할 수 있으며 어떻게 하면 배제할 수 있는가

❷ 다른 방법으로 조사를 실시하면 데이터가 어떻게 바뀔까

사용자가 어떤 환경이나 맥락에서 어떤 행동을 하는지 그리고 그 전후로 어떤 느낌을 주는지 살펴보는 것이 사용자 조사의 핵심입니다. 이를 위해 사용한 방법을 돌이켜봅시다.

- 아무 생각 없이 그룹 인터뷰를 선택한 것은 아닌가
- 사용자와의 대화에만 의존하지 않고 행동을 보는 방법도 검토했는가
- 방법을 조합해 보완할 내용을 고려했는가

그리고 방법을 바꿔 실시했을 때 다음 질문을 상상해보고 어떤 방법(또는 조합)이 이상적일지 생각합니다.

- 지난 조사에서 얻지 못한 데이터인데, 이번에는 얻을 수 있는가
- 반대로 손에 넣을 수 없는 데이터가 있는가

❸ 인원수와 모집 조건 중 어느 쪽이 문제인가

사용자의 협조 없이는 사용자 조사가 성립되지 않습니다. 하지만 아무나 좋은 것은 아닙니다. 구인 회사에 의뢰하든 인연에 의지해 직접 모집하든, 이상적인 사용자를 필요한 인원만큼 모으고 심지어 약속대로 협조받는 데까지 밀착해서 지원하긴 어렵고 시간도 오래 걸립니다.

하지만 모집할 때 주의하지 않으면 바람직하지 않은 사용자가 선정될 가능성이 큽니다. 이번 회고에서 다음번 조사의 질을 높이기 위해 필요한 것이 있는지 돌이켜봅니다.

1. 부적절한 사용자가 참가하는 것을 막아야 한다.
2. 필요한 인원수만큼 모집해야 한다.
3. 모집한 사용자가 약속대로 참석하도록 한다.

1안이라면 모집 조건을 재검토하고 선별 기준을 높여야 합니다. 2안이라면 인원이 미달된 원인부터 확인합니다. 모집 조건이 너무 엄격해서 모이지 않았다면 조건을 재검토하게 되는데, 구인 회사가 보유한 인력(등록된 후보자 전원)이 조건에 맞지 않았을 수도 있습니다. 이 경우에는 다른 구인 회사를 이용해 개선할 수도 있지만, 다른 구인 회사가 보유한 인력도 비슷하다면 구인 회사에 맡기지 않고 인연의 법칙으로 모집한다는 결단이 필요합니다.

3안이라면 당일이 돼서야 사용자가 불참을 알리거나 말없이 나타나지 않으면 칼럼 「당일에 갑자기 나타나지 않거나 막바지에 약속을 취소하는 경우를 방지하는 방법」(→ 82쪽)에 소개한 대로 전날 전화로 확인할 때 실수하지 않았는지 돌아봅니다. 또 「17. 조사에 익숙한 사용자를 제외하려면」의 대책으로 '바람직하지 않은 사용자'를 구인 회사에 보고한다고 했는데, 이와 마찬가지로 연락 없이 불참하거나 직전에 취소한 사용자도 반드시 보고합니다. 문제가 있는 사용자라는 내용을 기록해 후보의 자격 수준을 높입니다. 만반의 대책을 세워도 사용자가 반드시 조사에 참가한다는 보장은 못 하지만 후보의 자격을 조금씩 높여가면 길게 봐선 대책이 될 것입니다.

❹ 준비를 소홀히 한 이유는 물리적 제약인가 아니면 마음의 문제인가

실전에 앞선 준비나 연습이 일의 성패를 가르는 것은 사용자 조사에 국한되지 않습니다. '일에 착수할 준비를 완벽하게 마쳤다면 80%는 끝난 셈'이라고 할 수 있습니다. 사용자와 마주쳤을 때 긴장해서 생각대로 되지 않는 상황 같은 최악의 전개를 가정해 연습하고 가이드를 만들어 리허설하고서 행동 관찰을 하면 사전 준비를 제대로 한 걸까요? 불안의 씨앗은 사전에 제거합니다.

또 당일 사용자와 공유하는 문서는 알기 쉽게 만들어 사용자에게 쓸데없이 부담을 주지 않도록 배려했을까요? 사회인이라면 누구나 준비가 중요하다는 사실을 압니다. 그래도 준비를 게을리했다면 그럴 만한 이유가 있겠죠. 다음 두 가지를 생각할 수 있습니다.

- 시간이나 예산 등 물리적 제약
- 태만이나 과신 등 마음의 문제

전자라면 다음에는 여유롭게 계획을 세워 예산을 통과하고 미리 준비하여 해결할 수 있습니다. 후자는 하루아침에 개선하기 어렵지만, 나태함을 이겨려고 노력한다면 나중에는 바꿀 수 있습니다.

❺ 녹음을 듣고 자신의 중재를 객관적으로 살펴본다

사용자와의 대화에서 활기가 느껴졌나요? '설문 조사로 해도 괜찮지 않았을까?'하고 생각할 만큼 담백한 질의응답으로 끝난 것은 아닐까요? 그렇게 되지 않도록 상호 신뢰 관계를 단단히 구축하고 계속 유지하면서 조사를 진행했을까요?

인간의 인지 습관을 의식해 왜곡 없는 언행을 끌어낼 수 있었습니까? 조사 목적을 달성하는 데 필요한 데이터를 폭넓고 깊게 수집할 수 있었나요?

이상적으로 중재했다고 자신 있게 말할 수 없다면, 녹음을 다시 듣고 자신의 실력 부족이나 자각하지 못한 버릇을 객관적으로 재검토합시다. 유도했다고 느껴지는 부분은 어떻게 하면 피할 수 있을지, 여담이 길어질 때 상호 신뢰 관계를 해치지 않고 상대 이야기를 중단시켜 원래 주제로 돌리려면 어떤 전략을 취해야 할지 나름대로 상상합니다.

상대에 따라 잘 되는 경우와 잘 안되는 경우가 있을지 모릅니다. 여느 대인 관계처럼 잘 맞는 사용자와 잘 맞지 않는 사용자가 있습니다. 사용자 조사에서는 마주 대하기 전까지는 사용자가 어떤 사람인지 모르기 때문에 대하기 어려운 유형도 피할 수 없습니다. 맞지 않는 사람과도 잘 진행할 수 있으려면 서툴다고 느낀 사용자 인터뷰야말로 다시 들어야 합니다.

❻ 결론을 내기까지 기다려준다면 분석과 해석에 다시 도전한다

믿을 수 있는 데이터를 다양한 형태로 외부화했습니까? 이때 편파적 시각으로 보지 않도록 주의했나요? 많은 사람을 끌어들여 해석하는 시간을 가졌습니까? 자기주장이 강한 사람이나 조사에 깊이 관여한 사람의 의견에 모두가 끌려가는 일이 없도록 제어하거나 진행촉진자를 적절하게 맡겼습니까?

만약 실패 요인이 여기에 있다고 생각한다면, 아직은 되돌릴 수 있습니다. 결론을 내기까지 조금만 더 기다려준다면 데이터를 보는 시각을 늘리거나 참여자를 바꿔 다시 해석해봅시다.

❼ 프로젝트 관리자에게 전체를 살펴보게 하고 소통을 맡긴다

조사 실패의 원인으로 ❶부터 ❻에서 사용자 조사의 틀과 단계에 대해 알아봤습니다. 이번에는 '프로젝트'와 관련된 실패 요인을 생각해봅시다.

- 소요 시간을 미리 산정할 때 허술했다.
- 소요 예산을 미리 계산할 때 대충했다.
- 내부 소통에서 실패했다.
- 전체를 총괄하는 관리가 부족했다.

시간과 예산 문제는 대개 조사를 경험한 후부터 예상하기 쉬워집니다. 그러나 익숙한 부분이라도 살펴보고 일정을 지나치게 빡빡하게 잡는 것은 피합시다. 조사를 실시하는 쪽이 아무리 능숙해도 사용자라는 '사람'이 중간에 끼는 이상 돌발 사태를 완전히 배제할 수는 없습니다. 일정을 여유 있게 잡는 것은 중요합니다.

시간과 예산만이 아니라 내부 소통도 맡아주는 프로젝트 관리자가 있다면 중재자가 조사에 전념할 수 있습니다. 이러한 팀 구성의 재검토는 성공으로 이어지는 방책이 됩니다.

후기

생각해보면 수없이 많이 실패했습니다. 자기 혼자만의 힘으로 실패를 극복할 수 있었던 것은 아닙니다. 의뢰인에게 사과하러 갈 때 동행해서 함께 고개를 숙여준 옛 상사나 선배, 실패를 만회하기 위해 같이 분투해준 동료, 실패를 인정하고 싶지 않아서 도망가려는 저를 달래고 위로하고 고무시켜준 가족, 그리고 이러한 실패를 (분노하면서도) 받아들이고 타개책을 찾기 위해 머리를 쥐어짜고 협력해준 의뢰인 등 많은 분들이 지지해주셔서 여기까지 올 수 있었습니다.

저와 같은 전철을 밟고 고민 중인 분이 한 사람이라도 줄면 보답하는 길이 되리라 믿으며 이 책을 세상에 내놓습니다.

이 일을 시작했을 때는 오로지 경험을 쌓는 수밖에 없다고 생각하고 연일 조사에 전념했습니다. 뒤돌아볼 시간도 없이 주말을 반납하고 정신없이 일하면서 고민하는 나날의 연속이었습니다. 그 과정에서 인지 과학을 알게 됐습니다.

조사를 수행하면서 사람의 인지 기능이나 특성을 공부하고는 대부분의 실패가 인지 왜곡에 기인한다는 사실을 깨달았습니다. 사람의 인지 특성을 알면 사용자의 언행 뒤에 있는 본심을 헤아리기 쉬워진다는 점, 조사 관련자들이 빠지기 쉬운 인지 편견을 알고 실무에 임하면 실패를 줄일 수 있다는 점도 알게 됐습니다. 이제는 조사팀장에게 인지 과학 탐구는 필수라고 자신 있게 말할 수 있습니다.

그 과정에서 접한 논문이나 책은 모름지기 양식이 됐습니다. 조사에 앞서 관련 서적을 훑어보는 예습도 중요하지만, 칼럼에 쓴 대로 관련 지식을 평소 꾸준히 쌓아가는 것이 최고의 대비책입니다. 이 책을 계기로, 사용자 조사만이 아니라 인지 과학에도 관심을 두고 참고 도서를 폭넓게 읽는 독자가 많아지면 좋겠습니다. 제가 읽은 책 중 네 권을 선정해 소개합니다.[27]

- **로버트 B 치알디니, 『설득의 심리학』**

1991년 사회생활에서 하는 일상적인 행동이 심리학 기본원리에 지배된다는 사실을 참여 관찰 중

---

27. 역주: 원서에는 일본 번역서 제목으로 소개됐으나 우리나라에서 출간된 책은 번역서 제목으로, 아직 번역이 안 된 책은 영어 원서 제목으로 기재했습니다.

심의 연구 방법을 통해 명확하게 밝힌 양서입니다. 미국에서 초판이 발행된 1985년부터 지금까지 우리 마음에 영향을 미치는 원리원칙은 변함이 없음을 알 수 있습니다.

• Gilovich, Thomas 『How We Know What Isn't So: The Fallibility of Human Reason in Everyday Life』[28]

21세기가 되고 얼마 후 다이와 증권 그룹 광고에서 '사람은 믿음을 기반으로 하여 사실을 받아들이는 경우가 있다'라는 인상 깊은 말을 남긴 사람이 바로 이 책의 저자입니다. "사실을 믿고 예측은 의심하라"는 그의 말은 사용자와 마주하고 데이터를 해석할 때 지녀야 할 필수적인 마음가짐입니다.

• 대니얼 카너먼, 『생각에 관한 생각』

2012년 인간의 뇌가 자동으로 수행하는 직관적 해결 탐색(시스템1에 의한 빠른 사고)과 시간을 두고 머리를 사용하는 심사숙고(시스템2에 의한 느린 사고)가 어떻게 상호작용하는지 정리한 책입니다. 공동 연구자인 에이모스 트베르스키와 함께 쌓아온 연구 성과를 바탕으로 하며, 읽을 가치가 있습니다.

• 데이비드 브룩스, 『소셜 애니멀 (사랑과 성공, 성격을 결정짓는 관계의 비밀)』

앞의 세 권은 과학자들이 연구 성과를 정리한 전문 서적인 데 반해, 이 책은 조금 다릅니다. 사람이 행복한 삶을 영위하는 데 무의식 영역이 얼마나 중요한 기능을 하는지 일반 독자에게 알기 쉽게 전달하기 위해 저자가 고심 끝에 찾은 형식이 '어떤 부부의 일기'입니다. 딱딱한 전문서가 어려운 분들에게 추천합니다.

마지막으로, 이 책의 집필 초반에 미숙한 제게 상냥하고도 엄격하고 예리하게 적시해주신 덴 토모유키 씨, 후반부에 바통을 이어받아 지식의 저주에 걸리지 않은 독자의 대표로서 소박한 의문을 제기해주신 이시이 료스케 씨, 두 분 덕분에 사용자 조사 초보자도 알기 쉽게 마무리됐습니다. 끝까지 포기하지 않고 이끌어주셔서 감사합니다.

2021년 3월 오쿠이즈미 나오코

---

28. 역주: 우리나라에는 현재 번역서가 나오지 않았습니다.

찾아보기

영문

KJ법	198, 200, 202
MA	64
OA	64
Out-of-the-box 조사	130
SA	64
SOW	30

한글

가설 검증형	19, 25
가시화	191
가이드	87
공감대	207
관찰실	44, 47, 111
관찰자	38, 52
구조화 인터뷰	104, 189
그룹 인터뷰	41, 43, 138, 161
기회 탐색형	19
긴장	128, 130
녹취	175
단답형	64
닫힌 질문	155, 158
더닝-크루거 효과	201
동의서	121
드라이런	118
런스루	118
리허설	46, 118
마감	171
마일스톤	51
막바지에 약속을 취소	70
말없이 나타나지 않는 사람	82
맥락 인터뷰	176
맺음말	89, 95
메타 인지	202
모니터 요원	50, 52
모집	22, 50
물리 모델	193
반구조화 인터뷰	104, 189
발언록	175
방문 조사	58, 117
밴드왜건 효과	139, 204
벽에 붙은 파리	167
보고서	30, 32
복수 응답형	64
부정 편향	135
분석	191
브리핑	118
비구조화 인터뷰	104
사례	24, 26, 90, 167, 198
사용성 테스트	28, 57
사용자 목록	180
사용자 식별 번호	114
사용자 조사	3, 5, 8
상향식 처리	109
상호 신뢰 관계	126
상호성 규범	58
섀도잉	166
세그먼트	56
섹션	92, 95
섹션 수	95
소개	73, 89, 92
소리 내어 생각하기 방법	35
스크리너	51
시간표	52, 107

시계열 모델	191	정성 조사	28
시퀀스 모델	191	제외 조건	24, 56, 69
식별 번호	114	조건표	51
신념 편향	207	조사 가이드	32, 87, 89, 105, 157
아이데이션	204	조사표	51
아티팩트 모델	194	주관식	64
열린 질문	155, 158	주요 부분	89, 92
예비 세션	118	중재자	21, 87, 144, 156
외부화	191	중재자 가이드	87
요약본	32	지식의 저주	85, 187, 213
우대 조건	23	진행촉진자	205
워비곤 호수 효과	201	집단 역학	139
워크숍	204	짝 인터뷰	43
원격 조사	40, 45, 60, 80	출현 비율	50
원천 데이터	174	친화도 분석 기법	198
유도	144	칵테일파티 효과	117
음성의 선택적 청취	117	토론 가이드	87
응모 요건	61	톱 라인 리포트	32
이용 가능성 휴리스틱	180	통찰력	78, 153, 198, 203
이용 현황	18, 166	파고들기	172
인연의 법칙	72, 77, 80	파일럿 세션	108, 118
인지 부조화	133	페이퍼 프로토타입	25, 26
인터랙션 모델	195	평균 이상 효과	201
인터뷰	34, 39, 44	프로젝트 관리자	210
인터뷰 가이드	87	프로토타입	25
인터뷰실	44, 47, 175	필수 조건	23, 55, 68
일관성 원리	169, 202	하향식 처리	109
일기 조사	38	행동 관찰	33, 36, 166, 169
자기중심적 편향	205	현장	33, 36
자택 방문	58, 71	확증 편향	21, 144
전화 인터뷰	45, 59, 60, 127	회고 인터뷰	34
정량 조사	28		

사용자의 숨겨진 마음을 읽는 리서치 기술
설문조사, 인터뷰에 잠재된 50가지 함정과 그에 대한 대책

출간일	2023년 7월 31일 ǀ 1판 1쇄

지은이	오쿠이즈미 나오코
옮긴이	최가인
펴낸이	김범준
기획·책임편집	권혜수, 조부건
교정교열	김묘선
편집디자인	나은경
표지디자인	이세래나

발행처	(주)비제이퍼블릭
출판신고	2009년 05월 01일 제300-2009-38호
주소	서울시 중구 청계천로 100 시그니처타워 서관 9층 949호
주문·문의	02-739-0739 팩스 02-6442-0739
홈페이지	http://bjpublic.co.kr 이메일 bjpublic@bjpublic.co.kr

가 격	21,000원
ISBN	979-11-6592-225-2 (93000)

한국어판 © 2023 (주)비제이퍼블릭

이 책은 저작권법에 따라 보호받는 저작물이므로 무단 전재와 무단 복제를 금지하며,
내용의 전부 또는 일부를 이용하려면 반드시 저작권자와 (주)비제이퍼블릭의 서면 동의를 받아야 합니다.

잘못된 책은 구입하신 서점에서 교환해드립니다.